KB085529

키 중학
영단어

1권

중학 1·2 학년

교육 R&D에 앞서가는
Key 키출판사

교과서 주제별로 모아

쉽게 이해하는 영단어!

■ 중학교 1~3학년 교과서 39종 전체를 완벽히 분석하여, **중학교 1·2 학년을 위한 1,200개의 영단어**를 엄선해 40개의 교과서 주제에 담았습니다.

■ '학교 생활', '가족', '요리' 등 일상생활에 관계된 친숙한 소재와 '스포츠', '세계 문화', '환경 문제' 등 **교과서에 자주 등장하는 40개의 주제**를 선정했고, 하나의 주제를 다시 3개의 소주제로 나누어 10개의 단어가 한 묶음이 되도록 구성했습니다.

■ 익숙한 교과서 주제 안에 서로 의미가 가까운 단어들끼리 모여 있어, **여러 개의 단어를 쉽게 연결해 이해**할 수 있습니다.

스토리로 익혀

오래오래 기억하는 영단어!

- 중학교 교육과정에 등장하는 언어 형식만을 사용해, **1,200개의 영단어를 120개의 짧은 스토리에 담았습니다.**

- 어렵고 복잡한 예문 안에서 배우지 않은 단어의 뜻을 찾아 헤매지 마세요. 교과서 듣기 스크립트와 리딩에서 만날 법한 문장들로 구성된 **이야기 속에서, 공부한 단어들의 의미를 점검하세요.**

- 단어들을 하나의 스토리로 묶어 익히면, 서로 관련이 있는 단어들을 한꺼번에 기억할 수 있어요. 10개 단어로 완성된 스토리로 단어를 재미있게 학습해 보세요. 다른 곳에서 그 단어를 만나도 **스토리로 연상해 오래오래 그 의미를 떠올릴 수 있습니다.**

« 키 중학 영단어, 이렇게 공부해요 »

단어 학습

주제별 학습　교과서 주제별로 묶어 학습해요.

교과서 예문　쉽고 짧은 예문으로 이해해요.

스토리　　　이야기 속에서 학습한 단어의 의미를 확인해요.

* MP3 음원으로 단어와 예문의 발음을 확인해요.
　(두 가지 발음을 가진 단어도 있어요.)
* 단어의 품사와 관련 어휘를 참고해요.

단어 확인

[단어-뜻] [뜻-단어]
간단한 확인 문제로
영단어와 우리말 뜻을 점검해요.

실전 문제

중학 내신 대비 학습한 단어를
중학교 내신 시험 유형의 문제로
복습해요.

워크북

단어 모아보기 교과서 주제별로
영단어를 한 번에 모아서 확인해요.

스토리 받아쓰기 스토리를 듣고
받아쓰면서 영단어를 다시 한번 익혀요.

« 차례 »

« 학습 계획표 »

시작!

과거형 동사 규칙/불규칙 변화가 모두 사용되는 경우, 불규칙만 명시했습니다.

동 동사   명 명사   형 형용사   부 부사   전 전치사   접 접속사

= 동의어, 유의어   ↔ 반의어   → 다른 품사형

DAY

1 › 10

MP3

* 1	**awake**	형 깨어 있는, 잠들지 않은	▶ stay **awake** 깨어 있다

*** 2	**asleep**	형 잠이 든, 자고 있는 ↔ awake 형 깨어 있는	▶ fall **asleep** 잠이 들다

*** 3	**hurry**	동 서두르다, 급히 가다 명 서두름	▶ **Hurry** up! 서둘러! ▶ **hurry** to school 학교로 급히 가다

*** 4	**late**	형 늦은, 지각한 부 늦게	▶ **late** for class 수업에 늦은 ▶ a **late**-night snack 야식

*** 5	**early**	형 빠른, 이른 부 일찍 ↔ late 형 늦은 부 늦게	▶ go to school **early** 학교에 일찍 가다 ▶ **early** in the morning 아침 일찍

*** 6	**alarm**	명 알람, 경보음	▶ an **alarm** clock 알람 시계

*** 7 **set** set - set	동 설정하다, 맞추다 명 (함께 모아 놓은) 세트	▶ **set** an alarm 알람을 맞추다 ▶ **set** the rules 규칙을 정하다
8 **routine**	명 (규칙적인) 일상, 일과	▶ a bedtime **routine** 취침 시간 일과 ▶ become a **routine** 일상적인 일이 되다
*** 9 **wake up**	(잠에서) 깨다, 깨우다, 정신을 차리다 = get up 일어나다	▶ **Wake up**! 일어나! ▶ **wake up** early 일찍 (잠에서) 깨다
** 10 **on time**	제시간에	▶ wake up **on time** 제시간에 일어나다

1 > 10

[**스토리**] 공부한 단어들을 하나의 스토리 안에서 확인해 보세요.

▶ This morning, my dad **woke** me **up**. ▶ I tried to stay **awake**, but I fell **asleep** again. ▶ I **hurried** to school, but I was too **late**. ▶ Tomorrow, I will go to school **early**. ▶ I'm going to **set** an **alarm** to wake me up **on time**. ▶ It's going to be my new bedtime **routine**.

▶ 오늘 아침, 우리 아빠가 나를 깨웠다. ▶ 나는 깨어 있으려고 했지만, 다시 잠들었다. ▶ 나는 학교로 서둘러 갔지만 너무 늦었다. ▶ 내일, 나는 학교에 일찍 갈 것이다. ▶ 나는 제시간에 나를 깨워줄 알람을 맞출 것이다. ▶ 이것은 나의 새로운 취침 시간 일과가 될 것이다.

★★★ 11	**forget** forgot - forgotten	동 잊다, 잊어버리다	▶ **forget** my mom's birthday 엄마의 생신을 잊어버리다
★ 12	**appointment**	명 약속, 예약	▶ make an **appointment** 약속을 잡다 ▶ late for an **appointment** 약속에 늦은
★★★ 13	**date**	명 날짜, 데이트	▶ the **date** and time 날짜와 시간 ▶ an appointment **date** 약속 날짜
★★★ 14	**daily**	형 매일의 부 매일, 날마다	▶ the **daily** news 일간 뉴스 ▶ my **daily** life 나의 일상생활
★★ 15	**weekly**	형 매주의, 주 1회의 부 매주	▶ a **weekly** plan 주간 계획 ▶ updated **weekly** 매주 업데이트되는
★ 16	**monthly**	형 매월의, 월 1회의 부 매월, 다달이	▶ a **monthly** fee 한 달 요금 ▶ a **monthly** salary 월급

★★ 17	**schedule**	명 일정, 스케줄 동 일정을 잡다	▶ a weekly **schedule** 주간 일정 ▶ today's **schedule** 오늘의 일정
★★★ 18	**remember**	동 기억하다, 명심하다 ↔ forget 동 잊다	▶ **remember** a dream 꿈을 기억하다
★★ 19	**wisely**	부 현명하게 → wise 형 현명한	▶ spend money **wisely** 현명하게 돈을 쓰다
★ 20	**manage time**	시간을 관리하다 → **manage** 동 관리하다	▶ **manage time** wisely 시간을 현명하게 관리하다

11 > 20

[**스토리**] 공부한 단어들을 하나의 스토리 안에서 확인해 보세요.

▶ I often **forget** to do my homework. ▶ I often forget **appointment dates**, too. ▶ I started to make a **daily**, **weekly**, and **monthly** plan. ▶ I write a **schedule** to help me **remember**. ▶ It helps me **manage** my **time wisely**.

▶ 나는 나의 숙제를 하는 것을 자주 잊는다. ▶ 나는 약속 날짜도 자주 잊어버린다. ▶ 나는 일간, 주간, 월간 계획을 세우기 시작했다. ▶ 나는 내가 기억하게 도와줄 스케줄을 적는다. ▶ 그것은 내가 시간을 현명하게 관리하도록 도와준다.

★
21
lazy

형 게으른, 나른한

▶ I'm **lazy**.
나는 게을러.

▶ feel **lazy**
나른하다

★★★
22
try

동 노력하다, 시도하다
명 시도

▶ **try** again
다시 시도하다

▶ **try** to remember
기억해 내려고 노력하다

★
23
term

명 기간, 용어, 학기

▶ a short **term**
단기간

▶ a medical **term**
의학 용어

★★★
24
focus

동 집중하다
명 초점

▶ **focus** on studying
공부하는 것에 집중하다

▶ lose **focus**
초점을 잃다(집중하지 못하다)

★★★
25
goal

명 목표, (스포츠에서) 골

▶ set a **goal**
목표를 세우다

▶ the winning **goal**
우승 골

★★★
26
plan

동 계획하다
명 계획

▶ make **plans**
계획을 짜다

▶ a monthly **plan**
월간 계획

★★★ 교과서 10회 이상 수록   ★★ 교과서 5~9회 수록   ★ 교과서 1~4회 수록

27 ★	**forward**	부 앞으로 형 앞으로 가는 ↔ backward 부 뒤로	▶ move **forward** 앞으로 나아가다
28 ★★★	**step**	명 걸음, 단계 동 발을 디디다	▶ **step** by **step** 단계별로(차근차근)
29 ★	**put off**	(시간, 날짜를) 미루다	▶ **put off** homework 숙제를 미루다
30 ★★	**at a time**	한 번에	▶ one step **at a time** 한 번에 한 단계

21 > 30

[**스토리**] 공부한 단어들을 하나의 스토리 안에서 확인해 보세요.

▶ Are you **putting off** work? ▶ Do you think you're **lazy**? ▶ **Try** to make short-**term plans**. ▶ **Focus** on your daily **goals**. ▶ Stop saying "later." ▶ Move **forward** one **step at a time**.

▶ 당신은 일을 미루고 있나요? ▶ 자신이 게으르다고 생각하나요? ▶ 단기간의 계획을 세우려고 노력해 보세요. ▶ 매일매일의 목표에 집중하세요. ▶ "나중에"라는 말은 그만하세요. ▶ 한 번에 한 단계씩 앞으로 나아가세요.

1. awake ....

2. asleep ....

3. hurry ....

4. late ....

5. early ....

6. alarm ....

7. set ....

8. routine ....

9. wake up ....

10. on time ....

11. forget ....

12. appointment ....

13. date ....

14. daily ....

15. weekly ....

16. monthly ....

17. schedule ....

18. remember ....

19. wisely ....

20. manage time ....

21. lazy ....

22. try ....

23. term ....

24. focus ....

25. goal ....

26. plan ....

27. forward ....

28. step ....

29. put off ....

30. at a time ....

[뜻]-[단어] 확인하기
다음 우리말 뜻에 맞는 영어 단어를 써 보세요.

1. 깨어 있는 ....

2. 잠이 든 ....

3. 서두르다 ....

4. 늦은, 늦게 ....

5. 빠른, 일찍 ....

6. 알람 ....

7. 설정하다 ....

8. (규칙적인) 일상 ....

9. 깨다, 깨우다 ....

10. 제시간에 ....

11. 잊다 ....

12. 약속 ....

13. 날짜 ....

14. 매일의 ....

15. 매주의 ....

16. 매월의 ....

17. 일정, 스케줄 ....

18. 기억하다 ....

19. 현명하게 ....

20. 시간을 관리하다 ....

21. 게으른 ....

22. 노력하다 ....

23. 기간 ....

24. 집중하다 ....

25. 목표 ....

26. 계획, 계획하다 ....

27. 앞으로 ....

28. 단계 ....

29. (시간, 날짜를) 미루다 ....

30. 한 번에 ....

MP3

★★★
31 **begin**
began - begun

동 시작하다, 시작되다

= **start** 동 시작하다

▸ **begin** at 8 a.m.
오전 8시에 시작하다

▸ **begin** a school year
학년을 시작하다

★★★
32 **student**

명 학생

▸ a **student** ID card
학생증

★★
33 **elementary**

형 초등의, 초보의, 기본적인

▸ an **elementary** school
초등학교

★★★
34 **enter**

동 들어가다, 입학하다

▸ **enter** school
학교에 입학하다

★★★
35 **middle**

형 가운데의, 중앙의
명 중앙, 중간

▸ in **middle** school
중학교 때

▸ a **middle**-aged man
중년 남성

★★★
36 **gather**

동 모이다, 모으다

▸ **gather** in a classroom
교실에 모이다

▸ **gather** empty bottles
빈 병을 모으다

★★★ 교과서 10회 이상 수록　★★ 교과서 5~9회 수록　★ 교과서 1~4회 수록

★★★ 37 **class**	명 학급, 수업	▶ an art **class** 미술 수업 ▶ the whole **class** 학급 전체
★★ 38 **attend**	동 참석하다, 출석하다, ~에 다니다	▶ **attend** a meeting 회의에 참석하다 ▶ **attend** a class 수업에 출석하다
★★★ 39 **classmate**	명 반 친구	▶ We are **classmates**. 우리는 반 친구야(같은 반이야).
★★★ 40 **introduce oneself**	자신을 소개하다 → introduce 동 소개하다	▶ **introduce myself** 나를 소개하다

31 > 40

[**스토리**] 공부한 단어들을 하나의 스토리 안에서 확인해 보세요.

▶ A new school year **begins**. ▶ **Students** from **elementary** school **enter middle** school. ▶ It's their first year in middle school. ▶ They **gather** in classrooms to **attend classes**. ▶ They **introduce themselves** to their **classmates**.

▶ 새로운 학년이 시작된다. ▶ 초등학교에서 온 학생들이 중학교에 입학한다. ▶ 그들의 중학교에서의 첫 해이다. ▶ 그들은 수업에 출석하기 위해 교실에 모인다. ▶ 그들은 그들의 반 친구들에게 자신을 소개한다.

| ★★★
41 | **vacation** | 명 방학, 휴가 | ▸ the winter **vacation**
겨울 방학
▸ go on a **vacation**
휴가를 가다 |

| 42 | **semester** | 명 학기 | ▸ the second **semester**
2학기 |

| ★★★
43 | **subject** | 명 과목, 주제 | ▸ my favorite **subject**
내가 가장 좋아하는 과목
▸ the **subject** of a story
이야기의 주제 |

| ★★★
44 | **learn** | 동 배우다, 학습하다 | ▸ **learn** English
영어를 배우다
▸ **learn** about Korea
한국에 대해 배우다 |

| ★★★
45 | **nervous** | 형 불안해하는, 긴장하는 | ▸ feel **nervous**
긴장하다 |

| ★★★
46 | **excited** | 형 신이 난, 들뜬
→ excite 동 들뜨게 하다 | ▸ **excited** about the vacation
방학에 대해 들뜬 |

★★★ 47	**grade**	몡 성적, 학년, 등급 통 등급을 매기다	▶ a good **grade** 좋은 성적 ▶ the second **grade** 2학년
★★ 48	**friendship**	몡 우정, 교우관계	▶ a close **friendship** 친밀한 우정
★★★ 49	**build** built - built	통 (건물을) 짓다, 만들다, 쌓다	▶ **build** friendships 우정을 쌓다 ▶ **build** a house 집을 짓다
★★ 50	**get along with**	~와 잘 지내다	▶ **get along with** other students 다른 학생들과 잘 지내다

41 > 50

[스토리] 공부한 단어들을 하나의 스토리 안에서 확인해 보세요.

▶ After a long **vacation**, a new **semester** begins. ▶ I meet my friends and study many **subjects**. ▶ I **learn** new things. ▶ I feel **nervous** but **excited**. ▶ This year, my goal is to get good **grades**. ▶ I also want to **get along with** other students. ▶ I want to **build friendships** at school.

▶ 긴 방학이 끝나고, 새로운 학기가 시작된다. ▶ 나는 친구들을 만나고 많은 과목들을 공부한다. ▶ 나는 새로운 것들을 배운다. ▶ 나는 긴장되지만 들뜬다. ▶ 올해 나의 목표는 좋은 성적을 받는 것이다. ▶ 나는 다른 학생들과 잘 지내고도 싶다. ▶ 나는 학교에서 우정을 쌓고 싶다.

학교 생활

MP3

★★★
51
achieve

동 성취하다, 이루다

▶ **achieve** my goal
나의 목표를 이루다

★★★
52
improve

동 향상시키다, 개선하다

▶ **improve** my grades
나의 성적을 향상시키다

★★
53
concentrate

동 집중하다

= focus 동 집중하다

▶ **concentrate** on my studies
학업에 집중하다

★★★
54
hard

형 딱딱한, 어려운, 힘든
부 열심히, 세게

↔ easy 형 쉬운

▶ study **hard**
열심히 공부하다

▶ **hard** training
힘든 훈련

★★★
55
exam

명 시험

▶ **exam** paper
시험지

▶ pass the **exam**
시험에 통과하다

★
56
absent

형 결석한, 부재인

▶ **absent** from class
수업에 결석한

★★★ 교과서 10회 이상 수록　★★ 교과서 5~9회 수록　★ 교과서 1~4회 수록

57 ★	**challenging**	형 도전적인, 어려운 → challenge 명 도전 동 도전하다	▶ The exam was **challenging**. 그 시험은 어려웠다.
58 ★	**weakness**	명 약점, 결점 → weak 형 약한 ↔ strength 명 강점	▶ my greatest **weakness** 나의 최대 약점
59 ★	**overcome** overcame - overcome	동 극복하다	▶ **overcome** my weakness 나의 약점을 극복하다
60 ★	**put effort into**	~에 노력을 기울이다 → effort 명 노력	▶ **put effort into** studying math 수학 공부에 노력을 기울이다

51 > 60

[스토리] 공부한 단어들을 하나의 스토리 안에서 확인해 보세요.

▶ To **achieve** my goal, I will **put effort into** my school life. ▶ To **improve** my grades, I will **concentrate** on my schoolwork and study **hard** for **exams**. ▶ I won't be **absent** from class. ▶ It will be **challenging**. ▶ However, I will **overcome** my **weaknesses**.

▶ 나의 목표를 이루기 위해서, 나는 학교 생활에 노력을 기울일 것이다. ▶ 성적을 향상시키기 위해, 나는 학업에 집중하고 열심히 시험 공부를 할 것이다. ▶ 나는 수업에 결석하지 않을 것이다. ▶ 그건 어려울 것이다. ▶ 하지만, 나는 나의 약점을 극복할 것이다.

[단어]-[뜻] 확인하기
다음 영어 단어에 맞는 우리말 뜻을 써 보세요.

1. begin ....
2. student ....
3. elementary ....
4. enter ....
5. middle ....

6. gather ....
7. class ....
8. attend ....
9. classmate ....
10. introduce oneself ....

11. vacation ....
12. semester ....
13. subject ....
14. learn ....
15. nervous ....

16. excited ....
17. grade ....
18. friendship ....
19. build ....
20. get along with ....

21. achieve ....
22. improve ....
23. concentrate ....
24. hard ....
25. exam ....

26. absent ....
27. challenging ....
28. weakness ....
29. overcome ....
30. put effort into ....

[뜻]-[단어] 확인하기
다음 우리말 뜻에 맞는 영어 단어를 써 보세요.

1. 시작하다 ....

2. 학생 ....

3. 초등의 ....

4. 입학하다, 들어가다 ....

5. 중앙의 ....

6. 모이다 ....

7. 수업 ....

8. 출석하다 ....

9. 반 친구 ....

10. 자신을 소개하다 ....

11. 방학 ....

12. 학기 ....

13. 과목 ....

14. 배우다 ....

15. 긴장하는 ....

16. 신이 난 ....

17. 성적, 학년 ....

18. 우정 ....

19. 짓다, 쌓다 ....

20. ~와 잘 지내다 ....

21. 성취하다 ....

22. 향상시키다 ....

23. 집중하다 ....

24. 힘든, 열심히 ....

25. 시험 ....

26. 결석한 ....

27. 어려운, 도전적인 ....

28. 약점 ....

29. 극복하다 ....

30. ~에 노력을 기울이다 ....

학교 행사

MP3

★★★
61
club

| 명 클럽, 동호회, 동아리 |

▶ a basketball **club**
농구부

▶ a fan **club**
팬클럽

★★★
62
join

| 동 가입하다, 연결하다 |

▶ **join** a club
동아리에 가입하다

★★★
63
trick

| 명 속임수, 묘기 |
| 동 속임수를 쓰다, 속이다 |

▶ a magic **trick**
마술 묘기

▶ play **tricks**
장난을 치다(속임수를 쓰다)

★★★
64
festival

| 명 축제 |

▶ a school **festival**
학교 축제

▶ a film **festival**
영화제

★★★
65
stage

| 명 무대, 단계 |

▶ be on **stage**
무대에 서다

▶ back**stage**
무대 뒤에서

★★★
66
member

| 명 회원, 구성원 |

▶ a club **member**
동아리 회원

▶ a family **member**
가족 구성원

★★★ 교과서 10회 이상 수록   ★★ 교과서 5~9회 수록   ★ 교과서 1~4회 수록

★★★ 67	**hall**	몡 홀, 큰 방, 복도	▶ a concert **hall** 콘서트 홀 ▶ the main **hall** 중앙 홀(강당)
★★★ 68	**audience**	몡 관중, 청중	▶ a large **audience** 많은 관중
★★★ 69	**performance**	몡 공연, 연주, 수행 → perform 동 공연하다	▶ a piano **performance** 피아노 연주 ▶ watch a **performance** 공연을 관람하다
★★★ 70	**be filled with**	~로 가득 차다 → fill 동 채우다	▶ **be filled with** people 사람들로 가득 차다

61 > 70

[**스토리**] 공부한 단어들을 하나의 스토리 안에서 확인해 보세요.

▶ I **joined** the school magic **club**. ▶ I learned magic **tricks** there. ▶ At the school **festival**, I will be on **stage** with the other club **members**. ▶ The **hall** will **be filled with** a large **audience**. ▶ They will watch our **performance**.

▶ 나는 학교 마술 동아리에 가입했다. ▶ 나는 그곳에서 마술 묘기를 배웠다. ▶ 학교 축제에서 나는 다른 동아리 회원들과 무대에 설 것이다. ▶ 홀은 많은 관중으로 가득 찰 것이다. ▶ 그들은 우리의 공연을 관람할 것이다.

| ★★★ 71 | **sport** | 몡 스포츠, 운동 | ▸ **Sports** Day
운동회 날
▸ my favorite **sport**
내가 가장 좋아하는 스포츠 |

| ★★★ 72 | **match** | 몡 경기, 시합, 성냥
동 어울리다, 일치하다 | ▸ a soccer **match**
축구 경기
▸ have a **match**
경기를 하다 |

| ★★★ 73 | **chance** | 몡 기회, 가능성 | ▸ the last **chance**
마지막 기회
▸ have a few **chances**
몇 번의 기회가 있다 |

| ★★★ 74 | **score** | 몡 점수
동 득점하다,
(점수를) 기록하다 | ▸ a high **score**
높은 점수
▸ **score** goals
골을 득점하다 |

| ★★ 75 | **succeed** | 동 성공하다, 이어지다
→ success 몡 성공 | ▸ finally **succeed**
마침내 성공하다 |

| ★★★ 76 | **lose**

lost - lost | 동 잃어버리다, 지다 | ▸ **lose** the game
경기를 지다
▸ the **lost** and found
분실물 관리소 |

★★★ 교과서 10회 이상 수록   ★★ 교과서 5~9회 수록   ★ 교과서 1~4회 수록

★★★ 77	**result**	몡 결과 통 (~의 결과로) 발생하다	▸ the game **result** 경기 결과 ▸ the **result** of the vote 투표 결과
★★★ 78	**leader**	몡 지도자, 주장 → lead 통 이끌다	▸ the team **leader** 팀 주장
★ 79	**encourage**	통 격려하다, 용기를 북돋우다	▸ **encourage** the team 팀을 격려하다
80	**compete with**	~와 경쟁하다, 겨루다 → compete 통 경쟁하다, 겨루다	▸ **compete with** each other 서로 경쟁하다

71 > 80

[스토리] 공부한 단어들을 하나의 스토리 안에서 확인해 보세요.

▸ We had **Sports** Day. ▸ My soccer team had a **match**. ▸ We **competed with** another school. ▸ We had a few **chances** to **score** goals but didn't **succeed**. ▸ We **lost** the game. ▸ I was sad about the **result**. ▸ But our team **leader encouraged** us.

▸ 우리는 운동회를 했다. ▸ 우리 축구팀은 경기를 했다. ▸ 우리는 다른 학교와 겨뤘다. ▸ 우리는 골을 득점할 몇 번의 기회가 있었지만 성공하지 못했다. ▸ 우리는 경기를 졌다. ▸ 나는 그 결과에 속상했다. ▸ 하지만 우리 팀 주장이 우리를 격려했다.

81 ★★ **graduate**
- 동 졸업하다
- 명 졸업자
  - → graduation 명 졸업
- ▸ **graduate** from elementary school
  초등학교를 졸업하다

82 ★★ **ceremony**
- 명 의식, 식
- ▸ the opening **ceremony**
  개막식

83 ★★★ **last**
- 동 계속되다
- 형 마지막의, 지난, 최근의
- ▸ **last** week
  지난주
- ▸ **last** for an hour
  한 시간 동안 계속되다

84 ★ **principal**
- 명 교장, 학장
- 형 주요한
- ▸ the school **principal**
  교장 선생님

85 ★★★ **speech**
- 명 연설, 담화, 말
- ▸ give a **speech**
  연설을 하다
- ▸ a **speech** contest
  말하기 대회

86 ★★★ **award**
- 명 상
- 동 수여하다
  - = prize 명 상
- ▸ win an **award**
  상을 타다
- ▸ the Best Film **Award**
  최우수 영화상

★★★ 교과서 10회 이상 수록 ★★ 교과서 5~9회 수록 ★ 교과서 1~4회 수록

*** 87 **receive**	통 받다, 받아들이다	▶ **receive** an award 상을 받다
** 88 **president**	명 회장, 대통령	▶ a class **president** 반장 ▶ the **president** of Korea 한국 대통령
*** 89 **take a picture**	사진을 찍다 → picture 명 사진, 그림	▶ **take a picture** together 함께 사진을 찍다
*** 90 **be proud of**	~을 자랑스러워하다 → proud 형 자랑스러운	▶ **be proud of** myself 내 자신을 자랑스러워하다

81 > 90

[**스토리**] 공부한 단어들을 하나의 스토리 안에서 확인해 보세요.

▶ Last month, I **graduated** from elementary school. ▶ All my classmates attended the graduation. ▶ We **took a picture** together. ▶ The **ceremony lasted** for an hour. ▶ The **principal** gave a **speech**. ▶ I was the class **president**, so I **received** an **award**. ▶ I **was proud of** myself.

▶ 지난달에 나는 초등학교를 졸업했다. ▶ 모든 반 친구들이 졸업식에 참석했다. ▶ 우리는 같이 사진을 찍었다. ▶ 졸업식은 한 시간 동안 계속됐다. ▶ 교장 선생님은 연설을 하셨다. ▶ 나는 반장이었고, 그래서 상을 받았다. ▶ 나는 내 자신이 자랑스러웠다.

1. club ....

2. join ....

3. trick ....

4. festival ....

5. stage ....

6. member ....

7. hall ....

8. audience ....

9. performance ....

10. be filled with ....

11. sport ....

12. match ....

13. chance ....

14. score ....

15. succeed ....

16. lose ....

17. result ....

18. leader ....

19. encourage ....

20. compete with ....

21. graduate ....

22. ceremony ....

23. last ....

24. principal ....

25. speech ....

26. award ....

27. receive ....

28. president ....

29. take a picture ....

30. be proud of ....

1. 동아리 ....
2. 가입하다 ....
3. 속임수 ....
4. 축제 ....
5. 무대 ....

6. 회원 ....
7. 홀, 큰 방 ....
8. 관중 ....
9. 공연 ....
10. ~로 가득 차다 ....

11. 스포츠 ....
12. 경기, 시합 ....
13. 기회 ....
14. 득점하다, 점수 ....
15. 성공하다 ....

16. 잃어버리다, 지다 ....
17. 결과 ....
18. 지도자, 주장 ....
19. 격려하다 ....
20. ~와 경쟁하다 ....

21. 졸업하다 ....
22. 식, 의식 ....
23. 계속되다, 마지막의 ....
24. 교장 ....
25. 연설 ....

26. 상 ....
27. 받다 ....
28. 회장, 대통령 ....
29. 사진을 찍다 ....
30. ~을 자랑스러워하다 ....

★★ 91	**wedding**	명 결혼식	▶ a **wedding** dress 웨딩 드레스 ▶ my cousin's **wedding** 사촌의 결혼식
92	**bride**	명 신부	▶ a beautiful **bride** 아름다운 신부
93	**groom**	명 신랑 동 다듬다, 손질하다	▶ a nervous **groom** 긴장한 신랑 ▶ **groom** a horse 말을 손질하다
★★★ 94	**guest**	명 손님, 하객	▶ a special **guest** 특별 손님 ▶ Be my **guest**! 제가 대접할게요!
95	**declare**	동 선언하다, 선포하다	▶ **declare** to God 신에게 맹세하다 ▶ **declare** war 전쟁을 선포하다
★★ 96	**husband**	명 남편	▶ a great **husband** 훌륭한 남편

★★★ 교과서 10회 이상 수록 ★★ 교과서 5~9회 수록 ★ 교과서 1~4회 수록

★★★ 97 **wife**	몡 아내, 부인	▶ declare husband and **wife** 남편과 아내(부부)로 선포하다
98 **congratulate**	동 축하하다, 기뻐하다 → congratulation 　　몡 축하	▶ **congratulate** myself 자축하다
★★ 99 **marriage**	몡 결혼, 결혼 생활 → marry 동 결혼하다	▶ a happy **marriage** 행복한 결혼 생활
★★★ 100 **in front of**	~의 앞에 → front 몡 앞, 앞면	▶ **in front of** the guests 하객들 앞에

91 > 100

[**스토리**] 공부한 단어들을 하나의 스토리 안에서 확인해 보세요.

▶ I went to my cousin's **wedding**. ▶ The **bride** and **groom** entered the hall. ▶ They stood **in front of** the **guests**. ▶ Soon, they were **declared husband** and **wife**. ▶ All of the guests **congratulated** them on their **marriage**.

▶ 나는 사촌의 결혼식에 갔다. ▶ 신부와 신랑은 홀로 들어왔다. ▶ 그들은 하객들의 앞에 섰다. ▶ 곧, 그들은 남편과 아내로 선포되었다. ▶ 모든 하객들은 그들의 결혼을 축하해 주었다.

★★
101
married

형 결혼한

→ marry 동 결혼하다

▶ a **married** man
결혼한 남자

★★
102
couple

명 두어 개, 두 사람, 부부

동 연결하다, 짝을 짓다

▶ a married **couple**
결혼한 부부

▶ a **couple** of days
이틀 정도

★★★
103
throw

threw - thrown

동 던지다, (파티를) 벌이다

▶ **throw** a ball
공을 던지다

▶ **throw** a party
파티를 벌이다

★★★
104
welcome

동 환영하다, 맞이하다

형 반가운, 환영받는

명 환영

▶ **welcome** the guests
손님을 맞이하다

▶ a **welcome** letter
환영 편지

★★
105
treat

동 대하다, 대접하다

명 대접, 선물

▶ a special **treat**
특별한 선물

▶ **treat** us to dinner
우리에게 저녁을 대접하다

106
joyful

형 아주 즐거운, 기쁜

→ joy 명 기쁨

▶ a **joyful** evening
즐거운 저녁

| ★★★ 107 | **surprise** | 명 놀라움, 뜻밖의 소식
동 놀라게 하다 | ▶ a **surprise** party
깜짝 파티
▶ What a **surprise**!
정말 놀라워! |

| ★ 108 | **announcement** | 명 발표, 소식
→ announce
동 발표하다, 알리다 | ▶ a surprise
announcement
깜짝 발표 |

| ★★★ 109 | **parent** | 명 부모
→ grandparent
명 조부모 | ▶ **Parents**' Day
어버이날 |

| ★★★ 110 | **invite to** | ~에 초대하다, 초청하다
→ invite 동 초대하다 | ▶ **invite** us **to** the house
우리를 집으로 초대하다 |

101 > 110

[**스토리**] 공부한 단어들을 하나의 스토리 안에서 확인해 보세요.

▶ The **married couple invited** us **to** their house. ▶ They **threw** a housewarming party. ▶ The couple **welcomed** us. ▶ They **treated** us to dinner. ▶ It was a **joyful** evening. ▶ The best part was the **surprise announcement**. ▶ The wife said, "We are having a baby. We are going to be **parents**!"

▶ 결혼한 부부가 우리를 그들의 집으로 초대했다. ▶ 그들은 집들이 파티를 벌였다. ▶ 그 부부는 우리를 환영했다. ▶ 그들은 우리에게 저녁 식사를 대접했다. ▶ 아주 즐거운 저녁이었다. ▶ 가장 좋았던 것은 깜짝 발표였다. ▶ 부인은 "아기가 생겼어요. 우리는 부모가 될 거예요!"라고 말했다.

---

111 ★
sudden

형 갑작스러운
명 갑작스러움

→ suddenly 부 갑자기

▶ all of a **sudden**
갑작스럽게
▶ a **sudden** attack
기습 공격

---

112 ★★★
shocked

형 충격 받은

→ shock
동 충격을 주다
명 (심리적) 충격

▶ I am **shocked**.
나 충격 받았어.

---

113 ★★★
raise

동 들어 올리다, 키우다, 모금하다

▶ **raise** a child
아이를 키우다
▶ **raise** money
(돈을) 모금하다

---

114 ★★★
tear

tore - torn

명 눈물
동 찢다, 뜯다

▶ cry a **tear**
눈물을 한 방울 흘리다
▶ **tear** out a page
(종이) 한 장을 뜯어내다

---

115 ★★
lonely

형 외로운, 쓸쓸한

▶ feel **lonely**
외로워하다

116
arrange

동 마련하다, 정리하다

▶ **arrange** an event
행사를 마련하다
▶ **arrange** a room
방을 정리하다

★★★ 교과서 10회 이상 수록   ★★ 교과서 5~9회 수록   ★ 교과서 1~4회 수록

117	**funeral**	명 장례(식)	▶ arrange a **funeral** 장례식을 준비하다
★ 118	**visitor**	명 방문객, 손님 → visit 동 방문하다	▶ an unwelcome **visitor** 반갑지 않은 손님
119	**loss**	명 상실, 손실 → lose 동 잃다, 지다	▶ **loss** of memory 기억 상실 ▶ I'm sorry for your **loss**. (돌아가셔서) 상심이 크시겠어요.
★★ 120	**pass away**	돌아가시다, 사라지다	▶ **pass away** suddenly 갑자기 돌아가시다

111 > 120

[**스토리**] 공부한 단어들을 하나의 스토리 안에서 확인해 보세요.

▶ My grandfather **passed away** last week. ▶ It was very **sudden**, so I was **shocked** to hear the news. ▶ He had **raised** me, so I was really sad. ▶ I cried many **tears** and felt **lonely**. ▶ My family **arranged** the funeral. ▶ Many **visitors** came and said, "I'm sorry for your **loss**."

▶ 지난주에 우리 할아버지가 돌아가셨다. ▶ 너무 갑작스러워서 나는 그 소식을 듣고 충격을 받았다. ▶ 할아버지는 나를 키워 주셨기 때문에 나는 정말 슬펐다. ▶ 나는 많은 눈물을 흘리며 울었고 외로웠다. ▶ 우리 가족은 장례식을 준비했다. ▶ 많은 조문객들이 와서 "(돌아가셔서) 상심이 크시겠어요."라고 말했다.

1. wedding ....
2. bride ....
3. groom ....
4. guest ....
5. declare ....

6. husband ....
7. wife ....
8. congratulate ....
9. marriage ....
10. in front of ....

11. married ....
12. couple ....
13. throw ....
14. welcome ....
15. treat ....

16. joyful ....
17. surprise ....
18. announcement ....
19. parent ....
20. invite to ....

21. sudden ....
22. shocked ....
23. raise ....
24. tear ....
25. lonely ....

26. arrange ....
27. funeral ....
28. visitor ....
29. loss ....
30. pass away ....

1. 결혼식 ....
2. 신부 ....
3. 신랑 ....
4. 손님, 하객 ....
5. 선언하다 ....

6. 남편 ....
7. 아내 ....
8. 축하하다 ....
9. 결혼 ....
10. ~의 앞에 ....

11. 결혼한 ....
12. 부부, 두어 개 ....
13. 던지다, (파티를) 벌이다 ....
14. 환영하다 ....
15. 대접하다 ....

16. 아주 즐거운 ....
17. 놀라움 ....
18. 발표, 소식 ....
19. 부모 ....
20. ~에 초대하다 ....

21. 갑작스러운 ....
22. 충격 받은 ....
23. 들어 올리다, 키우다 ....
24. 눈물, 찢다 ....
25. 외로운 ....

26. 마련하다 ....
27. 장례(식) ....
28. 방문객 ....
29. 상실, 손실 ....
30. 돌아가시다 ....

★ 121 **vacuum**
- 명 진공, 진공청소기
- 동 진공청소기로 청소하다
- 형 진공의

▶ a **vacuum** cleaner
진공청소기

▶ **vacuum**-packed foods
진공 포장 음식

★★★ 122 **floor**
- 명 바닥, (건물의) 층

▶ a wooden **floor**
나무 바닥

▶ the second **floor**
2층

123 **mop**
- 동 대걸레로 닦다
- 명 대걸레

▶ **mop** the floor
바닥을 대걸레로 닦다

★★★ 124 **dust**
- 명 먼지, 가루
- 동 먼지를 털다, 가루를 뿌리다

▶ yellow **dust**
황사

▶ gold **dust**
금가루

★★ 125 **remove**
- 동 치우다, 없애다, 제거하다

▶ **remove** dust
먼지를 제거하다

▶ **remove** poison
독을 없애다

★★ 126 **shelf**
- 명 선반

▶ the top **shelf**
맨 위쪽 선반

▶ a book**shelf**
책꽂이

★★★ 교과서 10회 이상 수록 ★★ 교과서 5~9회 수록 ★ 교과서 1~4회 수록

| 127 ★ **wipe** | 동 (먼지 등을) 닦다
명 물수건 | ▶ **wipe** the window
창문을 닦다
▶ wet **wipes**
물티슈 |

| 128 **rag** | 명 걸레, 행주 | ▶ a clean **rag**
깨끗한 행주 |

| 129 ★ **housework** | 명 집안일 | ▶ do the **housework**
집안일을 하다 |

| 130 ★★★ **clean up** | ~을 치우다[청소하다]
→ clean 동 청소하다
형 깨끗한 | ▶ **clean up** the house
집을 청소하다 |

121 > 130

[**스토리**] 공부한 단어들을 하나의 스토리 안에서 확인해 보세요.

▶ My family **cleans up** the house every Sunday. ▶ My father **vacuums** and **mops** the **floor**. ▶ My mother **removes** the **dust** from the **shelves**. ▶ I **wipe** the windows with a **rag**. ▶ We do most of the **housework** together.

▶ 우리 가족은 일요일마다 집을 청소한다. ▶ 우리 아빠는 바닥을 진공청소기로 청소하고 대걸레로 바닥을 닦는다. ▶ 우리 엄마는 선반에서 먼지를 제거한다. ▶ 나는 걸레로 창문을 닦는다. ▶ 우리는 대부분의 집안일을 함께 한다.

★
131 **laundry** | 명 빨래, 세탁물 | ▶ do the **laundry**
빨래를 하다
▶ the dirty **laundry**
더러운 세탁물

★★★
132 **hang**

hung - hung | 동 걸다, 매달다 | ▶ **hang** a picture
사진을 걸다
▶ **hang** the laundry
빨래를 널다

★
133 **hanger** | 명 옷걸이 | ▶ a coat **hanger**
외투 걸이

★★★
134 **dry** | 동 마르다, 말리다
형 건조한 | ▶ **dry** the laundry
빨래를 말리다
▶ **dry** skin
건조한 피부

★
135 **iron** | 명 철, 다리미
동 다림질하다 | ▶ **iron** the clothes
옷을 다림질하다
▶ **Iron** Man
아이언맨(힘이 센 사람, 철인)

★★★
136 **fold** | 동 접다, (옷을) 개다
↔ unfold 동 펴다 | ▶ **fold** the clothes
옷을 개다
▶ paper **folding**
종이접기

★★★ 교과서 10회 이상 수록   ★★ 교과서 5~9회 수록   ★ 교과서 1~4회 수록

★ 137	**drawer**	몡 서랍, 보관함	▸ the bottom **drawer** 맨 아래 서랍
★★★ 138	**take out**	꺼내다, 가지고 나가다	▸ **take out** the laundry 빨래를 꺼내다
★★★ 139	**pick up**	집어 들다, 줍다 → pick 몡 고르다, 뽑다	▸ **pick up** coins 동전을 줍다
★★★ 140	**put in**	~ 안에 넣다	▸ **put** the clothes **in** a drawer 옷을 서랍 안에 넣다

131 > 140

[스토리] 공부한 단어들을 하나의 스토리 안에서 확인해 보세요.

▸ My family does the **laundry** together. ▸ My dad **takes out** the clothes from the washing machine. ▸ My mom **picks** them **up** and **hangs** them on a **hanger** to **dry**. ▸ When they are dry, my dad **irons** the clothes. ▸ Then, I **fold** them and **put** them **in** a **drawer**.

▸ 우리 가족은 빨래를 함께 한다. ▸ 아빠가 세탁기에서 옷들을 꺼낸다. ▸ 엄마는 그것들을 집어 들어서 옷걸이에 넣어 말린다. ▸ 빨래가 마르면, 아빠는 옷들을 다림질한다. ▸ 그다음에 나는 옷들을 개서 서랍 안에 넣는다.

★ 141	**tidy**	형 깔끔한, 잘 정돈된	▶ a **tidy** room 깔끔한 방

★★ 142	**towel**	명 수건, 타월	▶ use paper **towels** 페이퍼 타월을 사용하다

★★★ 143	**wet**	형 젖은, 비가 오는 ↔ dry 형 건조한	▶ a **wet** towel 젖은 수건 ▶ the **wet** weather 비가 오는(습한) 날씨

★★★ 144	**trash**	명 쓰레기 = garbage 명 쓰레기	▶ a **trash** can 쓰레기통 ▶ take out **trash** 쓰레기를 내다 버리다

★ 145	**toilet**	명 변기, 화장실	▶ **toilet** paper 화장실 휴지

146	**bathtub**	명 욕조 → bath 명 목욕	▶ fill the **bathtub** 욕조에 물을 채우다

★★★ 교과서 10회 이상 수록 ★★ 교과서 5~9회 수록 ★ 교과서 1~4회 수록

147	**rinse**	동 헹구다, (물에) 씻어내다 명 헹구기	▶ **rinse** my hair 내 머리카락을 헹구다 ▶ **rinse** the bathtub 욕조를 물로 씻어내다
★★★ 148	**shower**	명 샤워, 소나기 동 샤워하다	▶ take a **shower** 샤워하다 ▶ a heavy **shower** 강한 소나기
149	**curtain**	명 커튼	▶ a shower **curtain** 샤워 커튼
★★ 150	**keep clean**	깨끗하게 유지하다	▶ **keep** the bathroom **clean** 화장실을 깨끗하게 유지하다

141 > 150

[**스토리**] 공부한 단어들을 하나의 스토리 안에서 확인해 보세요.

▶ Do you want to **keep** your bathroom **clean** and **tidy**? ▶ Change the **towels** when they are **wet**. ▶ Place a **trash** can next to the **toilet**. ▶ **Rinse** the **bathtub** with clean water after taking a **shower**. ▶ Using a shower **curtain** can also be helpful.

▶ 화장실을 깨끗하고 깔끔하게 유지하고 싶으신가요? ▶ 수건이 젖었을 때 바꿔주세요. ▶ 변기 옆에 쓰레기통을 두세요. ▶ 샤워를 한 후에는 욕조를 깨끗한 물로 씻어 내세요. ▶ 샤워 커튼을 사용하는 것도 도움이 될 수 있습니다.

[단어]-[뜻] 확인하기
다음 영어 단어에 맞는 우리말 뜻을 써 보세요.

1. vacuum

2. floor

3. mop

4. dust

5. remove

6. shelf

7. wipe

8. rag

9. housework

10. clean up

11. laundry

12. hang

13. hanger

14. dry

15. iron

16. fold

17. drawer

18. take out

19. pick up

20. put in

21. tidy

22. towel

23. wet

24. trash

25. toilet

26. bathtub

27. rinse

28. shower

29. curtain

30. keep clean

1. 진공청소기 ....
2. 바닥 ....
3. 대걸레로 닦다 ....
4. 먼지 ....
5. 제거하다 ....

6. 선반 ....
7. (먼지 등을) 닦다 ....
8. 걸레 ....
9. 집안일 ....
10. ~을 청소하다 ....

11. 빨래 ....
12. 걸다, 매달다 ....
13. 옷걸이 ....
14. 말리다, 건조한 ....
15. 다림질하다 ....

16. 접다, (옷을) 개다 ....
17. 서랍 ....
18. 꺼내다 ....
19. 집어 들다 ....
20. ~ 안에 넣다 ....

21. 깔끔한 ....
22. 수건 ....
23. 젖은 ....
24. 쓰레기 ....
25. 화장실, 변기 ....

26. 욕조 ....
27. 헹구다 ....
28. 샤워, 소나기 ....
29. 커튼 ....
30. 깨끗하게 유지하다 ....

★★★ 151	**breakfast**	명 아침 식사	▶ eat **breakfast** 아침을 먹다
★★★ 152	**prepare**	동 준비하다	▶ **prepare** breakfast 아침을 준비하다 ▶ **prepare** a gift 선물을 준비하다
★★★ 153	**recipe**	명 조리법, 레시피	▶ a simple **recipe** 간단한 조리법
★★★ 154	**check**	동 확인하다, 점검하다 명 확인, 계산서, 수표	▶ **check** the recipe 조리법을 확인하다 ▶ a **check**list 확인 목록
★★ 155	**ingredient**	명 재료, 성분	▶ healthy **ingredients** 건강한 재료
★★★ 156	**refrigerator**	명 냉장고 = fridge 명 냉장고	▶ open the **refrigerator** door 냉장고 문을 열다 ▶ a kimchi **refrigerator** 김치냉장고

★★★ 교과서 10회 이상 수록   ★★ 교과서 5~9회 수록   ★ 교과서 1~4회 수록

★★★ 157	**piece**	몡 조각, 부분	▸ a small **piece** 작은 조각 ▸ a **piece** of cake 케이크 한 조각
★ 158	**crack**	몡 금, 갈라진 틈 동 갈라지다, 깨다	▸ **crack** an egg 계란을 깨뜨리다 ▸ have a **crack** 금이 가 있다
★★★ 159	**bowl**	몡 그릇, 사발	▸ a rice **bowl** 밥그릇 ▸ a **bowl** of soup 수프 한 그릇
★★ 160	**cut into**	~으로 (작게) 자르다 → cut 동 자르다, 베다	▸ **cut** butter **into** pieces 버터를 조각으로 자르다

151 > 160

[스토리] 공부한 단어들을 하나의 스토리 안에서 확인해 보세요.

▸ My mom and I are **preparing breakfast**. ▸ She **checks** the **recipe**. ▸ I take the **ingredients** out of the **refrigerator**. ▸ My mom **cuts** butter **into** small **pieces**. ▸ I **crack** some eggs into a **bowl**.

▸ 엄마와 나는 아침 식사를 준비하고 있다. ▸ 그녀는 조리법을 확인한다. ▸ 나는 냉장고에서 재료들을 꺼낸다. ▸ 엄마는 버터를 작은 조각으로 자른다. ▸ 나는 계란을 깨뜨려서 그릇에 넣는다.

MP3

★★★ 161 **beat**

beat - beaten

동 때리다, 휘젓다
명 비트, 박자

▶ **beat** an egg
계란을 (휘저어) 풀다
▶ a drum **beat**
드럼 비트(북소리)

★★★ 162 **add**

동 더하다, 추가하다

▶ **add** some milk
우유를 추가하다

★★★ 163 **mix**

동 섞다, 혼합하다

▶ **mix** colors
색깔을 섞다
▶ **mix** the ingredients
재료를 섞다

★★★ 164 **pan**

명 팬, 얕은 냄비

▶ a frying **pan**
프라이팬

★★★ 165 **heat**

명 열, 더위
동 뜨겁게 하다, 가열하다

▶ **heat** a pan
팬을 데우다
▶ the summer **heat**
여름 더위

★★★ 166 **low**

형 낮은
부 낮게

↔ high 형 높은 부 높이

▶ **low** heat
저열(약불)
▶ fly **low**
낮게 날다

★★★ 교과서 10회 이상 수록   ★★ 교과서 5~9회 수록   ★ 교과서 1~4회 수록

★★★ 167 **melt**	동 녹이다, 녹다	▸ **melt** butter 버터를 녹이다 ▸ The ice **melts**. 얼음이 녹는다.
★ 168 **stir**	동 젓다, 섞다	▸ **stir** with a spoon 숟가락으로 젓다
★★★ 169 **slowly**	부 천천히, 느리게 → slow 형 느린	▸ stir the egg **slowly** 계란을 천천히 젓다 ▸ walk **slowly** 느리게 걷다
★ 170 **pour into**	~에 붓다, 따르다 → pour 동 붓다, 따르다	▸ **pour** water **into** a cup 컵에 물을 따르다

161 > 170

[**스토리**] 공부한 단어들을 하나의 스토리 안에서 확인해 보세요.

▸ I **beat** the eggs. ▸ My mom **adds** some milk, and I **mix** them. ▸ My mom **heats** the **pan** over **low** heat. ▸ Then, she **melts** the butter in the pan. ▸ I **pour** the eggs **into** the pan and **stir** them **slowly**.

▸ 나는 계란을 푼다. ▸ 엄마는 우유를 추가하고, 나는 그것들을 섞는다. ▸ 엄마는 팬을 약불로 달군다. ▸ 그런 다음, 그녀는 팬에 버터를 녹인다. ▸ 나는 계란을 팬에 붓고 그것들을 천천히 젓는다.

| ★★★ 171 | **tea** | 몡 (음료) 차 | ▶ hot **tea**
뜨거운 차
▶ a cup of green **tea**
녹차 한 잔 |

| ★★ 172 | **boil** | 됨 끓이다, 끓다
→ boiler 몡 보일러 | ▶ **boil** water
물을 끓이다
▶ The water **boils**.
물이 끓는다. |

| 173 | **kettle** | 몡 주전자 | ▶ fill a **kettle**
주전자를 채우다 |

| ★★ 174 | **lid** | 몡 뚜껑, 덮개 | ▶ a pot **lid**
냄비 뚜껑 |

| ★★★ 175 | **cover** | 됨 덮다, 가리다
몡 덮개, 표지
↔ uncover
됨 (뚜껑을) 열다 | ▶ a book **cover**
책 표지
▶ **cover** with a lid
뚜껑으로 덮다 |

| ★★★ 176 | **plate** | 몡 접시, 그릇
= dish 몡 접시 | ▶ a clean **plate**
깨끗한 접시
▶ break a **plate**
접시를 깨트리다 |

★★★ 177	**slice**	명 (얇게 썬) 조각 동 (얇게) 썰다	▶ a **slice** of cheese 치즈 한 조각 ▶ **slice** an apple 사과를 얇게 썰다
★ 178	**jar**	명 병, 단지	▶ a **jar** of jam 잼 한 병
★★★ 179	**spread** spread - spread	동 바르다, 펼치다	▶ **spread** jam 잼을 바르다 ▶ **spread** the wings 날개를 펼치다
★★★ 180	**on top**	맨 위에, 꼭대기에 → **top** 명 꼭대기, 정상	▶ put cheese **on top** 맨 위에 치즈를 얹다

171 > 180

[**스토리**] 공부한 단어들을 하나의 스토리 안에서 확인해 보세요.

▶ I will make a sandwich and hot **tea**. ▶ I **boil** the water first. ▶ I fill a **kettle** with water. ▶ And I **cover** it with a **lid**. ▶ I put a piece of bread on a **plate**. ▶ I open a jam **jar** and **spread** jam on the bread. ▶ Then, I put a **slice** of cheese **on top**.

▶ 나는 샌드위치와 뜨거운 차를 만들 것이다. ▶ 나는 먼저 물을 끓인다. ▶ 나는 주전자에 물을 채운다. ▶ 그리고 나는 그것을 뚜껑으로 덮는다. ▶ 나는 빵 한 조각을 접시 위에 놓는다. ▶ 나는 잼 병을 열어서 빵 위에 잼을 바른다. ▶ 그런 다음, 나는 맨 위에 치즈 한 조각을 얹는다.

1. breakfast ....

2. prepare ....

3. recipe ....

4. check ....

5. ingredient ....

6. refrigerator ....

7. piece ....

8. crack ....

9. bowl ....

10. cut into ....

11. beat ....

12. add ....

13. mix ....

14. pan ....

15. heat ....

16. low ....

17. melt ....

18. stir ....

19. slowly ....

20. pour into ....

21. tea ....

22. boil ....

23. kettle ....

24. lid ....

25. cover ....

26. plate ....

27. slice ....

28. jar ....

29. spread ....

30. on top ....

[뜻]-[단어] 확인하기
다음 우리말 뜻에 맞는 영어 단어를 써 보세요.

1. 아침 식사 ....
2. 준비하다 ....
3. 조리법 ....
4. 확인하다 ....
5. 재료, 성분 ....

6. 냉장고 ....
7. 조각, 부분 ....
8. 틈, 갈라지다, 깨다 ....
9. 그릇, 사발 ....
10. ~으로 (작게) 자르다 ....

11. 때리다, 휘젓다 ....
12. 더하다, 추가하다 ....
13. 섞다 ....
14. 팬, 얕은 냄비 ....
15. 가열하다, 열 ....

16. 낮은 ....
17. 녹이다, 녹다 ....
18. 젓다 ....
19. 느리게 ....
20. ~에 붓다 ....

21. (음료) 차 ....
22. 끓이다, 끓다 ....
23. 주전자 ....
24. 뚜껑 ....
25. 덮다, 덮개 ....

26. 접시, 그릇 ....
27. (얇게 썬) 조각 ....
28. 병, 단지 ....
29. 바르다, 펼치다 ....
30. 맨 위에 ....

★★★ **store**
181

⟨명⟩ 상점, 가게
⟨동⟩ 저장하다, 보관하다

▶ a clothing **store**
옷 가게

▶ **store** food
음식을 보관하다

★★★ **shop**
182

⟨명⟩ 상점, 가게
⟨동⟩ (물건을) 쇼핑하다

= store ⟨명⟩ 상점, 가게

▶ a flower **shop**
꽃가게

▶ **shop** online
온라인으로 쇼핑하다

★★★ **goods**
183

⟨명⟩ 상품, 물품

▶ sporting **goods**
스포츠 용품

▶ buy **goods**
물품을 구입하다

★★ **display**
184

⟨동⟩ 진열하다, 전시하다
⟨명⟩ 진열, 전시

▶ **display** the goods
상품을 진열하다

▶ on **display**
전시 중인

★★★ **customer**
185

⟨명⟩ 손님, 고객

▶ **customer** service
고객 서비스

▶ a regular **customer**
단골 손님

★ **salesperson**
186

⟨명⟩ 판매원

→ **sale** ⟨명⟩ 판매

→ **salespeople** (복수형)

▶ the best **salesperson**
최고의 판매원(판매왕)

▶ telephone **salespeople**
전화 판매원들(텔레마케터)

★★★ 교과서 10회 이상 수록　★★ 교과서 5~9회 수록　★ 교과서 1~4회 수록

| ★★★ 187 | **busy** | 형 바쁜 | ▶ look **busy**
 바빠 보이다
 ▶ a **busy** schedule
 바쁜 일정 |

| ★★★ 188 | **sell**
 sold - sold | 동 팔다, 판매하다
 ↔ buy 동 사다 | ▶ **sell** a lot of goods
 많은 상품을 팔다 |

| ★★★ 189 | **go shopping** | 쇼핑하러 가다
 → shop 동 쇼핑하다 | ▶ **go shopping** at a store
 상점에 쇼핑하러 가다 |

| ★★★ 190 | **look around** | ~을 둘러보다 | ▶ **look around** the mall
 쇼핑몰을 둘러보다 |

181 > 190

[스토리] 공부한 단어들을 하나의 스토리 안에서 확인해 보세요.

▶ I **went shopping** at a shoe **store**. ▶ I **looked around** the **shop**. ▶ They were **displaying** the new **goods** in the window. ▶ There were many **customers**, so the **salespeople** were **busy**. ▶ They were **selling** a lot of goods.

▶ 나는 신발 가게에 쇼핑하러 갔다. ▶ 나는 상점을 둘러보았다. ▶ 그들은 진열창에 새로운 상품들을 진열하고 있었다. ▶ 많은 손님들이 있어서 판매원들은 바빴다. ▶ 그들은 많은 상품들을 팔고 있었다.

★★★ 191	**size**	명 사이즈[치수], 크기	▶ the same **size** 같은 사이즈 ▶ the largest **size** 가장 큰 사이즈
★★★ 192	**bring** brought - brought	동 가져오다, 야기하다	▶ **bring** a present 선물을 가져오다 ▶ **bring** many changes 많은 변화를 가져오다
★★★ 193	**fit** fit - fit	동 (모양·크기가) 맞다, 맞추다 형 건강한, 탄탄한	▶ **fit** me well 나에게 잘 맞다 ▶ a **fitting** room 탈의실
★★★ 194	**price**	명 가격, 값, 대가	▶ a good **price** 좋은 가격 ▶ half **price** 반값
★★★ 195	**expensive**	형 비싼 ↔ **cheap** 형 (값이) 싼	▶ **expensive** clothes 비싼 옷
★★★ 196	**discount**	명 할인 동 할인하다	▶ get a **discount** 할인을 받다 ▶ a **discount** coupon 할인 쿠폰

★★★ 교과서 10회 이상 수록   ★★ 교과서 5~9회 수록   ★ 교과서 1~4회 수록

*** 197	**try on**	~을 입어[신어] 보다 → try 동 시도하다	▶ **try on** boots 부츠를 신어 보다
*** 198	**ask for**	~을 요청하다 → ask 동 묻다, 요청하다	▶ **ask for** my size 내 사이즈를 요청하다
* 199	**sold out**	다 팔린, 매진된, 품절의 → sell 동 팔다	▶ all **sold out** 전부 다 팔린(완판된) ▶ The tickets are **sold out**. 그 표는 매진됐다.
*** 200	**on sale**	할인 중인, 판매되는	▶ It's **on sale**. 그것은 할인 중이다.

191 > 200

[스토리] 공부한 단어들을 하나의 스토리 안에서 확인해 보세요.

▶ I wanted to **try on** boots, so I **asked for** my **size**. ▶ However, they were **sold out**. ▶ The salesperson **brought** them in a different color. ▶ The boots **fit** me well, and the **price** was good. ▶ They weren't **expensive**. ▶ They were **on sale**, so I got a **discount**.

▶ 나는 부츠를 신어 보고 싶어서, 내 사이즈를 요청했다. ▶ 그러나 그것은 품절이었다. ▶ 판매원이 그것을 다른 색으로 가져왔다. ▶ 그 부츠는 나에게 잘 맞았고, 가격도 괜찮았다. ▶ 그것은 비싸지 않았다. ▶ 그것은 할인 중이어서 나는 할인을 받았다.

201 ★
counter

명 계산대, 접수대

▶ order at the **counter**
계산대에서 주문하다
▶ a ticket **counter**
매표소

202 ★
cashier

명 계산원

→ cash 명 현금, 돈

▶ a store without **cashiers**
계산원이 없는 가게(무인 판매점)

203 ★
tag

명 꼬리표, 태그
동 태그를 달다

▶ a price **tag**
가격표
▶ a hash**tag**
해시태그(#)

204 ★
scan

동 스캔하다, 정밀 검사하다
명 정밀 검사

→ scanner 명 스캐너

▶ a brain **scan**
뇌 정밀 검사
▶ **scan** a price tag
가격표를 스캔하다(찍다)

205 ★★
receipt

명 영수증

→ receive 동 받다

▶ give a **receipt**
영수증을 주다
▶ bring the **receipt**
영수증을 지참하다

206 ★★★
item

명 물품, 항목

▶ a popular **item**
인기 상품
▶ a food **item**
식품

★★★ 교과서 10회 이상 수록   ★★ 교과서 5~9회 수록   ★ 교과서 1~4회 수록

★★★ 207	**exchange**	图 교환하다, 맞바꾸다 圐 교환	▶ **exchange** an item 물품을 교환하다
★★ 208	**refund**	圐 환불 图 환불하다	▶ **refund** an item 물품을 환불하다 ▶ get a **refund** 환불받다
★ 209	**within**	젼 ~ 안에, ~ 이내에	▶ **within** fourteen days 14일 안에
★★★ 210	**pay for**	~의 값을 지불하다 [계산하다]	▶ **pay for** the shoes 그 신발을 계산하다

201 > 210

[**스토리**] 공부한 단어들을 하나의 스토리 안에서 확인해 보세요.

▶ I took the shoes to the **counter**. ▶ The **cashier scanned** the price **tag**. ▶ I **paid for** the **item**, and the cashier gave me the **receipt**. ▶ He said, "You can **exchange** or **refund** the item **within** fourteen days."

▶ 나는 그 신발을 카운터로 가져갔다. ▶ 계산원은 가격표를 스캔했다. ▶ 나는 그 물품을 계산했고, 계산원은 나에게 영수증을 주었다. ▶ 그는 "당신은 14일 안에 그 물품을 교환하거나 환불하실 수 있어요."라고 말했다.

[단어]-[뜻] 확인하기
다음 영어 단어에 맞는 우리말 뜻을 써 보세요.

1. store ....
2. shop ....
3. goods ....
4. display ....
5. customer ....

6. salesperson ....
7. busy ....
8. sell ....
9. go shopping ....
10. look around ....

11. size ....
12. bring ....
13. fit ....
14. price ....
15. expensive ....

16. discount ....
17. try on ....
18. ask for ....
19. sold out ....
20. on sale ....

21. counter ....
22. cashier ....
23. tag ....
24. scan ....
25. receipt ....

26. item ....
27. exchange ....
28. refund ....
29. within ....
30. pay for ....

1. 상점, 가게 ....
2. 상점, 쇼핑하다 ....
3. 상품 ....
4. 진열하다 ....
5. 손님, 고객 ....

6. 판매원 ....
7. 바쁜 ....
8. 팔다 ....
9. 쇼핑하러 가다 ....
10. ~을 둘러보다 ....

11. 사이즈 ....
12. 가져오다 ....
13. (모양·크기가) 맞다 ....
14. 가격 ....
15. 비싼 ....

16. 할인 ....
17. ~을 입어[신어] 보다 ....
18. ~을 요청하다 ....
19. 다 팔린 ....
20. 할인 중인 ....

21. 계산대 ....
22. 계산원 ....
23. 꼬리표, 태그 ....
24. 스캔하다 ....
25. 영수증 ....

26. 물품, 항목 ....
27. 교환하다 ....
28. 환불하다 ....
29. ~ 이내에 ....
30. ~의 값을 지불하다 ....

MP3

★
211 **outgoing**

형 외향적인, 사교적인

▶ She is **outgoing**.
그녀는 외향적이다.

★★★
212 **friendly**

형 다정한, 친절한

→ friend 명 친구

▶ a **friendly** person
다정한 사람
▶ eco-**friendly**
환경 친화적인

★★★
213 **funny**

형 재미있는, 웃기는

▶ a **funny** picture
웃긴 사진

★★★
214 **laugh**

동 웃다
명 웃음 (소리)

▶ **laugh** a lot
많이 웃다
▶ **laugh** at me
나를 비웃다

★
215 **cheerful**

형 쾌활한, 발랄한

▶ a **cheerful** smile
발랄한 미소
▶ **cheerful** in class
수업 중에 쾌활한

★
216 **behave**

동 (바르게) 행동하다, 처신하다

→ behavior 명 행동

▶ **Behave**!
얌전히 굴어라!
▶ **behave** like a gentleman
신사답게 행동하다

★★★ 교과서 10회 이상 수록   ★★ 교과서 5~9회 수록   ★ 교과서 1~4회 수록

★ 217	**kindly**	븬 친절하게 → kind 형 친절한	▶ behave **kindly** 친절하게 행동하다
★★ 218	**personality**	뎽 성격, 개성 → person 뎽 사람	▶ an outgoing **personality** 외향적인 성격 ▶ a **personality** test 성격 테스트
★★ 219	**get to know**	~을 알게 되다	▶ **get to know** one another 서로를 알게 되다
★★ 220	**have in common**	~을 공통적으로 가지다	▶ **have** things **in common** 공통점이 있다

211 > 220

[**스토리**] 공부한 단어들을 하나의 스토리 안에서 확인해 보세요.

▶ A new student came to my school. ▶ She is **outgoing and friendly**. ▶ She is **funny** and **laughs** a lot. ▶ She is **cheerful** in class and **behaves kindly** to classmates. ▶ I think she has a good **personality**. ▶ I want to **get to know** her. ▶ It seems like we **have** many things **in common**.

▶ 새로운 학생이 우리 학교에 왔다. ▶ 그녀는 외향적이고 다정하다. ▶ 그녀는 재미있고 많이 웃는다. ▶ 그녀는 수업 중에 쾌활하고 반 친구들에게 친절하게 행동한다. ▶ 나는 그녀가 좋은 성격을 가졌다고 생각한다. ▶ 나는 그녀에 대해 알아가고 싶다. ▶ 우리는 많은 공통점이 있는 것 같다.

★★★ 221	**listener**	명 듣는 사람, 청취자 → **listen** 통 듣다	▶ a good **listener** (남의 말을) 잘 들어주는 사람
★ 222	**conversation**	명 대화, 회화	▶ start a **conversation** 대화를 시작하다
★ 223	**nod**	통 (고개를) 끄덕이다	▶ **nod** my head 고개를 끄덕이다
★★★ 224	**carefully**	부 주의 깊게, 신중히 → **careful** 형 주의 깊은	▶ listen **carefully** 주의 깊게 듣다 ▶ think **carefully** 신중히 생각하다
★★ 225	**honest**	형 정직한, 솔직한	▶ an **honest** friend 정직한 친구 ▶ to be **honest** 솔직히 말하면
★ 226	**generous**	형 관대한, 너그러운	▶ a **generous** man 관대한 사람 ▶ **generous** with money 돈에 관대한(돈을 잘 쓰는)

★★★ 교과서 10회 이상 수록   ★★ 교과서 5~9회 수록   ★ 교과서 1~4회 수록

★★★ 227	**feeling**	명 감정, 느낌, 기분 → **feel** 동 느끼다	▶ hide my **feelings** 나의 감정을 숨기다 ▶ a warm **feeling** 따뜻한 느낌
★★★ 228	**hurt** hurt - hurt	동 다치게 하다, 상처 주다 형 다친, 상처받은	▶ **hurt** my feelings 나의 감정을 상하게 하다 ▶ badly **hurt** 심하게 다친
★★ 229	**pay attention to**	~에 주의를 기울이다 → **attention** 명 주의	▶ **pay attention to** the speaker 말하는 사람에게 주의를 기울이다
★ 230	**look into**	~을 들여다보다, 조사하다	▶ **look into** my eyes 내 눈을 들여다보다(눈을 마주치다)

221 > 230

[**스토리**] 공부한 단어들을 하나의 스토리 안에서 확인해 보세요.

▶ My friend is a good **listener**. ▶ When we have a **conversation**, she always **pays attention to** me. ▶ She **looks into** my eyes and **nods** her head. ▶ She listens **carefully** to what I say. ▶ She is **honest** and **generous**. ▶ She never **hurts** my **feelings**.

▶ 내 친구는 잘 들어주는 사람이다. ▶ 우리가 대화를 할 때, 그녀는 항상 나에게 주의를 기울인다. ▶ 그녀는 내 눈을 들여다보고 고개를 끄덕인다. ▶ 그녀는 내가 말하는 것을 주의 깊게 듣는다. ▶ 그녀는 정직하고 관대하다. ▶ 그녀는 결코 나의 감정을 상하게 하지 않는다.

★★★
231
upset
upset - upset

형 속상한, 화가 난
동 속상하게 하다

▶ look **upset**
속상해 보이다
▶ **upset** about my brother
남동생에게 화가 난

★★★
232
disappointed

형 실망한, 낙담한
→ disappoint
동 실망시키다

▶ be deeply **disappointed**
매우 실망하다

★★★
233
regret

동 후회하다
명 유감, 후회

▶ **regret** my choice
나의 선택을 후회하다
▶ **regret** what I did
내가 한 것을 후회하다

★★★
234
apologize

동 사과하다
→ apology 명 사과

▶ **apologize** to my friend
내 친구에게 사과하다
▶ **apologize** for my mistake
내 실수에 대해 사과하다

★
235
sincerely

부 진심으로
→ sincere 형 진실된

▶ apologize **sincerely**
진심으로 사과하다

236
selfish

형 이기적인
↔ generous 형 관대한

▶ **selfish** behavior
이기적인 행동

★★★ 237	**hope**	동 바라다, 희망하다 명 희망	▶ a new **hope** 새로운 희망 ▶ I **hope** so. 그렇게 되기를 바라.
★ 238	**relationship**	명 관계, 관련성	▶ build **relationships** 관계를 구축하다(쌓다)
239	**recover**	동 회복하다, 되찾다	▶ **recover** a relationship 관계를 회복하다 ▶ **recover** from a cold 감기로부터 회복하다(감기가 낫다)
★ 240	**make up with**	~와 화해하다	▶ **make up with** my friend 내 친구와 화해하다

231 > 240

[**스토리**] 공부한 단어들을 하나의 스토리 안에서 확인해 보세요.

▶ Yesterday, I **upset** my friend. ▶ He was **disappointed**, and I **regret** that I said bad things. ▶ I want to **make up with** him. ▶ I will **sincerely apologize**. ▶ I will tell him that I was **selfish**. ▶ I **hope** that we can **recover** our **relationship**.

▶ 어제 나는 친구를 속상하게 했다. ▶ 그는 실망했고, 나는 내가 나쁜 말을 한 것을 후회한다. ▶ 나는 그와 화해하고 싶다. ▶ 나는 진심으로 사과할 것이다. ▶ 나는 그에게 내가 이기적이었다고 말할 것이다. ▶ 나는 우리가 관계를 회복할 수 있길 바란다.

1. outgoing ....

2. friendly ....

3. funny ....

4. laugh ....

5. cheerful ....

6. behave ....

7. kindly ....

8. personality ....

9. get to know ....

10. have in common ....

11. listener ....

12. conversation ....

13. nod ....

14. carefully ....

15. honest ....

16. generous ....

17. feeling ....

18. hurt ....

19. pay attention to ....

20. look into ....

21. upset ....

22. disappointed ....

23. regret ....

24. apologize ....

25. sincerely ....

26. selfish ....

27. hope ....

28. relationship ....

29. recover ....

30. make up with ....

1. 외향적인 ....

2. 다정한, 친절한 ....

3. 재미있는 ....

4. 웃다 ....

5. 쾌활한 ....

6. 행동하다 ....

7. 친절하게 ....

8. 성격 ....

9. ~을 알게 되다 ....

10. ~을 공통적으로 가지다 ....

11. 듣는 사람 ....

12. 대화 ....

13. (고개를) 끄덕이다 ....

14. 주의 깊게 ....

15. 정직한 ....

16. 관대한 ....

17. 감정, 기분 ....

18. 상처 주다, 상처받은 ....

19. ~에 주의를 기울이다 ....

20. ~을 들여다보다 ....

21. 속상하게 하다 ....

22. 실망한 ....

23. 후회하다 ....

24. 사과하다 ....

25. 진심으로 ....

26. 이기적인 ....

27. 바라다, 희망 ....

28. 관계 ....

29. 회복하다 ....

30. ~와 화해하다 ....

★ 241	**debate**	명 토론, 논쟁 동 논의하다	▶ a **debate** class 토론 수업 ▶ a 10-minute **debate** 10분 토론
★★★ 242	**topic**	명 주제, 화제	▶ different **topics** 다양한 주제들 ▶ choose a **topic** 주제를 고르다
★ 243	**discuss**	동 논의하다, 상의하다 → discussion 명 토론 = debate 동 논의하다	▶ **discuss** many topics 많은 주제들을 논의하다
★★★ 244	**opinion**	명 의견, 견해	▶ in my **opinion** 내 의견으로는
★★★ 245	**express**	동 표현하다, 나타내다 → expression 명 표현	▶ **express** my opinion 나의 의견을 표현하다 ▶ **express** my feelings 나의 감정을 표현하다
★★★ 246	**idea**	명 생각, 아이디어	▶ Good **idea**! 좋은 생각이야! ▶ have an **idea** 생각이[아이디어가] 있다

★★★ 교과서 10회 이상 수록   ★★ 교과서 5~9회 수록   ★ 교과서 1~4회 수록

★★★ 247	**share**	동 공유하다, 함께 나누다 명 몫, 지분	▶ **share** an idea 생각을 공유하다 ▶ **share** a room 방을 함께 쓰다
★★★ 248	**way**	명 길, 방법 = method 명 방법	▶ a one-**way** ticket 편도 티켓 ▶ a **way** of learning 학습 방법
★★★ 249	**solution**	명 해결책, 방안 → solve 동 풀다, 해결하다	▶ find a **solution** 해결책을 찾다
★★★ 250	**think of**	~을 생각하다, 떠올리다	▶ **think of** new ways 새로운 방법들을 생각하다

241 > 250

[**스토리**] 공부한 단어들을 하나의 스토리 안에서 확인해 보세요.

▶ I take **debate** class. ▶ We **discuss** many different **topics** in the class.
▶ Everyone can **express** their **opinions**. ▶ We **share** our **ideas**. ▶ We
think of ways to solve a problem and talk about the **solutions**.

▶ 나는 토론 수업을 듣는다. ▶ 우리는 수업에서 수많은 다른 주제들을 논의한다. ▶ 모두가 그들의
의견을 표현할 수 있다. ▶ 우리는 우리의 생각을 공유한다. ▶ 우리는 문제를 해결하기 위한 방법들을
생각하고 해결책들에 대해 이야기한다.

| ★★ 251 | **prove** proved - proven | 동 증명하다, 입증하다 | ▶ **prove** my words 내 말을 증명하다 |

| ★★★ 252 | **fact** | 명 사실 | ▶ an interesting **fact** 재미있는 사실 |

| ★ 253 | **issue** | 명 쟁점, 문제, 발행(물) 동 발행[발표]하다 | ▶ a key **issue** 주요 쟁점 ▶ **issue** a passport 여권을 발급하다 |

| ★★★ 254 | **explain** | 동 설명하다 | ▶ **explain** the issue 문제를 설명하다 ▶ **explain** easily 쉽게 설명하다 |

| ★★ 255 | **clearly** | 부 분명히, 또렷하게 → clear 형 분명한 | ▶ say **clearly** 분명하게 말하다 |

| ★★★ 256 | **understand** understood - understood | 동 이해하다, 알다 | ▶ **understand** others 다른 사람을 이해하다 |

★★★ 257	**question**	몡 질문, 문제	▶ ask a **question** 질문을 하다 ▶ a **question** mark 물음표
★★★ 258	**answer**	동 대답하다 몡 대답, (해)답	▶ **answer** a question 질문에 답하다 ▶ find an **answer** 답을 찾다
★★ 259	**based on**	~에 근거한, 근거하여 → base 동 근거를 두다	▶ **based on** facts 사실에 근거하여
★★★ 260	**be able to**	~할 수 있다	▶ Would you **be able to** help me? 저를 도와주실 수 있나요?

251 > 260

[**스토리**] 공부한 단어들을 하나의 스토리 안에서 확인해 보세요.

▶ When you discuss an **issue**, you should give an opinion. ▶ You should **prove** your opinion **based on facts**. ▶ You should **be able to explain** the issue **clearly**, so others can **understand**. ▶ During the discussion, you should listen to **questions** and **answer** carefully.

▶ 어떤 문제를 논의할 때, 당신은 의견을 내야 한다. ▶ 당신은 사실에 근거하여 당신의 의견을 증명해야 한다. ▶ 당신은 다른 사람들이 이해할 수 있도록 그 문제를 분명하게 설명할 수 있어야 한다. ▶ 논의 중에, 당신은 질문을 듣고 주의 깊게 대답해야 한다.

★★★ 261	**same**	형 같은 ↔ different 형 다른	▶ the **same** opinion 같은 의견
★★★ 262	**thought**	명 생각, 사고 → think 동 생각하다	▶ on second **thought** 다시 생각해 보니
★★★ 263	**decision**	명 결정, 판단 → decide 동 결정하다	▶ make a **decision** 결정을 내리다
★★ 264	**accept**	동 받아들이다, 수용하다	▶ **accept** a decision 결정을 수용하다 ▶ **accept** the challenge 도전을 받아들이다
★★★ 265	**advice**	명 조언, 충고 → advise 동 조언하다	▶ helpful **advice** 도움이 되는 충고
★★★ 266	**follow**	동 따라가다, 따르다 ↔ lead 동 이끌다	▶ **follow** her advice 그녀의 충고를 따르다 ▶ **follow** a road 길을 따라가다

★★★ 교과서 10회 이상 수록   ★★ 교과서 5~9회 수록   ★ 교과서 1~4회 수록

★★★ 267	**respect**	동 존중하다, 존경하다 명 존중, 존경	▶ show **respect** 존경을 보이다 ▶ **respect** an opinion 의견을 존중하다
★★★ 268	**agree with**	~에 동의하다 ↔ disagree with ~에 동의하지 않다	▶ I totally **agree with** you. 난 너에게 완전히 동의해.
★★★ 269	**different from**	~와 다른 ↔ same as ~와 같은	▶ **different from** others 다른 사람들과 다른
★ 270	**even if**	비록 ~일지라도 = even though 비록 ~일지라도	▶ **even if** it rains tomorrow 내일 비가 올지라도

261 > 270

[**스토리**] 공부한 단어들을 하나의 스토리 안에서 확인해 보세요.

▶ People might have the **same** opinion and **agree with** each other. ▶ However, sometimes their **thoughts** can be **different from** yours. ▶ It isn't easy to **accept** their **decisions**. ▶ It can be hard to **follow** their **advice**. ▶ **Even if** you disagree with someone, try to **respect** their opinions.

▶ 사람들은 같은 의견을 가지며 서로에게 동의할지도 모른다. ▶ 그러나 때때로 그들의 생각은 당신의 것과 다를 수 있다. ▶ 그들의 결정을 받아들이는 것은 쉽지 않다. ▶ 그들의 조언을 따르는 것은 어려울 수 있다. ▶ 비록 당신이 누군가에게 동의하지 않더라도, 그들의 의견을 존중하려고 노력해라.

1. debate ....

2. topic ....

3. discuss ....

4. opinion ....

5. express ....

6. idea ....

7. share ....

8. way ....

9. solution ....

10. think of ....

11. prove ....

12. fact ....

13. issue ....

14. explain ....

15. clearly ....

16. understand ....

17. question ....

18. answer ....

19. based on ....

20. be able to ....

21. same ....

22. thought ....

23. decision ....

24. accept ....

25. advice ....

26. follow ....

27. respect ....

28. agree with ....

29. different from ....

30. even if ....

1. 토론, 논쟁 ....
2. 주제 ....
3. 논의하다 ....
4. 의견 ....
5. 표현하다 ....

6. 아이디어, 생각 ....
7. 공유하다 ....
8. 방법 ....
9. 해결책 ....
10. ~을 생각하다 ....

11. 증명하다 ....
12. 사실 ....
13. 쟁점, 문제 ....
14. 설명하다 ....
15. 분명히 ....

16. 이해하다 ....
17. 질문, 문제 ....
18. 대답하다 ....
19. ~에 근거한 ....
20. ~할 수 있다 ....

21. 같은 ....
22. 생각 ....
23. 결정 ....
24. 받아들이다 ....
25. 조언 ....

26. 따르다 ....
27. 존중하다 ....
28. ~에 동의하다 ....
29. ~와 다른 ....
30. 비록 ~일지라도 ....

MP3

| ★★★ 271 | **communication** | 명 의사소통 → **communicate** 동 의사소통하다 | ▶ **communication** skills 의사소통 기술 |

| ★★ 272 | **key** | 명 열쇠, 핵심 형 중요한, 주요한 | ▶ a **key** role 중요한 역할 ▶ a **key** ring 열쇠고리 |

| ★★★ 273 | **social** | 형 사회적인, 사교적인 | ▶ **social** relationship 사회적 관계 |

| ★★★ 274 | **language** | 명 언어, 말 | ▶ sign **language** 수화 ▶ communicate through **language** 언어를 통해 의사소통하다 |

| ★★★ 275 | **word** | 명 말, 단어 | ▶ a new **word** 새로운 단어(신조어) ▶ without **words** 말없이 |

| ★★★ 276 | **expression** | 명 표현 → **express** 동 표현하다 | ▶ a useful **expression** 유용한 표현 |

★ 277	**facial**	형 얼굴의, 안면의 → **face** 명 얼굴	▶ **facial** expressions 얼굴 표정
★ 278	**gesture**	명 몸짓, 제스처	▶ use a **gesture** 제스처를 사용하다
★★★ 279	**deliver**	동 전달하다, 배달하다 → **delivery** 명 배달	▶ **deliver** a message 메시지를 전달하다 ▶ **deliver** food 음식을 배달하다
★ 280	**play a role**	역할을 하다 → **role** 명 역할	▶ **play an** important **role** 중요한 역할을 하다

271 > 280

[**스토리**] 공부한 단어들을 하나의 스토리 안에서 확인해 보세요.

▶ **Communication plays a key role** in **social** relationships. ▶ We communicate through **language**. ▶ But sometimes, we do it without **words**. ▶ **Facial expressions** and **gestures** also **deliver** our feelings and thoughts.

▶ 의사소통은 사회적 관계에서 중요한 역할을 한다. ▶ 우리는 언어를 통해 의사소통한다. ▶ 그러나 때때로 우리는 그것을 말없이 한다. ▶ 얼굴 표정과 몸짓 또한 우리의 감정과 생각을 전달한다.

★★★
281
teenager

명 십 대, 청소년
→ teen 형 십 대의
        명 십 대

▸ become a **teenager**
십 대가 되다

★★★
282
problem

명 문제, 고민

▸ a health **problem**
건강 문제
▸ a friendship **problem**
우정[친구 관계] 문제

★★★
283
trouble

명 문제, 곤란
동 괴롭히다,
    난처하게 하다
= problem 명 문제

▸ family **trouble**
가족 문제
▸ be in **trouble**
곤경에 처하다

★★
284
appearance

명 외모, 출현

▸ outward **appearance**
겉모습

★★
285
counselor

명 상담사, 조언자
→ counsel 동 상담하다

▸ a school **counselor**
학교 상담 교사

★★★
286
secret

명 비밀, 비결
형 비밀의

▸ keep a **secret**
비밀을 지키다
▸ a **secret** message
비밀 메시지

★★★ 교과서 10회 이상 수록   ★★ 교과서 5~9회 수록   ★ 교과서 1~4회 수록

| ★ 287 | **privacy** | 몡 사생활 | ▶ protect **privacy**
사생활을 보호하다 |

| ★★★ 288 | **solve** | 툉 해결하다, 풀다 | ▶ **solve** a problem
문제를 해결하다 |

| ★★★ 289 | **worry about** | ~에 대해 걱정하다
→ **worry** 툉 걱정하다 | ▶ **worry about** my grades
나의 성적에 대해 걱정하다 |

| ★ 290 | **and so on** | 그리고 (기타) 등등 | ▶ your friendship, family,
and so on
당신의 우정, 가족 등등 |

281 > 290

[**스토리**] 공부한 단어들을 하나의 스토리 안에서 확인해 보세요.

▶ **Teenagers worry about** lots of things—friendship **problems**, family **trouble, and so on**. ▶ They also worry about their **appearance** and their grades. ▶ If you have these problems, visit your school **counselors**. ▶ They will keep your **secrets** and respect your **privacy**. ▶ And they will help you **solve** your problems.

▶ 십 대들은 많은 것들에 대해 걱정하는데, 우정 문제, 가족 문제 등등이다. ▶ 그들은 또한 그들의 외모와 성적에 대해 걱정한다. ▶ 만일 당신에게 이런 문제들이 있다면, 당신의 학교 상담 선생님을 방문해라. ▶ 그들은 당신의 비밀을 지켜주고, 사생활을 존중해줄 것이다. ▶ 그리고 그들은 당신이 문제를 해결하도록 도울 것이다.

★★ 291	**contact**	동 연락하다, 접촉하다 명 연락(처), 접촉	▶ **contact** the teacher 선생님께 연락하다 ▶ lose **contact** 연락이 끊기다
292	**network**	명 네트워크, 통신망	▶ social **network** service 소셜 네트워크 서비스(SNS)
★★★ 293	**post**	명 게시글, 우편(물) 동 게시하다, 발송하다	▶ read a **post** 게시글을 읽다 ▶ **post** an ad 광고를 게시하다
★★★ 294	**article**	명 글, 기사, 논문	▶ a newspaper **article** 신문 기사
★★★ 295	**comment**	명 의견, 논평, 댓글	▶ check the **comments** 댓글을 확인하다 ▶ leave a **comment** 의견을 남기다
★★★ 296	**miss**	동 그리워하다, 놓치다 명 실수, 놓침	▶ **miss** my grandmother 우리 할머니를 그리워하다 ▶ **miss** the bus 버스를 놓치다

★★★ 교과서 10회 이상 수록   ★★ 교과서 5~9회 수록   ★ 교과서 1~4회 수록

★★★ 297	**memory**	명 기억(력), 추억	▸ good **memories** 좋은 기억 ▸ lose my **memory** 기억을 잃다
★★ 298	**chat**	동 수다를 떨다, 채팅하다 명 수다, 대화	▸ **chat** online 온라인으로 수다를 떨다 ▸ a video **chat** 화상 채팅(영상 통화)
299	**call up**	~을 불러일으키다, 상기시키다	▸ **call up** good memories 좋은 기억을 불러일으키다
★ 300	**catch up**	밀린 이야기를 나누다, 따라잡다	▸ **catch up** with each other 서로 밀린 이야기를 나누다

291 > 300

[**스토리**] 공부한 단어들을 하나의 스토리 안에서 확인해 보세요.

▸ I **contact** my friends through social **networks**. ▸ I read their **posts** and **articles**. ▸ I enjoy checking their **comments**. ▸ When I **miss** them, I look at their pictures. ▸ They **call up** good **memories**. ▸ Sometimes, we **chat** online to **catch up** with each other.

▸ 나는 소셜 네트워크를 통해 친구들에게 연락해요. ▸ 나는 그들의 게시물과 글을 읽어요. ▸ 나는 그들의 댓글을 확인하는 것을 즐겨요. ▸ 그들이 그리울 때, 나는 그들의 사진을 봐요. ▸ 그것들은 좋은 기억을 불러일으켜요. ▸ 때때로 우리는 온라인 채팅을 하며 서로 밀린 이야기를 나눠요.

1. communication

2. key

3. social

4. language

5. word

6. expression

7. facial

8. gesture

9. deliver

10. play a role

11. teenager

12. problem

13. trouble

14. appearance

15. counselor

16. secret

17. privacy

18. solve

19. worry about

20. and so on

21. contact

22. network

23. post

24. article

25. comment

26. miss

27. memory

28. chat

29. call up

30. catch up

1. 의사소통 ....

2. 열쇠, 중요한 ....

3. 사회적인 ....

4. 언어 ....

5. 말, 단어 ....

6. 표현 ....

7. 얼굴의 ....

8. 몸짓 ....

9. 전달하다 ....

10. 역할을 하다 ....

11. 십 대 ....

12. 문제, 고민 ....

13. 문제, 괴롭히다 ....

14. 외모 ....

15. 상담사 ....

16. 비밀 ....

17. 사생활 ....

18. 해결하다 ....

19. ~에 대해 걱정하다 ....

20. 그리고 (기타) 등등 ....

21. 연락하다, 연락 ....

22. 네트워크 ....

23. 게시글 ....

24. 글, 기사 ....

25. 의견, 댓글 ....

26. 그리워하다 ....

27. 기억 ....

28. 수다를 떨다 ....

29. ~을 불러일으키다 ....

30. 밀린 이야기를 나누다 ....

1. 빈칸에 공통으로 들어갈 단어로 알맞은 것은?

> • a _____ role 중요한 역할
>
> • a _____ ring 열쇠 고리

① key   ② tag   ③ generous

④ social   ⑤ secret

2. 다음 문장에서 밑줄 친 단어의 의미로 알맞은 것은?

> The graduation will **last** for an hour.

① 받다   ② 가져오다   ③ 계속되다

④ 졸업하다   ⑤ 판매하다

3. 동사의 기본형과 과거형이 잘못 연결된 것은?

① set : set   ② build : built   ③ bring : brought

④ begin : begined   ⑤ overcome : overcame

4. 밑줄 친 단어와 반대되는 뜻을 가진 단어로 알맞은 것은?

> The exam was **hard**.

① soft　　　　② wet　　　　③ easy

④ cheap　　　　⑤ funny

5. 밑줄 친 단어와 비슷한 뜻을 가진 단어로 알맞은 것은?

> We will find an **answer**.

① question　　　　② advice　　　　③ post

④ goods　　　　⑤ solution

6. 짝 지어진 단어의 관계가 나머지와 다른 것은?

① wet : dry　　　　② trash : garbage　　　　③ follow : lead

④ agree : disagree　　　　⑤ low : high

7. 짝 지어진 단어의 관계가 나머지와 다른 것은?

① slow : slowly　　　　② wise : wisely　　　　③ sudden : suddenly

④ careful : carefully　　　　⑤ deliver : delivery

8. 빈칸에 공통으로 들어갈 말로 알맞은 것은?

- I'm proud _____ myself.
- The bride and groom stood in front _____ the guests.

---

① in   ② of   ③ at

④ into   ⑤ about

9. 우리말에 맞게 빈칸에 들어갈 말이 순서대로 짝 지어진 것은?

한 번에 한 단계씩 앞으로 나아가세요.

Move _____ one step _____.

---

① hurry - on top   ② forward - on time   ③ focus - on top

④ hurry - on time   ⑤ forward - at a time

10. 우리말에 맞게 빈칸에 들어갈 말이 순서대로 짝 지어진 것은?

나는 부츠를 계산했고, 계산원은 나에게 영수증을 주었다.

I _____ for the boots, and the cashier gave me the _____.

---

① planned - recipe   ② paid - recipe   ③ studied - receipt

④ planned - receipt   ⑤ paid - receipt

DAY
11 > 20

★★★ 301	**pack**	통 짐을 싸다, 포장하다 명 한 팩[통] ↔ unpack 동 짐을 풀다	▸ **pack** a bag 가방을 싸다 ▸ a **pack** of gum 껌 한 통
★★★ 302	**trip**	명 (짧은) 여행	▸ a camping **trip** 캠핑 여행
★★★ 303	**take** took - taken	통 가지고 가다, 데리고 가다, 타다	▸ **take** a hat 모자를 가지고 가다 ▸ **take** a train 기차를 타다
★★★ 304	**alone**	부 홀로, 혼자서	▸ live **alone** 혼자 살다 ▸ go **alone** 혼자 가다
305	**solo**	형 혼자의, 독주의 명 독주, 솔로	▸ a **solo** trip 혼자 하는 여행 ▸ a violin **solo** 바이올린 독주
★★★ 306	**company**	명 친구, 동료, 일행, 회사[기업]	▸ have **company** 동행이 있다 ▸ a large **company** 대기업

★★★ 교과서 10회 이상 수록 ★★ 교과서 5~9회 수록 ★ 교과서 1~4회 수록

★★★ 307	**journey**	뗑 (긴) 여행, 여정 = trip 뗑 여행	▶ a long **journey** 긴 여행
★★★ 308	**flight**	뗑 비행, 항공편	▶ take a **flight** 비행기를 타다 ▶ a **flight** ticket 비행기 표
★★★ 309	**finish**	뗑 마치다, 끝내다 ↔ start 뗑 시작하다	▶ **finish** packing 짐 싸는 것을 마치다
★★★ 310	**ready for**	~을 위한 준비가 된	▶ **ready for** a trip 여행을 위한 준비가 된 ▶ **ready for** a date 데이트할 준비가 된

301 > 310

[**스토리**] 공부한 단어들을 하나의 스토리 안에서 확인해 보세요.

▶ I'm **packing** my bag for a **trip**. ▶ I'll **take** a hat. ▶ I'm not going **alone**, so it's not a **solo** trip. ▶ I have **company** for my **journey**. ▶ It's a family trip! ▶ We will take a **flight** to Jeju. ▶ I have **finished** packing my bag now. ▶ I'm **ready for** the trip.

▶ 나는 여행을 위해 가방을 싸고 있다. ▶ 나는 모자를 가져갈 것이다. ▶ 나는 혼자 가지 않으니 이것은 나홀로 여행이 아니다. ▶ 나는 여행을 함께 가는 사람들이 있다. ▶ 이것은 가족 여행이다! ▶ 우리는 비행기를 타고 제주도에 갈 것이다. ▶ 나는 이제 가방을 싸는 것을 마쳤다. ▶ 나는 여행을 위한 준비가 됐다.

MP3

★★★
311
leave
left - left

동 떠나다, 남기다

▸ **leave** home early
일찍 집을 나서다
▸ **leave** a message
메시지를 남기다

★★★
312
visit

동 방문하다, 찾아가다
명 방문

▸ **visit** my cousin
사촌 집에 가다
▸ my first **visit** to Jeju
나의 첫 제주 방문

★★★
313
tour

명 여행, 관광
동 관광하다, 둘러보다

▸ a city **tour**
시내 관광
▸ **tour** an island
섬을 관광하다

★★★
314
ride
rode - ridden

동 타다
명 (차 등을) 타기,
놀이 기구

▸ **ride** a bike
자전거를 타다

★★★
315
along

전 ~을 따라서
부 계속, 쭉, 함께

▸ **along** the beach
해변을 따라서
▸ sing **along**
함께 노래하다

★★★
316
expect

동 기대하다, 예측하다

▸ **expect** a sunny day
화창한 날을 기대하다
▸ **expect** to win
이길 것이라 예상하다

★★★ 교과서 10회 이상 수록　★★ 교과서 5~9회 수록　★ 교과서 1~4회 수록

★★★ 317	**view**	명 전망, 광경, 관점 동 바라보다	▶ a night **view** 　야경 ▶ the **view** from the top 　꼭대기에서 본 전망
★★★ 318	**place**	명 장소, 위치 명 위치시키다, 두다	▶ a safe **place** 　안전한 장소 ▶ the first **place** 　1위
★★★ 319	**explore**	동 탐험하다 → explorer 명 탐험가	▶ **explore** new places 　새로운 장소를 탐험하다
★★★ 320	**arrive at**	~에 도착하다	▶ **arrive at** the airport 　공항에 도착하다

311 > 320

[스토리] 공부한 단어들을 하나의 스토리 안에서 확인해 보세요.

▶ My family **left** home early in the morning. ▶ We took a flight and **arrived at** Jeju Airport. ▶ We planned to **tour** the beautiful island. ▶ We **visited** the beach. ▶ We **rode** our bikes **along** the beach. ▶ As I **expected**, the **view** was beautiful. ▶ **Exploring** new **places** was so much fun.

▶ 우리 가족은 아침 일찍 집을 나섰다. ▶ 우리는 비행기를 타고 제주 공항에 도착했다. ▶ 우리는 그 아름다운 섬을 관광하기로 계획했다. ▶ 우리는 해변을 방문했다. ▶ 우리는 해변을 따라 자전거를 탔다. ▶ 내가 기대했던 대로, 전망이 아름다웠다. ▶ 새로운 장소를 탐험하는 것은 매우 재미있었다.

*** 321	**travel**	명 여행 동 여행하다, 이동하다 = trip, journey 명 여행	▶ time **travel** 시간 여행 ▶ **travel** to Jeju 제주로 여행하다
** 322	**scenery**	명 풍경, 경치 = view 명 전망, 광경	▶ beautiful **scenery** 아름다운 경치
*** 323	**amazing**	형 놀라운 → amazed 형 놀란 = surprising 형 놀라운	▶ **amazing** facts 놀라운 사실 ▶ That's **amazing**! 놀라워!
*** 324	**moment**	명 순간, 잠깐	▶ the best **moment** 최고의 순간 ▶ enjoy the **moment** 순간을 즐기다
* 325	**capture**	동 잡다, 포획하다, (사진 등으로) 담다	▶ **capture** the moment 순간을 담다 ▶ **capture** a thief 도둑을 잡다
*** 326	**exciting**	형 신나는, 흥미진진한 → excited 형 신이 난	▶ an **exciting** story 흥미진진한 이야기

★★★ 교과서 10회 이상 수록 ★★ 교과서 5~9회 수록 ★ 교과서 1~4회 수록

*** 327	**experience**	명 경험, 체험 동 경험하다, 겪다	▶ an amazing **experience** 놀라운 경험 ▶ **experience** another world 또 다른 세계를 경험하다
*** 328	**life**	명 삶, 생활, 생명	▶ school **life** 학교 생활 ▶ my everyday **life** 나의 일상 생활
*** 329	**stay**	동 머물다 명 머무름, 방문	▶ **stay** longer 더 오래 머물다 ▶ a temple **stay** 템플 스테이(절 체험)
* 330	**remind of**	~을 생각나게 하다, 떠오르게 하다 → remind 동 생각나게 하다	▶ **remind** me **of** my trip 나에게 여행을 떠오르게 하다

321 > 330

[스토리] 공부한 단어들을 하나의 스토리 안에서 확인해 보세요.

▶ I like to look at my **travel** photos. ▶ This photo **reminds** me **of** my trip to Jeju. ▶ I rode a bike along the beach, and the **scenery** was **amazing**. ▶ I **captured** the **moment** with my camera. ▶ Riding a bike was **exciting**. ▶ It was one of the best **experiences** of my **life**. ▶ I will travel to Jeju again. ▶ Next time, I will **stay** longer.

▶ 나는 나의 여행 사진을 보는 것을 좋아한다. ▶ 이 사진은 나의 제주 여행을 떠오르게 한다. ▶ 나는 해변을 따라 자전거를 탔고, 풍경은 놀라웠다. ▶ 나는 내 카메라로 그 순간을 담았다. ▶ 자전거를 타는 것은 신났다. ▶ 그것은 내 삶의 최고의 경험 중 하나였다. ▶ 나는 제주로 또 여행을 갈 것이다. ▶ 다음 번에 나는 더 오래 머물 것이다.

1. pack ....

2. trip ....

3. take ....

4. alone ....

5. solo ....

6. company ....

7. journey ....

8. flight ....

9. finish ....

10. ready for ....

11. leave ....

12. visit ....

13. tour ....

14. ride ....

15. along ....

16. expect ....

17. view ....

18. place ....

19. explore ....

20. arrive at ....

21. travel ....

22. scenery ....

23. amazing ....

24. moment ....

25. capture ....

26. exciting ....

27. experience ....

28. life ....

29. stay ....

30. remind of ....

1. 짐을 싸다 ....
2. (짧은) 여행 ....
3. 가지고 가다 ....
4. 홀로 ....
5. 혼자의 ....

6. 일행, 회사 ....
7. (긴) 여행, 여정 ....
8. 비행 ....
9. 마치다 ....
10. ~을 위한 준비가 된 ....

11. 떠나다 ....
12. 방문하다 ....
13. 관광하다, 관광 ....
14. 타다 ....
15. ~을 따라서 ....

16. 기대하다 ....
17. 전망, 광경 ....
18. 장소 ....
19. 탐험하다 ....
20. ~에 도착하다 ....

21. 여행, 여행하다 ....
22. 풍경, 경치 ....
23. 놀라운 ....
24. 순간 ....
25. (사진 등으로) 담다 ....

26. 신나는 ....
27. 경험 ....
28. 삶 ....
29. 머물다 ....
30. ~을 생각나게 하다 ....

★★★ **weekend**
331

명 주말

→ weekday 명 평일

▶ on **weekends**
주말에

★★★ **relax**
332

동 휴식을 취하다,
긴장을 풀다

▶ **relax** in the sun
햇빛을 쬐며 쉬다

★★★ **comfortable**
333

형 편한, 편안한

↔ uncomfortable
형 불편한

▶ a **comfortable** bed
편안한 침대

★★ **peaceful**
334

형 평화로운

→ peace 명 평화

▶ a **peaceful** mind
평화로운 마음

★★★ **calm**
335

형 차분한, 고요한
동 진정시키다, 진정하다

▶ feel **calm**
차분해지다

▶ **Calm** down.
진정해.

★★★ **rest**
336

명 휴식, 나머지
동 쉬다, 쉬게 하다

▶ Get some **rest**.
휴식을 좀 취하렴.

▶ **rest** your eyes
너의 눈을 쉬게 하다

★ 337	**nap**	명 낮잠 동 낮잠을 자다	▸ a short **nap** 짧은 낮잠
★★★ 338	**stretch**	동 늘이다, 뻗다 명 스트레칭, 신축성	▸ **stretch** my neck 목을 스트레칭하다 ▸ **stretch** myself 기지개를 켜다
★★★ 339	**spend time**	시간을 보내다 → spend 동 (시간·돈을) 쓰다	▸ **spend** much **time** at home 집에서 많은 시간을 보내다
★ 340	**lie down**	(편히) 눕다[누워 있다] → lie 동 눕다	▸ **lie down** on a sofa 소파에 눕다

331 > 340

[스토리] 공부한 단어들을 하나의 스토리 안에서 확인해 보세요.

▸ On **weekends**, I **spend** most of my **time** at home. ▸ I **relax** in **comfortable** clothes. ▸ It feels **peaceful** and **calm**. ▸ Sometimes, I **lie down** on my sofa and get some **rest**. ▸ After a short **nap**, I **stretch** myself.

▸ 주말에, 나는 집에서 대부분의 시간을 보낸다. ▸ 나는 편한 옷차림으로 휴식을 취한다. ▸ 그럴 때면 평화롭고 차분한 기분이 든다. ▸ 때때로 나는 소파에 누워 휴식을 좀 취한다. ▸ 짧은 낮잠 후에, 나는 기지개를 켠다.

★★★ 341	**activity**	명 활동, 행동	▸ after-school **activities** 방과 후 활동
★★★ 342	**outdoor**	형 야외의, 실외의 ↔ indoor 형 실내의	▸ **outdoor** sports 야외 운동 ▸ **outdoor** activities 야외 활동
★★★ 343	**climb**	동 오르다, 등반하다	▸ **climb** mountains 산을 오르다 ▸ rock **climbing** 암벽 등반
★★★ 344	**fish**	명 물고기, 어류 동 낚시하다	▸ shell**fish** 조개류 ▸ ice **fishing** 얼음 낚시
★★★ 345	**camp**	명 캠프, 야영지 동 야영하다, 캠핑하다	▸ go **camping** 캠핑하러 가다 ▸ a science **camp** 과학 캠프
★★★ 346	**favorite**	형 매우 좋아하는 명 좋아하는 것	▸ my **favorite** song 내가 매우 좋아하는 노래

★★★ 347	**exercise**	동 운동하다 명 운동, 훈련	▶ **exercise** three times a week 일주일에 세 번 운동하다 ▶ get some **exercise** 운동을 좀 하다
★★★ 348	**regularly**	부 규칙적으로, 정기적으로 → regular 형 규칙적인	▶ exercise **regularly** 규칙적으로 운동하다
★★★ 349	**gym**	명 체육관, 헬스장	▶ visit a **gym** 체육관을 방문하다 ▶ the school **gym** 학교 체육관
★ 350	**work out**	운동하다, 단련하다	▶ **work out** in my free time 자유 시간에 운동하다

341 > 350

[**스토리**] 공부한 단어들을 하나의 스토리 안에서 확인해 보세요.

▶ I enjoy many **outdoor activities**. ▶ **Climbing** mountains, **fishing**, and **camping** are my **favorites**. ▶ Also, I love to **work out** in my free time. ▶ I try to **exercise regularly**. ▶ I visit the **gym** three times a week.

▶ 나는 많은 야외 활동을 즐긴다. ▶ 등산하는 것, 낚시하는 것, 그리고 캠핑하는 것은 내가 좋아하는 것들이다. ▶ 또한, 나는 자유 시간에 운동하는 것을 좋아한다. ▶ 나는 규칙적으로 운동하려고 노력한다. ▶ 나는 일주일에 세 번 체육관을 방문한다.

351	**leisure**	명 여가, 한가한 때	▶ **leisure** life 여가 생활
352 ★★★	**hobby**	명 취미	▶ have a **hobby** 취미를 갖다 ▶ a new **hobby** 새로운 취미
353	**spare**	형 남는, 여분의	▶ my **spare** time 남는 시간 ▶ a **spare** key 여분의 열쇠(보조 키)
354 ★★★	**theater**	명 극장, 영화관 = cinema 명 영화관	▶ a movie **theater** 영화관
355 ★★★	**pleasure**	명 기쁨, 즐거움 → please 동 기쁘게 하다	▶ for **pleasure** 재미로 ▶ It's my **pleasure**. (도와드릴 수 있어) 제가 기쁩니다.
356 ★	**genre**	명 (예술의) 장르, 유형	▶ all **genres** of painting 모든 장르의 그림

★★★ 교과서 10회 이상 수록   ★★ 교과서 5~9회 수록   ★ 교과서 1~4회 수록

★ 357	**film**	명 영화, 필름 동 촬영하다, 찍다 = movie 명 영화	▶ watch a **film** 영화를 보다 ▶ **film** a scene 장면을 촬영하다
★ 358	**fantasy**	명 환상[판타지], 공상	▶ a **fantasy** movie 공상[판타지] 영화
★★★ 359	**scary**	형 무서운, 겁나는 → scared 형 겁먹은	▶ a **scary** movie 무서운 영화
★★★ 360	**be interested in**	~에 관심[흥미]이 있다	▶ **be interested in watching movies** 영화 보는 것에 흥미가 있다

351 > 360

[**스토리**] 공부한 단어들을 하나의 스토리 안에서 확인해 보세요.

▶ What do you do in your **leisure** time? ▶ Do you have any **hobbies**? ▶ I **am interested in** watching movies. ▶ I usually spend my **spare** time at the movie **theater**. ▶ It's a great **pleasure** to watch good movies. ▶ I like all **genres** of **films**, from **fantasy** movies to **scary** movies.

▶ 여러분은 여가 시간에 무엇을 하나요? ▶ 여러분은 취미가 있나요? ▶ 저는 영화 보는 것에 흥미가 있어요. ▶ 저는 보통 영화관에서 남는 시간을 보내요. ▶ 좋은 영화를 보는 것은 큰 즐거움이에요. ▶ 저는 판타지 영화에서 무서운 영화까지 모든 장르의 영화를 좋아해요.

1. weekend ....
2. relax ....
3. comfortable ....
4. peaceful ....
5. calm ....

6. rest ....
7. nap ....
8. stretch ....
9. spend time ....
10. lie down ....

11. activity ....
12. outdoor ....
13. climb ....
14. fish ....
15. camp ....

16. favorite ....
17. exercise ....
18. regularly ....
19. gym ....
20. work out ....

21. leisure ....
22. hobby ....
23. spare ....
24. theater ....
25. pleasure ....

26. genre ....
27. film ....
28. fantasy ....
29. scary ....
30. be interested in ....

[뜻]-[단어] 확인하기
다음 우리말 뜻에 맞는 영어 단어를 써 보세요.

1. 주말 ....
2. 휴식을 취하다 ....
3. 편한, 편안한 ....
4. 평화로운 ....
5. 차분한 ....

6. 휴식 ....
7. 낮잠 ....
8. 늘이다, 뻗다 ....
9. 시간을 보내다 ....
10. (편히) 눕다 ....

11. 활동 ....
12. 야외의 ....
13. 오르다 ....
14. 물고기, 낚시하다 ....
15. 야영하다, 캠프 ....

16. 좋아하는 것 ....
17. 운동하다, 운동 ....
18. 규칙적으로 ....
19. 체육관 ....
20. 운동하다 ....

21. 여가 ....
22. 취미 ....
23. 남는, 여분의 ....
24. 영화관 ....
25. 기쁨 ....

26. 장르 ....
27. 영화, 촬영하다 ....
28. 환상[판타지] ....
29. 무서운 ....
30. ~에 관심[흥미]이 있다 ....

★★ **host**
361

図 주최자
동 주최하다[열다], 진행하다

▶ a show **host**
쇼 진행자
▶ **host** an event
행사를 주최하다

★★ **successful**
362

형 성공한, 성공적인

→ **success** 명 성공

▶ a **successful** cook
성공한 요리사
▶ a **successful** event
성공적인 행사

★ **athlete**
363

명 운동 선수

= **player** 명 선수

▶ Olympic **athletes**
올림픽 선수들

★★★ **train**
364

동 훈련하다, 훈련시키다
명 기차

→ **trainer** 명 훈련사

▶ **train** hard
열심히 훈련하다
▶ **train** a dog
개를 훈련시키다

★ **sweat**
365

명 땀
동 땀을 흘리다

▶ **sweat** a lot
땀을 많이 흘리다
▶ a cold **sweat**
식은땀

★★★ **uniform**
366

명 유니폼, 단체복

▶ a school **uniform**
교복

★★★ 교과서 10회 이상 수록 ★★ 교과서 5~9회 수록 ★ 교과서 1~4회 수록

| ★★★ 367 | **wear** | 图 (옷 등을) 입다, 쓰다 | ▸ **wear** glasses |
| | wore - worn | → **worn** 형 낡은 | 안경을 쓰다 |

★★★ 368	**crowd**	명 군중	▸ in the **crowd**
		图 가득 메우다	군중 속에서
			▸ **crowded** with people
			사람들로 가득 메워진(붐비는)

★★★ 369	**cheer**	명 환호성	▸ **Cheer** up!
		图 환호하다, 응원하다	힘내!
		→ **cheerful** 형 쾌활한	▸ **cheer** for the players
			선수들을 응원하다

| ★★ 370 | **take place** | 개최되다 | ▸ **take place** every year |
| | | | 매년 개최되다 |

361 > 370

[**스토리**] 공부한 단어들을 하나의 스토리 안에서 확인해 보세요.

▸ The Olympics **take place** every four years. ▸ **Hosts** prepare for a **successful** event. ▸ **Athletes train** hard for the games. ▸ During the games, they **wear uniforms** and **sweat** a lot. ▸ The **crowd cheers** for them.

▸ 올림픽은 4년마다 개최된다. ▸ 주최자는 성공적인 행사를 위해 준비한다. ▸ 운동 선수들은 경기를 위해 열심히 훈련한다. ▸ 경기 중에 그들은 유니폼을 입고 땀을 많이 흘린다. ▸ 군중은 그들을 응원한다.

스포츠

MP3

★★★
371
competition

명 경쟁, 대회

→ compete 동 경쟁하다

▶ a swimming **competition**
수영 대회

★★★
372
fair

형 공정한, 공평한

명 박람회

▶ a **fair** competition
공정한 경쟁

▶ a book **fair**
도서 박람회

★
373
equipment

명 장비, 용품

▶ diving **equipment**
다이빙(잠수) 장비

▶ cleaning **equipment**
청소용품

★
374
require

동 필요로 하다, 요구하다

= **need** 동 필요로 하다

▶ **require** water
물을 필요로 하다

★
375
racket

명 (테니스 등의) 라켓

▶ a tennis **racket**
테니스 라켓

▶ swing a **racket**
라켓을 휘두르다

376
referee

명 심판, 심사 위원

= **judge** 명 심판, 판사

▶ a basketball **referee**
농구 심판

| ★★ 377 | **grab** | 图 움켜잡다, 급히[잠깐] ~하다 | ▶ **grab** a racket 라켓을 잡다 |
| | | | ▶ **grab** a snack 잠깐 간식을 먹다 |

| ★ 378 | **whistle** | 명 호루라기, 휘파람 图 호루라기[휘파람]를 불다 | ▶ a train **whistle** 기차의 경적 소리 |

| ★★★ 379 | **blow** blew - blown | 图 (세게) 불다, 코를 풀다, (바람에) 날리다 | ▶ **blow** a whistle 호루라기를 불다 |
| | | | ▶ **blow** my nose 코를 풀다 |

| ★★★ 380 | **take part in** | ~에 참가[참여]하다 | ▶ **take part in** a match 시합에 참가하다 |

371 > 380

[**스토리**] 공부한 단어들을 하나의 스토리 안에서 확인해 보세요.

▶ Players **take part in** the games. ▶ They have **fair competitions**. ▶ Some sports **require equipment** to play. ▶ For example, tennis players need **rackets**, balls, and shoes to play. ▶ When the **referee grabs** the **whistle** and **blows** it, the game begins.

▶ 선수들은 경기에 참가한다. ▶ 그들은 공정한 경쟁을 한다. ▶ 몇몇 스포츠는 경기를 하려면 장비가 필요하다. ▶ 예를 들어, 테니스 선수들은 경기를 하려면 라켓과 공, 신발이 필요하다. ▶ 심판이 호루라기를 잡고 불 때, 경기가 시작된다.

★★★ 381	**marathon**	몡 마라톤	▶ a **marathon** runner 마라톤 주자
★★★ 382	**race**	몡 경주, 달리기, 인종[민족] 몡 경주[경쟁]하다	▶ a 100-meter **race** 100미터 달리기 ▶ different **races** 다양한 인종
★★★ 383	**complete**	몡 완료하다, 끝마치다 톙 완전한 = finish 몡 마치다	▶ **complete** the race 경주를 완주하다 ▶ a **complete** story 완결된 이야기
★ 384	**champion**	몡 챔피언, 우승자	▶ the world **champion** 세계 챔피언
★★★ 385	**name**	몡 이름 몡 이름을 부르다, 호명하다	▶ a family **name** 성 ▶ **name** the champion 우승자를 호명하다
★★★ 386	**record**	몡 기록, 음반 몡 기록하다, 녹음하다	▶ set a **record** 기록을 세우다 ▶ **record** music 음악을 녹음하다

★ 387	**trophy**	명 트로피	▶ receive a **trophy** 트로피를 받다
★★★ 388	**medal**	명 메달, 훈장 동 메달을 따다	▶ win a gold **medal** 금메달을 따다
★ 389	**victory**	명 승리	▶ enjoy the **victory** 승리를 즐기다 ▶ win a 5 to 1 **victory** 5대 1로 승리를 거두다
★★ 390	**be satisfied with**	~에 만족하다 → satisfy 동 만족시키다	▶ **be satisfied with** the result 결과에 만족하다

381 > 390

[**스토리**] 공부한 단어들을 하나의 스토리 안에서 확인해 보세요.

▶ **Marathon** runners **complete** the **race**. ▶ The **champion** is **named**. ▶ Some players set new **records**. ▶ The top three runners receive a **trophy** and a **medal**. ▶ The players **are satisfied with** the results and enjoy their **victories**.

▶ 마라톤 주자들이 경주를 끝마친다. ▶ 우승자가 호명된다. ▶ 몇몇 선수들은 신기록을 세운다. ▶ 상위 세 명의 주자들이 트로피와 메달을 받는다. ▶ 선수들은 결과에 만족하고 그들의 승리를 즐긴다.

1. host ....

2. successful ....

3. athlete ....

4. train ....

5. sweat ....

6. uniform ....

7. wear ....

8. crowd ....

9. cheer ....

10. take place ....

11. competition ....

12. fair ....

13. equipment ....

14. require ....

15. racket ....

16. referee ....

17. grab ....

18. whistle ....

19. blow ....

20. take part in ....

21. marathon ....

22. race ....

23. complete ....

24. champion ....

25. name ....

26. record ....

27. trophy ....

28. medal ....

29. victory ....

30. be satisfied with ....

1. 주최자

2. 성공적인

3. 운동 선수

4. 훈련하다

5. 땀을 흘리다

6. 유니폼

7. (옷 등을) 입다

8. 군중

9. 환호하다, 환호성

10. 개최되다

11. 경쟁

12. 공정한, 박람회

13. 장비

14. 필요로 하다

15. 라켓

16. 심판

17. 움켜잡다

18. 호루라기

19. (세게) 불다

20. ~에 참가하다

21. 마라톤

22. 경주

23. 완료하다, 완전한

24. 챔피언

25. 이름, 이름을 부르다

26. 기록, 녹음하다

27. 트로피

28. 메달

29. 승리

30. ~에 만족하다

★
391
fever

명 열, 열기, 흥분

▶ a high **fever**
고열

▶ have a **fever**
열이 나다

★★★
392
throat

명 목, 목구멍

▶ clear my **throat**
목을 가다듬다

★★
393
sore

형 아픈, 따가운

= **painful** 형 아픈

▶ a **sore** throat
목 아픔(목감기)

▶ **sore** eyes
따가운 눈

★★
394
sneeze

동 재채기하다
명 재채기

▶ **sneeze** a lot
재채기를 많이 하다

★
395
cough

동 기침하다
명 기침

▶ stop **coughing**
기침하는 것을 멈추다

▶ a dry **cough**
마른기침

★
396
symptom

명 증상, 증세

▶ **symptoms** of a cold
감기 증상

▶ common **symptoms**
흔한 증상

★★★ 교과서 10회 이상 수록   ★★ 교과서 5~9회 수록   ★ 교과서 1~4회 수록

★★★ 397	**cold**	형 추운, 차가운 명 추위, 감기	▶ catch a **cold** 감기에 걸리다 ▶ get **cold** (날씨가) 추워지다
★★ 398	**flu**	명 독감, 유행성 감기	▶ **flu** symptoms 독감 증상 ▶ the **flu** season 독감 시즌
★★★ 399	**few**	형 몇몇의, (수가) 적은 명 몇몇, 소수	▶ in a **few** days 며칠 안에 ▶ a **few** of them 그들 중 몇몇
★★ 400	**get over**	~을 넘다, 극복하다, (병에서) 회복되다	▶ **get over** a cold 감기가 낫다

391 > 400

[**스토리**] 공부한 단어들을 하나의 스토리 안에서 확인해 보세요.

▶ Do you have a **fever** and a **sore throat**? ▶ Are you **sneezing** and **coughing** a lot? ▶ Don't worry about it! ▶ They are common **symptoms** of a **cold** or **flu**. ▶ You can **get over** them in just a **few** days.

▶ 당신은 열이 있고 목이 아픈가요? ▶ 당신은 재채기를 하고 기침을 많이 하고 있나요? ▶ 걱정하지 마세요! ▶ 그것들은 감기나 독감의 일반적인 증상입니다. ▶ 당신은 단 며칠 안에 그것들로부터 회복될 수 있어요.

MP3

★★ **burn** 401 burnt - burnt	동 (불에) 타다, 데다 명 화상, 덴 상처	▶ **burn** myself 화상을 입다 ▶ A candle **burns**. 초가 탄다.
★★ **wound** 402	명 상처, 부상 동 부상을 입히다	▶ care for the **wound** 상처를 치료하다 ▶ be seriously **wounded** 심각하게 부상을 입다
bruise 403	명 멍, 타박상	▶ get a **bruise** 멍이 들다
★★★ **tired** 404	형 피곤한, 지친, 지겨운, 싫증난	▶ feel **tired** 피곤하다 ▶ **tired** of watching TV TV 보는 것에 싫증난
★★★ **stressed** 405	형 스트레스 받는 → stress 동 스트레스를 주다[받다]	▶ I'm so **stressed** out. 나는 너무 스트레스를 받아요.
★★★ **mind** 406	명 마음, 정신 동 신경 쓰다, 꺼리다	▶ change my **mind** 마음을 바꾸다 ▶ Never **mind**. 신경 쓰지 마세요(괜찮아요).

★★★ 교과서 10회 이상 수록   ★★ 교과서 5~9회 수록   ★ 교과서 1~4회 수록

★★★ 407 **health**	명 건강, 보건 → healthy 형 건강한	▶ a **health** center 보건소 ▶ good for your **health** 당신의 건강에 좋은
408 **mental**	형 정신의, 마음의	▶ **mental** health 정신 건강
★ 409 **aid**	명 도움, 지원, 처치 동 돕다	▶ give **first aid** 응급 처치를 하다
★★★ 410 **take care of**	~을 돌보다, ~을 주의하다	▶ **take care of** your body 당신의 몸을 돌보다

401 > 410

[스토리] 공부한 단어들을 하나의 스토리 안에서 확인해 보세요.

▶ Did you cut or **burn** yourself? ▶ Did you get a small **wound** or **bruise**? ▶ Give yourself first **aid** and **take care of** your body. ▶ Are you **tired** and **stressed**? ▶ Take a rest and clear your **mind**. ▶ **Mental health** is also important for living a healthy life.

▶ 당신은 베거나 데었나요? ▶ 작은 상처나 멍이 생겼나요? ▶ 스스로 응급 조치를 하고 당신의 몸을 돌보세요. ▶ 당신은 피곤하고 스트레스를 받나요? ▶ 휴식을 취하고 마음을 비우세요. ▶ 건강한 삶을 살기 위해서는 정신 건강 또한 중요합니다.

★
411

balanced

형 균형 잡힌, 안정된

→ balance
동 균형을 잡다　명 균형

▶ a **balanced** meal
균형 잡힌 식사

★
412

diet

명 식단, 음식, 다이어트

▶ a daily **diet**
일일 식단

▶ I'm on a **diet**.
나 다이어트 중이야.

★
413

consume

동 먹다[마시다],
소비하다

→ consumer 명 소비자

▶ **consume** food
음식을 먹다[소비하다]

★★
414

wide

형 (폭이) 넓은

↔ narrow 형 좁은

▶ **wide** shoes
볼이 넓은 신발

▶ a **wide** river
넓은 강

★
415

range

명 범위, 영역
동 (범위가) 이르다

▶ price **range**
가격대

▶ a wide **range** of food
다양한 범위의 식품

★★★
416

fat

형 뚱뚱한, 살찐
명 지방, 기름

▶ get **fat**
뚱뚱해지다

▶ low-**fat** milk
저지방 우유

★★★ **교과서** 10회 이상 수록　★★ **교과서** 5~9회 수록　★ **교과서** 1~4회 수록

417	**overeat** overate - overeaten	동 과식하다	▸ Do not **overeat**. 과식하지 마라.
★ 418	**skip**	동 건너뛰다, 생략하다	▸ **skip** breakfast 아침 식사를 건너뛰다(거르다) ▸ **skip** class 수업을 빠지다
★ 419	**maintain**	동 유지하다, 주장하다	▸ **maintain** good health 건강을 유지하다 ▸ **maintain** our friendship 우리의 우정을 유지하다
★ 420	**keep away from**	~을 멀리하다, ~에 가까이 가지 않다	▸ **keep away from** sugar 설탕을 멀리하다

411 > 420

[**스토리**] 공부한 단어들을 하나의 스토리 안에서 확인해 보세요.

▸ Eating a **balanced diet** is important for your health. ▸ Try to **consume** a **wide range** of food. ▸ **Keep away from** sugar and **fat**. ▸ Do not **overeat**, and do not **skip** breakfast. ▸ These will help you to **maintain** a healthy body.

▸ 균형 잡힌 식단을 먹는 것은 당신의 건강에 중요합니다. ▸ 폭넓은 범위의 식품을 먹기 위해 노력하세요. ▸ 설탕과 지방을 멀리하세요. ▸ 과식하지 말고, 아침 식사를 거르지 마세요. ▸ 이는 당신이 건강한 신체를 유지하도록 도울 것입니다.

[단어]-[뜻] 확인하기
다음 영어 단어에 맞는 우리말 뜻을 써 보세요.

1. fever ....

2. throat ....

3. sore ....

4. sneeze ....

5. cough ....

6. symptom ....

7. cold ....

8. flu ....

9. few ....

10. get over ....

11. burn ....

12. wound ....

13. bruise ....

14. tired ....

15. stressed ....

16. mind ....

17. health ....

18. mental ....

19. aid ....

20. take care of ....

21. balanced ....

22. diet ....

23. consume ....

24. wide ....

25. range ....

26. fat ....

27. overeat ....

28. skip ....

29. maintain ....

30. keep away from ....

1. 열 ....

2. 목, 목구멍 ....

3. 아픈 ....

4. 재채기하다 ....

5. 기침하다 ....

6. 증상 ....

7. 추운, 감기, 추위 ....

8. 독감 ....

9. 몇몇의 ....

10. ~을 넘다, (병에서) 회복되다 ....

11. (불에) 데다 ....

12. 상처, 부상 ....

13. 멍, 타박상 ....

14. 피곤한 ....

15. 스트레스 받는 ....

16. 마음, 꺼리다 ....

17. 건강 ....

18. 정신의, 마음의 ....

19. 도움, 처치 ....

20. ~을 돌보다 ....

21. 균형 잡힌 ....

22. 식단 ....

23. 먹다, 소비하다 ....

24. (폭이) 넓은 ....

25. 범위 ....

26. 지방, 뚱뚱한 ....

27. 과식하다 ....

28. 건너뛰다, 생략하다 ....

29. 유지하다 ....

30. ~을 멀리하다 ....

| ★★★ 421 | **dinner** | 명 저녁 식사 | ▶ go out for **dinner** 저녁을 먹으러 나가다 |

| ★★★ 422 | **famous** | 형 유명한 | ▶ a **famous** chef 유명한 요리사 |

| ★★★ 423 | **restaurant** | 명 식당, 레스토랑 | ▶ a popular **restaurant** 인기 있는 식당 ▶ an Italian **restaurant** 이탈리안 레스토랑 |

| ★★★ 424 | **table** | 명 식탁, 테이블 | ▶ a kitchen **table** 부엌 식탁 ▶ a **table** for two 두 명이 앉을 테이블 |

| 425 | **server** | 명 서빙하는 사람, 종업원 → **serve** 동 (음식을) 내다 | ▶ a restaurant **server** 식당 종업원 |

| ★★★ 426 | **suggest** | 동 제안하다, 추천하다 = **recommend** 동 추천하다 | ▶ **suggest** steak 스테이크를 추천하다 |

★★★ 427	**dish**	몡 접시, 요리 = plate 몡 접시	▶ a **dish**washer 식기세척기 ▶ a Mexican **dish** 멕시코 요리
★★★ 428	**main**	혱 주요한, 주된	▶ the **main** character 주인공 ▶ a **main** dish 주요리
★★★ 429	**next to**	~ 옆에 → next 혱 다음의, 옆의 븬 다음에	▶ **next to** the window 창문 옆에
430	**eat out**	외식하다	▶ **eat out** with my family 가족과 외식하다

421 > 430

[**스토리**] 공부한 단어들을 하나의 스토리 안에서 확인해 보세요.

▶ Yesterday, I **ate out** with my family for **dinner**. ▶ We went to a **famous restaurant**. ▶ We asked for a **table** for three. ▶ We had a table **next to** the window. ▶ The **server suggested** chicken for the **main dish**.

▶ 어제 나는 우리 가족과 저녁을 먹으러 나갔다. ▶ 우리는 유명한 식당에 갔다. ▶ 우리는 세 명이 앉을 테이블을 요청했다. ▶ 우리는 창문 옆에 있는 테이블에 앉았다. ▶ 종업원은 주요리로 닭 요리를 추천했다.

★★★
431
order

| 동 명령하다, 주문하다 | ▶ **order** food |
| 명 명령, 주문, 순서 | 음식을 주문하다 |

▶ the batting **order**
(야구에서) 타격 순서

★★★
432
smell

동 냄새가 나다, 냄새를 맡다	▶ **smell** good
	냄새가 좋다
명 냄새, 향	▶ a sweet **smell**
	달콤한 향기

★★★
433
tasty

형 맛있는	▶ **tasty** food
→ taste 명 맛 동 맛이 나다	맛있는 음식
	▶ look **tasty**
	맛있어 보이다

★★★
434
vegetable

| 명 야채 | ▶ **vegetable** juice |
| | 야채 주스 |

★★★
435
fresh

형 신선한	▶ **fresh** seafood
	신선한 해산물
	▶ **fresh** vegetables
	신선한 야채

★★★
436
enough

형 충분한	▶ **enough** time
부 충분하게	충분한 시간
	▶ warm **enough**
	충분히 따뜻한

★★★ 교과서 10회 이상 수록　★★ 교과서 5~9회 수록　★ 교과서 1~4회 수록

★★★ 437 **dessert**	몡 디저트, 후식	▶ a chocolate **dessert** 초콜릿 디저트
★★★ 438 **choice**	몡 선택, 선택 가능한 수	▶ make a **choice** 선택하다 ▶ a good **choice** 좋은 선택, 다양한 선택
★★★ 439 **bill**	몡 계산서, 지폐	▶ ask for a **bill** 계산서를 요청하다 ▶ bring a **bill** 계산서를 가지고 오다
★★★ 440 **come with**	~와 함께 나오다, ~이 딸려 있다	▶ **come with** a drink 음료와 함께 나오다

431 > 440

[**스토리**] 공부한 단어들을 하나의 스토리 안에서 확인해 보세요.

▶ The dish that we **ordered** was served. ▶ It **smelled** good and looked **tasty**. ▶ The chicken **came with fresh vegetables**. ▶ The food was **enough** for three people. ▶ The restaurant had a good **choice** of **desserts**. ▶ When we finished the dessert, the server brought the **bill**.

▶ 우리가 주문한 요리가 나왔다. ▶ 그것은 좋은 냄새가 났고, 맛있어 보였다. ▶ 닭 요리는 신선한 야채와 함께 나왔다. ▶ 음식은 세 명이 먹기에 충분했다. ▶ 그 식당은 디저트를 다양하게 선택할 수 있었다. ▶ 우리가 디저트를 다 먹었을 때, 종업원이 계산서를 가져왔다.

★★★
441 **meal**

명 식사

▸ a light **meal**
가벼운 식사

▸ Enjoy your **meal**.
식사 맛있게 하세요.

★★★
442 **delicious**

형 맛있는,
(음식) 냄새가 좋은

= **tasty** 형 맛있는

▸ a **delicious** cake
맛있는 케이크

★
443 **roast**

동 굽다
명 구이 요리
형 (불, 오븐에) 구운

▸ **roast** chicken
구운 통닭

▸ **roast** for 30 minutes
30분간 굽다

★★★
444 **taste**

명 맛, 미각
동 ~한 맛이 나다,
맛을 보다

▸ a bitter **taste**
쓴 맛

▸ **taste** like fruit
과일 같은 맛이 나다

★★★
445 **fried**

형 (기름에) 튀긴, 볶은

→ **fry** 동 튀기다

▸ **fried** chicken
프라이드 치킨

▸ **fried** rice
볶음밥

★
446 **sour**

형 (맛이) 신, 시큼한

▸ a **sour** sauce
시큼한 소스

★★★ 교과서 10회 이상 수록 ★★ 교과서 5~9회 수록 ★ 교과서 1~4회 수록

| ★★★
447 | **rich** | 형 부유한, 풍부한

↔ **poor** 형 가난한 | ▶ a **rich** man
부자
▶ **rich** in vitamins
비타민이 풍부한 |

| ★★★
448 | **flavor** | 명 풍미, 맛

= **taste** 명 맛 | ▶ a rich **flavor**
풍부한 맛 |

| ★★★
449 | **tip** | 명 (뾰족한) 끝, 조언, 팁 | ▶ leave a **tip**
팁을 남기다
▶ **tips** for school life
학교 생활을 위한 조언 |

| ★
450 | **go well with** | ~와 잘 어울리다 | ▶ **go well with** the dish
요리와 잘 어울리다 |

441 > 450

[**스토리**] 공부한 단어들을 하나의 스토리 안에서 확인해 보세요.

▶ We enjoyed our **meal**. ▶ How was it? ▶ It was **delicious**! ▶ The **roast** chicken was amazing. ▶ **Fried** onions **tasted** like fruit. ▶ The **sour** sauce **went well with** the dish. ▶ I loved the **rich flavor** of the food. ▶ Everything was perfect, and we left a generous **tip**.

▶ 우리는 식사를 즐겼다. ▶ 어땠을까? ▶ 그것은 맛있었다! ▶ 구운 통닭은 놀라웠다. ▶ 튀긴 양파는 과일 같은 맛이 났다. ▶ 시큼한 소스는 요리와 잘 어울렸다. ▶ 나는 음식의 풍부한 맛이 매우 좋았다. ▶ 모든 것이 완벽했고, 우리는 후한 팁을 남겼다.

1. dinner
2. famous
3. restaurant
4. table
5. server

6. suggest
7. dish
8. main
9. next to
10. eat out

11. order
12. smell
13. tasty
14. vegetable
15. fresh

16. enough
17. dessert
18. choice
19. bill
20. come with

21. meal
22. delicious
23. roast
24. taste
25. fried

26. sour
27. rich
28. flavor
29. tip
30. go well with

[뜻]-[단어] 확인하기
다음 우리말 뜻에 맞는 영어 단어를 써 보세요.

1. 저녁 식사 ....
2. 유명한 ....
3. 식당 ....
4. 식탁 ....
5. 서빙하는 사람, 종업원 ....

6. 추천하다 ....
7. 요리 ....
8. 주요한 ....
9. ~ 옆에 ....
10. 외식하다 ....

11. 주문하다, 주문 ....
12. 냄새가 나다 ....
13. 맛있는 ....
14. 야채 ....
15. 신선한 ....

16. 충분한 ....
17. 디저트, 후식 ....
18. 선택 ....
19. 계산서 ....
20. ~와 함께 나오다 ....

21. 식사 ....
22. 맛있는 ....
23. 구운, 굽다 ....
24. 맛, 미각 ....
25. 튀긴, 볶은 ....

26. (맛이) 시큼한 ....
27. 풍부한 ....
28. 풍미 ....
29. 팁, 조언 ....
30. ~와 잘 어울리다 ....

MP3

★★★
451 **season**

- 몡 계절, 철
- 동 양념하다

▶ four **seasons**
사계절

▶ the rainy **season**
장마철

★
452 **crash**

- 몡 (충돌) 사고, 쿵 소리
- 동 충돌하다, 부딪치다

▶ a car **crash**
자동차 사고

▶ **Crash**!
쿵!

★★★
453 **thunder**

- 몡 천둥
- 동 천둥이 치다

▶ a crash of **thunder**
'쿵' 하는 천둥 소리

▶ a **thunder**storm
(천둥을 동반한) 폭풍우

★★
454 **lightning**

- 몡 번개

▶ a **lightning** strike
벼락(번개에 맞는 것)

★★
455 **flash**

- 동 번쩍이다
- 몡 번쩍임, 플래시

▶ a **flash** sale
반짝 세일

▶ a **flash** of lightning
번개의 번쩍임

★★★
456 **bright**

- 혱 (빛, 색이) 밝은

▶ **bright** colors
밝은 색

▶ become **bright**
밝아지다

★★★ 교과서 10회 이상 수록   ★★ 교과서 5~9회 수록   ★ 교과서 1~4회 수록

★★★ 457	**clear**	형 (날씨가) 맑은, 투명한, 분명한 동 치우다, 비우다, (정신을) 맑게 하다	▶ a **clear** sky 맑은 하늘 ▶ a **clear** bottle 투명한 병
★★★ 458	**sunlight**	명 햇빛, 햇살 = sunshine 명 햇빛	▶ strong **sunlight** 강한 햇살
★★★ 459	**appear**	동 나타나다, 보이다 ↔ disappear 동 사라지다	▶ A rainbow **appeared**. 무지개가 나타났다.
★★ 460	**right after**	직후에, ~ 바로 다음에	▶ **right after** she arrived 그녀가 도착한 직후에

451 > 460

[스토리] 공부한 단어들을 하나의 스토리 안에서 확인해 보세요.

▶ It is the rainy **season**. ▶ Rain poured, and **lightning flashed**. ▶ The sky became **bright** for a second. ▶ **Thunder crashed right after**. ▶ After the heavy rain, the sky became **clear**. ▶ Soon, **sunlight** and a rainbow **appeared**.

▶ 장마철이다. ▶ 비가 퍼붓고, 번개가 번쩍였다. ▶ 하늘이 잠시 밝아졌다. ▶ 직후에 천둥이 '쿵' 하고 쳤다. ▶ 폭우가 지나간 뒤에는 하늘이 맑아졌다. ▶ 곧, 햇빛과 무지개가 나타났다.

★★★ 461 **land**	명 육지, 땅 동 착륙하다	▶ cover the **land** 땅을 덮다 ▶ a wet**land** 습지(축축한 땅)
★★★ 462 **forest**	명 숲	▶ walk into the **forest** 숲 속으로 걸어가다 ▶ a pine **forest** 소나무 숲
★★★ 463 **soil**	명 흙, 토양	▶ grow roots in **soil** 흙 속에 뿌리를 내리다
464 **branch**	명 나뭇가지, 지점, 분점	▶ a thin **branch** 얇은 가지 ▶ the New York **branch** 뉴욕 지점
★★★ 465 **thick**	형 두꺼운, 빽빽한 ↔ thin 형 얇은	▶ a **thick** coat 두꺼운 외투 ▶ a **thick** forest 빽빽한[울창한] 숲
★ 466 **grassland**	명 초원 → grass 명 풀, 잔디	▶ a green **grassland** 푸른 초원

467	**landform**	명 지형 → form 명 형태	▶ different **landforms** 다양한 지형들
★★★ 468	**desert**	명 사막 동 버리다, 떠나다	▶ a dry **desert** 건조한 사막 ▶ a **deserted** land 버려진 땅
★★★ 469	**sand**	명 모래, 모래사장	▶ a **sand**castle 모래성 ▶ play in the **sand** 모래에서 놀다
★★★ 470	**instead of**	~ 대신에, ~하지 않고 → instead 부 대신에	▶ **instead of** grass 풀 대신에 ▶ eat rice **instead of** bread 빵 대신에 밥을 먹다

461 > 470

[**스토리**] 공부한 단어들을 하나의 스토리 안에서 확인해 보세요.

▶ There are many different **landforms**. ▶ In **forests**, trees grow roots in the **soil**. ▶ **Branches** grow high, and they make a **thick** forest. ▶ In **grasslands**, grass grows and covers the **land**. ▶ In **deserts**, **sand** covers the land **instead of** grass.

▶ 다양한 지형이 있다. ▶ 숲에서는 나무가 흙 속에 뿌리를 내린다. ▶ 나뭇가지는 높게 자라서 울창한 숲을 만든다. ▶ 초원에서는 풀이 자라 땅을 덮는다. ▶ 사막에서는 풀 대신 모래가 땅을 덮는다.

★★★ 471	**river**	명 강	▶ a frozen **river** 얼어붙은 강 ▶ the Han **River** 한강
★ 472	**stream**	명 흐름, (물의) 줄기	▶ a **stream** of water 물줄기 ▶ blood**stream** 혈액의 흐름(혈류)
★ 473	**narrow**	형 좁은, 가느다란 ↔ **wide** 형 넓은	▶ a **narrow** street 좁은 길
★★★ 474	**ocean**	명 바다, 대양 = **sea** 명 바다	▶ the Pacific **Ocean** 태평양
★★ 475	**flow**	명 흐름, 이동 동 흐르다	▶ the air **flow** 공기의 흐름 ▶ **flow** into the ocean 바다로 흘러 들어가다
★★★ 476	**connect**	동 연결하다, 연관 짓다	▶ **connected** to the sea 바다로 연결된 ▶ **connect** a call 전화 연결하다

★★★ 교과서 10회 이상 수록 ★★ 교과서 5~9회 수록 ★ 교과서 1~4회 수록

★★★ 477	**lake**	몡 호수	▶ a peaceful **lake** 평화로운 호수
★ 478	**surround**	몡 둘러싸다	▶ **surrounded** by land 육지로 둘러싸인
★★★ 479	**island**	몡 섬	▶ Jeju **Island** 제주도 ▶ a resort **island** 휴양섬
★ 480	**in contrast**	반대로, 대조적으로 → **contrast** 몡 차이, 대비	▶ **in contrast** to my thoughts 내 생각과는 반대로

471 > 480

[**스토리**] 공부한 단어들을 하나의 스토리 안에서 확인해 보세요.

▶ A **river** is a **stream** of water. ▶ It can be **narrow** or wide. ▶ It can **flow** into the **ocean**. ▶ **In contrast**, a **lake** is not **connected** to other water. ▶ A lake is **surrounded** by land. ▶ Land can also be surrounded by water. ▶ We call it an **island**.

▶ 강은 하나의 물줄기이다. ▶ 강은 좁거나 넓을 수 있다. ▶ 강은 바다로 흘러 들어갈 수 있다. ▶ 반대로, 호수는 다른 물로 연결되어 있지 않다. ▶ 호수는 육지로 둘러싸여 있다. ▶ 육지도 물에 둘러싸일 수 있다. ▶ 우리는 그것을 섬이라고 부른다.

1. season
2. crash
3. thunder
4. lightning
5. flash

6. bright
7. clear
8. sunlight
9. appear
10. right after

11. land
12. forest
13. soil
14. branch
15. thick

16. grassland
17. landform
18. desert
19. sand
20. instead of

21. river
22. stream
23. narrow
24. ocean
25. flow

26. connect
27. lake
28. surround
29. island
30. in contrast

1. 계절
2. 쿵 소리, 부딪치다
3. 천둥
4. 번개
5. 번쩍이다

6. (빛, 색이) 밝은
7. (날씨가) 맑은
8. 햇빛
9. 나타나다
10. 직후에

11. 육지
12. 숲
13. 흙
14. 나뭇가지
15. 빽빽한, 두꺼운

16. 초원
17. 지형
18. 사막
19. 모래
20. ~ 대신에

21. 강
22. (물의) 줄기
23. 좁은
24. 바다
25. 흐르다

26. 연결하다
27. 호수
28. 둘러싸다
29. 섬
30. 반대로

★★★ 481	**pet**	명 반려동물	▶ a **pet** animal 반려동물 ▶ a **pet** cage (이동용) 우리, 새장
★★★ 482	**own**	동 소유하다 형 자기 자신의, 개인의	▶ **own** a dog 개가 있다(개를 소유하고 있다) ▶ my **own** cup 나의 개인 컵
483	**companion**	명 동반자, 친구 = friend 명 친구	▶ a travel **companion** 여행 동반자
★★ 484	**puppy**	명 강아지	▶ a little **puppy** 작은 강아지
★★ 485	**tail**	명 꼬리	▶ a long **tail** 긴 꼬리 ▶ a pony**tail** 포니테일(말 꼬리처럼 묶은 머리)
486	**wag**	동 (꼬리를) 흔들다	▶ **wag** a tail 꼬리를 흔들다

★★ 487	**bark**	동 짖다 명 짖는 소리	▶ A dog is **barking**. 개가 짖고 있다. ▶ make a short **bark** 짧게 짖다
★ 488	**growl**	동 으르렁거리다, (요란하게) 울리다 명 으르렁 소리	▶ a **growl** of a lion 사자의 으르렁 소리 ▶ My stomach **growls**. 내 배가 울린다(꼬르륵거린다).
★★★ 489	**danger**	명 위험, 위기 → dangerous 형 위험한	▶ be in **danger** 위험에 처하다 ▶ save people from **danger** 사람들을 위험에서 구하다
★★ 490	**go for a walk**	산책 가다	▶ **go for a** morning **walk** 아침 산책을 가다

481 > 490

[**스토리**] 공부한 단어들을 하나의 스토리 안에서 확인해 보세요.

▶ Do you have a **pet** animal? ▶ I **own** two dogs. ▶ They've been my good **companions** since they were little **puppies**. ▶ We **go for a walk** every day. ▶ They **wag** their **tails** when I get home. ▶ They **bark** and **growl** when they think I'm in **danger**.

▶ 여러분은 반려동물이 있나요? ▶ 저는 개 두 마리가 있어요. ▶ 그들이 작은 강아지였을 때 부터 그들은 나의 좋은 친구였어요. ▶ 우리는 매일 산책 가요. ▶ 제가 집에 도착하면 그들은 꼬리를 흔들어요. ▶ 그들은 제가 위험에 처했다고 생각하면 짖고 으르렁거려요.

MP3

★ 491 intelligent

형 똑똑한, 지능이 있는
= smart 형 똑똑한

▶ an **intelligent** animal
똑똑한[지능 있는] 동물

★★★ 492 tool

명 도구, 수단

▶ use a **tool**
도구를 사용하다
▶ a cutting **tool**
자르는 도구

★★★ 493 group

명 무리, 집단, 그룹

▶ a **group** of four
4인조
▶ live in **groups**
무리 지어 살다

★★★ 494 form

동 형성하다, 만들다
명 형태, 모습, (서류) 양식

▶ **form** a group
무리를 형성하다
▶ an order **form**
주문 양식(주문서)

★★★ 495 human

명 인간, 인류
형 인간의

▶ the first **humans**
최초의 인류
▶ **human** speech
인간의 말

★ 496 interact

동 소통하다,
상호 작용하다

▶ **interact** with humans
인간과 소통하다

★★★ 교과서 10회 이상 수록　★★ 교과서 5~9회 수록　★ 교과서 1~4회 수록

497	**mammal**	명 포유류, 포유동물	▶ a land **mammal** 육지 포유동물
★★ 498	**parrot**	명 앵무새	▶ an intelligent **parrot** 똑똑한 앵무새
★★★ 499	**copy**	동 따라 하다, 복사하다 명 사본, (한) 부	▶ **copy** human speech 인간의 말을 따라 하다 ▶ a **copy** machine 복사기
★★ 500	**belong to**	~에 속하다, ~ 소속이다 → belong 동 속하다	▶ **belong to** the same group 같은 무리에 속하다

491 > 500

[**스토리**] 공부한 단어들을 하나의 스토리 안에서 확인해 보세요.

▶ Some animals are **intelligent** and social. ▶ Chimpanzees can use **tools** and **form groups**. ▶ Dolphins can **interact** with **humans**. ▶ They both **belong to** the same animal group, which is **mammals**. ▶ Among birds, **parrots** are the smartest. ▶ They can **copy** human speech.

▶ 몇몇 동물들은 똑똑하고 사회적이에요. ▶ 침팬지는 도구를 사용하고 무리를 형성할 수 있어요. ▶ 돌고래는 인간과 소통할 수 있어요. ▶ 그들은 모두 같은 동물군에 속하는데, 바로 포유류예요. ▶ 새들 중에서는 앵무새가 가장 똑똑해요. ▶ 그들은 인간의 말을 따라 할 수 있어요.

★★★ 501	**wild**	형 야생의, 거친	▸ a **wild** animal 야생 동물 ▸ **wild** berries 산딸기
502	**habitat**	명 서식지, 거주지	▸ a natural **habitat** 자연 서식지
★★★ 503	**meat**	명 고기, 육류	▸ raw **meat** 생고기
★★ 504	**hunt**	동 사냥하다 명 사냥, 수색 → hunter 명 사냥꾼	▸ **hunt** for food 식량을 위해 사냥하다 ▸ a treasure **hunt** 보물찾기
★★★ 505	**kill**	동 죽이다, 살해하다	▸ **kill** animals 동물을 죽이다
★★★ 506	**escape**	동 피하다, 벗어나다, 탈출하다 명 탈출, 대피	▸ **escape** being killed 죽는 것을 피하다 ▸ a fire **escape** plan 화재 대피도

★★★ 교과서 10회 이상 수록 ★★ 교과서 5~9회 수록 ★ 교과서 1~4회 수록

★★★ 507 **hide** hid - hidden	동 숨다, 숨기다	▶ **hide** a book 책을 숨기다 ▶ **hide**-and-seek 숨바꼭질
★ 508 **feed on**	~을 먹고 살다 → **feed** 동 먹다, 먹이다	▶ **feed on** fruit 과일을 먹고 살다
★★★ 509 **run away**	도망치다, 달아나다	▶ **run away** to my room 내 방으로 도망치다
★★★ 510 **a variety of**	다양한	▶ **a variety of** places 다양한 장소

501 > 510

[스토리] 공부한 단어들을 하나의 스토리 안에서 확인해 보세요.

▶ **Wild** animals live in **a variety of** places. ▶ There are land **habitats** and sea habitats. ▶ They also **feed on** different types of food. ▶ Some eat plants, and others eat **meat**. ▶ Tigers eat meat, so they **hunt** for their food. ▶ To **escape** being **killed**, weak animals **run away** and **hide**.

▶ 야생 동물은 다양한 장소에 살아요. ▶ 육지 서식지와 바다 서식지가 있어요. ▶ 그들은 또한 다양한 종류의 식량을 먹고 살아요. ▶ 몇몇은 식물을 먹고, 다른 몇몇은 고기를 먹어요. ▶ 호랑이는 고기를 먹기 때문에 식량을 위해 사냥해요. ▶ 죽는 것을 피하기 위해, 약한 동물은 도망쳐서 숨어요.

1. pet ....
2. own ....
3. companion ....
4. puppy ....
5. tail ....

6. wag ....
7. bark ....
8. growl ....
9. danger ....
10. go for a walk ....

11. intelligent ....
12. tool ....
13. group ....
14. form ....
15. human ....

16. interact ....
17. mammal ....
18. parrot ....
19. copy ....
20. belong to ....

21. wild ....
22. habitat ....
23. meat ....
24. hunt ....
25. kill ....

26. escape ....
27. hide ....
28. feed on ....
29. run away ....
30. a variety of ....

1. 반려동물 ....
2. 소유하다 ....
3. 친구, 동반자 ....
4. 강아지 ....
5. 꼬리 ....

6. (꼬리를) 흔들다 ....
7. 짖다 ....
8. 으르렁거리다 ....
9. 위험 ....
10. 산책 가다 ....

11. 똑똑한 ....
12. 도구 ....
13. 무리, 집단 ....
14. 형성하다, (서류) 양식 ....
15. 인간 ....

16. 소통하다 ....
17. 포유류 ....
18. 앵무새 ....
19. 따라 하다 ....
20. ~에 속하다 ....

21. 야생의 ....
22. 서식지 ....
23. 고기 ....
24. 사냥하다 ....
25. 죽이다 ....

26. 피하다, 벗어나다 ....
27. 숨다 ....
28. ~을 먹고 살다 ....
29. 도망치다 ....
30. 다양한 ....

식물·곤충

MP3

★★★
511

plant

명 식물, 공장
동 심다

▶ a young **plant**
어린 식물

▶ **plant** flowers
꽃을 심다

★★★
512

light

lit - lit

명 빛, 전등
형 밝은, 가벼운
동 불을 붙이다

↔ **dark** 형 어두운
↔ **heavy** 형 무거운

▶ need **light**
빛이 필요하다

▶ turn on the **light**
전등을 켜다

★
513

nutrient

명 영양분, 영양소

▶ rich in **nutrients**
영양분이 풍부한

★★★
514

condition

명 상태, 환경, 조건
동 (상태를) 조절하다

▶ health **conditions**
건강 상태

▶ an air-**conditioning**
system
에어컨(냉난방 조절 장치)

★★★
515

seed

명 씨앗, 종자
동 씨앗을 뿌리다

▶ plant **seeds**
씨앗을 심다

▶ watermelon **seeds**
수박씨

★
516

root

명 뿌리
동 뿌리내리다

▶ tree **roots**
나무 뿌리

★★★ 교과서 10회 이상 수록 ★★ 교과서 5~9회 수록 ★ 교과서 1~4회 수록

| 517 | **stem** | 몡 (식물의) 줄기 | ▸ a bamboo **stem**
대나무 줄기 |

| ★★★
518 | **produce** | 동 생산하다, (열매) 맺다
몡 생산물, 농산물
→ producer
몡 생산자, 프로듀서 | ▸ **produce** eggs
계란을 생산하다(낳다)
▸ **produce** fruits
열매를 맺다 |

| ★★★
519 | **cycle** | 몡 (순환) 주기, 자전거
동 자전거를 타다 | ▸ a life **cycle**
생활[생애] 주기
▸ **cycle** to school
자전거를 타고 등교하다 |

| ★
520 | **in order to** | ~하기 위해 | ▸ **in order to** grow
자라기 위해 |

511 > 520

[**스토리**] 공부한 단어들을 하나의 스토리 안에서 확인해 보세요.

▸ **Plants** need many things **in order to** grow. ▸ They need **light**, water, heat, and **nutrients**. ▸ Under the right **conditions**, a **seed** grows **roots** and **stems** to become a young plant. ▸ Then it **produces** flowers and fruits. ▸ This is the plant's life **cycle**.

▸ 식물들은 자라기 위해 많은 것들을 필요로 해요. ▸ 그들은 빛, 물, 열, 그리고 영양분이 필요해요. ▸ 적절한 환경에서는, 씨앗이 뿌리와 줄기를 키워 어린 식물이 돼요. ▸ 그 후 그것은 꽃과 열매를 맺어요. ▸ 이것이 식물의 생활 주기예요.

| ★★★ 521 | **corn** | 몡 옥수수 | ▶ pop**corn** 팝콘 ▶ seeds of **corn** 옥수수 종자 |

| 522 | **wheat** | 몡 밀 | ▶ **wheat** flour 밀가루 ▶ whole-**wheat** bread 통밀빵 |

| ★★★ 523 | **crop** | 몡 (농)작물 통 경작하다, 깎다, 잘라내다 | ▶ produce **crops** 작물을 생산하다 ▶ **crop** the photo 사진 일부를 잘라내다 |

| 524 | **primary** | 혱 주요한, 주된, (순서상) 최초의 | ▶ **primary** food crops 주요 식량 작물 ▶ three **primary** colors 삼원색 |

| ★★★ 525 | **farm** | 몡 농장 통 농사를 짓다, 사육하다 → farmer 몡 농부 | ▶ a weekend **farm** 주말 농장 ▶ organic **farming** 유기농업 |

| ★ 526 | **harvest** | 통 수확하다 몡 수확(물), 추수 | ▶ **harvest** crops 작물을 수확하다 ▶ a **harvest** season 수확철 |

★★★ 교과서 10회 이상 수록   ★★ 교과서 5~9회 수록   ★ 교과서 1~4회 수록

** 527	**wooden**	형 나무로 된 → wood 명 나무, 목재	▶ a **wooden** house 나무로 된 집
** 528	**furniture**	명 가구	▶ wooden **furniture** 원목 가구
529	**rely on**	~에 의존하다, 기대다 → rely 동 의존하다	▶ **rely on** plants 식물에 의존하다
** 530	**cut down**	(잘라서) 쓰러뜨리다 → cut 동 베다, 자르다	▶ **cut down** trees 나무를 베어 쓰러뜨리다

521 > 530

[**스토리**] 공부한 단어들을 하나의 스토리 안에서 확인해 보세요.

▶ We **rely on** plants in many ways. ▶ We eat them and use them in our daily lives. ▶ Rice, **corn**, and **wheat** are **primary** food **crops**. ▶ Farmers grow these crops on **farms** and **harvest** them. ▶ We also **cut down** trees to make paper and **wooden furniture**.

▶ 우리는 다양한 방식으로 식물에 의존해요. ▶ 우리는 일상생활에서 그것을 먹고 사용해요. ▶ 쌀, 옥수수, 그리고 밀은 주요 식량 작물이에요. ▶ 농부들은 농장에서 이 작물들을 기르고 수확해요. ▶ 우리는 또한 나무를 베어 쓰러뜨려서 종이와 원목 가구를 만들어요.

★★★ **insect**
531

명 곤충, 벌레

= **bug** 명 (작은) 벌레

▶ keep away **insects**
벌레를 쫓다

★★ **harmful**
532

형 해로운, 유해한

→ **harm** 동 해치다
명 피해, 손해

▶ **harmful** insects
해로운 곤충

★★ **bite**
533

bit - bitten

동 물다
명 물린 곳, 한 입

▶ **bite** my nails
손톱을 물어뜯다

▶ mosquito **bites**
모기 물린 곳

★★★ **skin**
534

명 피부, 가죽, 껍질

▶ thick **skin**
두꺼운 피부

▶ tiger **skin**
호랑이 가죽

★★★ **helpful**
535

형 도움이 되는, 유익한

→ **help** 명 도움 동 돕다

▶ **helpful** tips
도움이 되는 조언

▶ **helpful** for me
나에게 유용한

★ **pollen**
536

명 꽃가루

▶ **pollen** allergy
꽃가루 알레르기

★★★ 537	**carry**	동 옮기다, 가지고 다니다	▸ **carry** pollen 꽃가루를 옮기다 ▸ **carry** a backpack 배낭을 가지고 다니다
★★★ 538	**web**	명 그물, 거미줄, 웹	▸ a spider **web** 거미줄 ▸ **web**toons 웹툰
★ 539	**go bad**	(음식이) 상하다, 썩다	▸ make food **go bad** 음식을 상하게 하다
★★★ 540	**be afraid of**	~을 무서워하다, 두려워하다	▸ **be afraid of** spiders 거미를 무서워하다

531 > 540

[스토리] 공부한 단어들을 하나의 스토리 안에서 확인해 보세요.

▸ Some **insects** are **harmful**. ▸ Mosquitos **bite** our **skin**. ▸ Flies make food **go bad**. ▸ However, there are **helpful** insects, too. ▸ Bees **carry** **pollen** and make honey. ▸ Many people **are afraid of** spiders, but spiders catch harmful bugs in their **webs**.

▸ 몇몇 곤충은 해로워요. ▸ 모기는 우리의 피부를 물어요. ▸ 파리는 음식을 상하게 해요. ▸ 하지만 도움이 되는 곤충들도 있어요. ▸ 벌은 꽃가루를 옮기고, 꿀을 만들어요. ▸ 많은 사람들은 거미를 무서워하지만, 거미는 거미줄로 해로운 벌레들을 잡아요.

[단어]-[뜻] 확인하기
다음 영어 단어에 맞는 우리말 뜻을 써 보세요.

1. plant ....
2. light ....
3. nutrient ....
4. condition ....
5. seed ....

6. root ....
7. stem ....
8. produce ....
9. cycle ....
10. in order to ....

11. corn ....
12. wheat ....
13. crop ....
14. primary ....
15. farm ....

16. harvest ....
17. wooden ....
18. furniture ....
19. rely on ....
20. cut down ....

21. insect ....
22. harmful ....
23. bite ....
24. skin ....
25. helpful ....

26. pollen ....
27. carry ....
28. web ....
29. go bad ....
30. be afraid of ....

1. 식물 ....

2. 빛 ....

3. 영양분 ....

4. 환경, 조건 ....

5. 씨앗 ....

6. 뿌리 ....

7. 줄기 ....

8. 생산하다, (열매) 맺다 ....

9. 주기, 자전거 ....

10. ~하기 위해 ....

11. 옥수수 ....

12. 밀 ....

13. (농)작물 ....

14. 주요한 ....

15. 농장 ....

16. 수확하다 ....

17. 나무로 된 ....

18. 가구 ....

19. ~에 의존하다 ....

20. (잘라서) 쓰러뜨리다 ....

21. 곤충 ....

22. 해로운 ....

23. 물다 ....

24. 피부, 가죽 ....

25. 도움이 되는 ....

26. 꽃가루 ....

27. 옮기다, 가지고 다니다 ....

28. 그물, 거미줄 ....

29. (음식이) 상하다 ....

30. ~을 무서워하다 ....

★
541
explorer

명 탐험가

→ explore 동 탐험하다

▶ an ocean **explorer**
해양 탐험가

★★
542
adventure

명 모험

→ adventurous
형 모험심이 강한

▶ start an **adventure**
모험을 시작하다

▶ **adventure** stories
모험 이야기

★★
543
route

명 길, 노선

= way 명 길

▶ bus **routes**
버스 노선

▶ follow the **route**
길을 따라가다

★★
544
east

명 동쪽, 동부
부 동쪽으로

↔ west 명 서쪽
부 서쪽으로

▶ go **east**
동쪽으로 가다

▶ the Far **East**
극동 지역(동아시아)

★★★
545
south

명 남쪽, 남부
부 남쪽으로

↔ north 명 북쪽
부 북쪽으로

▶ **South** Korea
대한민국(남한)

546
compass

명 나침반,
(제도용) 컴퍼스

▶ a map and **compass**
지도와 나침반

★★ 547	**needle**	명 바늘, 침	▶ a compass **needle** 나침반 바늘
★★★ 548	**point**	동 가리키다 명 점, 요점, 점수	▶ **point** south 남쪽을 가리키다 ▶ **point** a finger 손가락질하다(비난하다)
★★★ 549	**direction**	명 방향, 지시 → direct 동 지시[감독]하다	▶ the wrong **direction** 잘못된(엉뚱한) 방향 ▶ follow the **direction** 지시를 따르다
★ 550	**set off**	출발하다, (길을) 떠나다	▶ **set off** on a journey 여정을 떠나다

541 > 550

[**스토리**] 공부한 단어들을 하나의 스토리 안에서 확인해 보세요.

▶ Two **explorers set off** on an **adventure**. ▶ They followed the **route** on the map. ▶ They had to go **east**. ▶ They took out a **compass**. ▶ However, the compass **needle pointed** in the wrong **direction**. ▶ They went **south**, not east!

▶ 두 명의 탐험가들은 모험을 떠났다. ▶ 그들은 지도의 길을 따라갔다. ▶ 그들은 동쪽으로 가야 했다. ▶ 그들은 나침반을 꺼내 들었다. ▶ 하지만, 나침반 바늘은 엉뚱한 방향을 가리켰다. ▶ 그들은 동쪽으로가 아니라 남쪽으로 갔던 것이다!

551 **shadow**

몡 그림자, 그늘
동 (그림자처럼) 따라가다

▸ A **shadow** appeared.
그림자가 나타났다.

★★★
552 **dark**

형 어두운, 짙은
몡 어둠

↔ light 형 밝은 몡 빛

▸ a **dark** shadow
어두운 그림자
▸ **dark** brown hair
짙은 갈색 머리

★★
553 **monster**

몡 괴물, 괴수

▸ a scary **monster**
무서운 괴물

★★
554 **wing**

몡 날개

▸ have **wings**
날개가 있다
▸ **wings** with feathers
깃털이 달린 날개

★★
555 **tooth**

몡 이빨, 치아

→ teeth 몡 (복수형)

▸ brush my **teeth**
이를 닦다

★★
556 **sharp**

형 날카로운, 가파른

▸ **sharp** teeth
날카로운 이빨
▸ a **sharp** cliff
가파른 절벽

★★★ 교과서 10회 이상 수록 ★★ 교과서 5~9회 수록 ★ 교과서 1~4회 수록

★★★ 557	**scared**	형 겁먹은, 무서워하는 → **scare** 동 겁주다	▶ **scared** explorers 겁먹은 탐험가들 ▶ feel **scared** 무서워하다
★ 558	**claw**	명 발톱	▶ sharp **claws** 날카로운 발톱 ▶ the **claws** of a lion 사자의 발톱
★★★ 559	**cave**	명 동굴	▶ hide in a **cave** 동굴에 숨다
★ 560	**ahead of**	~ 앞에, ~보다 빨리	▶ **ahead of** the explorers 탐험가들 앞에

551 > 560

[**스토리**] 공부한 단어들을 하나의 스토리 안에서 확인해 보세요.

▶ A big, **dark shadow** appeared **ahead of** the explorers. ▶ It was a **monster**! ▶ The monster had two **wings**, **sharp teeth**, and **claws**. ▶ The explorers were **scared**. ▶ They ran away and hid in a deep, dark **cave**.

▶ 크고 어두운 그림자가 탐험가들 앞에 나타났다. ▶ 그것은 괴물이었다! ▶ 괴물은 두 개의 날개와 날카로운 이빨, 그리고 발톱을 가지고 있었다. ▶ 탐험가들은 겁에 질렸다. ▶ 그들은 도망쳐서 깊고 어두운 동굴에 숨었다.

★★ 561	**storm**	명 폭풍, 폭풍우	▶ a big **storm** 큰 폭풍
★★★ 562	**wave**	명 파도, 물결 동 흔들다, 손을 흔들다	▶ huge **waves** 거대한 파도 ▶ **wave** a flag 깃발을 흔들다
★★★ 563	**quickly**	부 빠르게, 재빨리 → quick 형 재빠른	▶ move **quickly** 빠르게 움직이다 ▶ type **quickly** 타자를 빠르게 치다
★ 564	**clever**	형 똑똑한, 영리한	▶ a **clever** trick 영리한 속임수
★★★ 565	**return**	동 돌아오다[가다], 반납하다 명 보답, 돌아옴	▶ **return** home 집에 돌아오다 ▶ **return** books 책을 반납하다
★★★ 566	**hike**	동 (장거리를) 걷다, 하이킹하다	▶ **hike** through the forest 숲속을 걷다

★★★ 교과서 10회 이상 수록   ★★ 교과서 5~9회 수록   ★ 교과서 1~4회 수록

*** 567	**shout**	동 외치다, 소리치다 명 외침, 함성	▶ **shout** for help 도와달라고 소리치다 ▶ a loud **shout** 큰 외침
* 568	**crawl**	동 기어가다	▶ **crawl** under the table 탁자 밑으로 기어가다
** 569	**way out**	출구, 탈출구 = **exit** 명 출구	▶ find a **way out** 탈출구를 발견하다
*** 570	**make it**	성공하다, 해내다, 시간 맞춰 가다	▶ We **made it**! 우리가 해냈어! ▶ Can you **make it** by 3? 세 시까지 올 수 있니?

561 > 570

[**스토리**] 공부한 단어들을 하나의 스토리 안에서 확인해 보세요.

▶ There was a big **storm**. ▶ Huge **waves quickly** came into the cave. ▶ However, the **clever** explorers found a **way out**. ▶ They **crawled** into a small hole. ▶ They **returned** to their route and **hiked** through the forest. ▶ After the long walk, they **shouted**, "We **made it**!"

▶ 큰 폭풍이 왔다. ▶ 거대한 파도가 빠르게 동굴로 들어왔다. ▶ 그러나 똑똑한 탐험가들은 탈출구를 발견했다. ▶ 그들은 작은 구멍으로 기어 들어갔다. ▶ 그들은 그들이 왔던 길로 돌아가 숲속을 걸었다. ▶ 오랜 시간 걸은 뒤 그들은 "우리가 해냈어!"라고 외쳤다.

[단어]-[뜻] 확인하기
다음 영어 단어에 맞는 우리말 뜻을 써 보세요.

1. explorer ....
2. adventure ....
3. route ....
4. east ....
5. south ....

6. compass ....
7. needle ....
8. point ....
9. direction ....
10. set off ....

11. shadow ....
12. dark ....
13. monster ....
14. wing ....
15. tooth ....

16. sharp ....
17. scared ....
18. claw ....
19. cave ....
20. ahead of ....

21. storm ....
22. wave ....
23. quickly ....
24. clever ....
25. return ....

26. hike ....
27. shout ....
28. crawl ....
29. way out ....
30. make it ....

[뜻]-[단어] 확인하기
다음 우리말 뜻에 맞는 영어 단어를 써 보세요.

1. 탐험가 ....

2. 모험 ....

3. 길 ....

4. 동쪽 ....

5. 남쪽 ....

6. 나침반 ....

7. 바늘 ....

8. 가리키다 ....

9. 방향 ....

10. 출발하다, (길을) 떠나다 ....

11. 그림자 ....

12. 어두운 ....

13. 괴물 ....

14. 날개 ....

15. 이빨, 치아 ....

16. 날카로운 ....

17. 겁먹은 ....

18. 발톱 ....

19. 동굴 ....

20. ~ 앞에 ....

21. 폭풍 ....

22. 파도, 흔들다 ....

23. 빠르게 ....

24. 똑똑한 ....

25. 돌아오다 ....

26. 걷다, 하이킹하다 ....

27. 외치다 ....

28. 기어가다 ....

29. 탈출구 ....

30. 해내다 ....

MP3

★★★
571
town

명 (소)도시, 시내, 마을

= village 명 마을

▶ a small **town**
소도시

▶ pass through a **town**
시내를 통과하다

★★★
572
state

명 주, 국가, 상태
동 (정식으로) 말하다, 진술하다

▶ a **state** university
주립 대학

▶ **state** clearly
분명히 말하다(선언하다)

★★★
573
country

명 나라, 국가, 시골, 지역

▶ the world's largest **country**
세계에서 가장 큰 나라

★★
574
citizen

명 시민, 국민

→ city 명 도시, 시

▶ a **citizen** of Korea
대한민국 국민

▶ global **citizens**
세계의 시민들

575
civil

형 시민의, 민간의

▶ **civil** law
민법

▶ a **civil** war
시민전쟁(내전)

★★★
576
right

명 권리, 권한, 오른쪽
형 옳은, 맞는, 오른쪽의
부 바로

↔ left 명 왼쪽 형 왼쪽의

▶ civil **rights**
시민권

▶ the **right** answer
올바른 답(정답)

★★★ 교과서 10회 이상 수록 ★★ 교과서 5~9회 수록 ★ 교과서 1~4회 수록

★★★ 577	**education**	명 교육, 훈련 → educate 　동 교육하다, 가르치다	▶ basic **education** 　기초 교육
★★ 578	**vote**	명 투표, 투표권 동 투표하다	▶ a fair **vote** 　공정한 투표 ▶ **Vote** for us! 　저희를 뽑아주세요!
★★★ 579	**serve**	동 섬기다, 봉사하다, 　음식을 제공하다 → service 명 봉사, 서비스	▶ **serve** the community 　지역 사회에 봉사하다 ▶ **serve** a meal 　식사를 제공하다
★★★ 580	**live in**	~에 살다 → live 동 살다	▶ **live in** a small town 　소도시에 살다

571 > 580

[**스토리**] 공부한 단어들을 하나의 스토리 안에서 확인해 보세요.

▶ We **live in** a **town**, **state**, or **country**. ▶ We are all **citizens**. ▶ Citizens have **civil rights**. ▶ For example, children have the right to **education**. ▶ Adults have the right to **vote**. ▶ They choose who will **serve** our community.

▶ 우리는 마을, 주, 혹은 국가에 산다. ▶ 우리는 모두 시민이다. ▶ 시민은 시민권을 가지고 있다. ▶ 예를 들어, 아이들은 교육을 받을 권리를 가진다. ▶ 성인은 투표할 권리를 가진다. ▶ 그들은 누가 우리 지역 사회에 봉사할지 선택한다.

MP3

* 581 **duty**
명 의무, 관세
▶ have **duties**
의무가 있다
▶ a **duty**-free shop
면세점

*** 582 **neighbor**
명 이웃, 옆 사람
→ **neighborhood**
명 이웃, 동네, 근처
▶ a next-door **neighbor**
옆집 이웃

* 583 **polite**
형 공손한, 예의 바른
↔ **impolite** 형 무례한
▶ **polite** to neighbors
이웃에게 공손한

*** 584 **rule**
명 규칙
동 통치하다, 지배하다
▶ the **rules** of baseball
야구 규칙
▶ **rule** the country
나라를 통치하다

* 585 **law**
명 법, 법률, 법안
→ **lawyer** 명 변호사
▶ a **law** firm
법률 사무소
▶ break the **law**
법을 어기다

586 **obey**
동 따르다, 준수하다, 복종하다
▶ **obey** the law
법을 준수하다
▶ **obey** orders
명령에 복종하다

587	**legally**	閉 합법적으로, 법률상 ↔ illegally 閉 불법으로	▶ make money **legally** 합법적으로 돈을 벌다
★★ 588	**tax**	閉 세금	▶ pay **taxes** 세금을 내다 ▶ high **tax** 높은 세금
★ 589	**fee**	閉 수수료, 요금, 금액	▶ an entrance **fee** 입장료 ▶ a monthly **fee** 월 요금
★ 590	**be responsible for**	~에 책임이 있다 → responsible 閉 책임이 있는	▶ **be responsible for** the accident 사고에 책임이 있다

581 > 590

[스토리] 공부한 단어들을 하나의 스토리 안에서 확인해 보세요.

▶ Citizens have **duties**. ▶ We should respect our **neighbors** and be **polite** to them. ▶ Also, we should follow the **rules** and **obey** the **laws**. ▶ We should make money **legally**, and we **are responsible for** paying **taxes** and **fees**.

▶ 시민들은 의무를 갖는다. ▶ 우리는 우리의 이웃을 공경해야 하고 그들에게 예의 바르게 행동해야 한다. ▶ 또한, 우리는 규칙을 따르고, 법을 준수해야 한다. ▶ 우리는 합법적으로 돈을 벌어야 하고, 세금과 요금을 낼 책임이 있다.

★★★ 591	**public**	형 대중의, 공공의 명 일반 사람들, 대중 ↔ private 형 개인의	▶ a **public** place 공공 장소 ▶ speak in **public** 대중 앞에서 말하다
★ 592	**etiquette**	명 예절, 에티켓	▶ public **etiquette** 공공 예절
★★★ 593	**quiet**	형 조용한	▶ be **quiet** in a theater 극장에서 조용히 하다
★★★ 594	**hospital**	명 병원	▶ stay in the **hospital** 입원하다 ▶ a children's **hospital** 어린이 병원
★★★ 595	**restroom**	명 화장실 = toilet 명 화장실	▶ a public **restroom** 공중 화장실
★ 596	**behavior**	명 행동 → behave 동 행동하다	▶ bad **behavior** 나쁜 행동

★★ 597	**bother**	동 괴롭히다, 귀찮게 하다	▸ **bother** others 다른 사람들을 괴롭히다
★★★ 598	**consider**	동 고려하다, 생각하다	▸ **consider** others' feelings 다른 사람들의 기분을 고려하다
★★★ 599	**turn off**	(전원, 스위치 등을) 끄다	▸ **turn off** the phone 전화기 전원을 끄다 ▸ **turn off** the light 전등을 끄다
★★ 600	**keep in mind**	~을 명심하다, 기억하다 → mind 명 마음, 생각	▸ **Keep in mind** what I said. 내가 말한 것을 명심해.

591 > 600

[**스토리**] 공부한 단어들을 하나의 스토리 안에서 확인해 보세요.

▸ Here are some examples of **public etiquette**. ▸ In a theater, you should be **quiet**. ▸ **Turn off** your phone, and don't talk. ▸ In **hospitals** or public **restrooms**, don't take pictures. ▸ **Keep in mind** that your **behavior** can **bother** someone else. ▸ It's all about **considering** other people's feelings.

▸ 여기 공공 예절의 몇 가지 예가 있습니다. ▸ 극장에서는 조용히 해야 합니다. ▸ 여러분의 전화기 전원을 끄고, 이야기하지 마세요. ▸ 병원이나 공중 화장실에서는 사진을 찍지 마세요. ▸ 여러분의 행동이 다른 누군가를 괴롭힐 수도 있다는 것을 명심하세요. ▸ 그건 모두 다른 사람들의 기분을 고려하는 것에 관한 것입니다.

[단어]-[뜻] 확인하기
다음 영어 단어에 맞는 우리말 뜻을 써 보세요.

1. town
2. state
3. country
4. citizen
5. civil

6. right
7. education
8. vote
9. serve
10. live in

11. duty
12. neighbor
13. polite
14. rule
15. law

16. obey
17. legally
18. tax
19. fee
20. be responsible for

21. public
22. etiquette
23. quiet
24. hospital
25. restroom

26. behavior
27. bother
28. consider
29. turn off
30. keep in mind

1. 마을, 도시 ....

2. 주 ....

3. 나라, 시골 ....

4. 시민 ....

5. 시민의 ....

6. 권리, 옳은 ....

7. 교육 ....

8. 투표하다, 투표 ....

9. 봉사하다, 섬기다 ....

10. ~에 살다 ....

11. 의무 ....

12. 이웃 ....

13. 공손한 ....

14. 규칙, 지배하다 ....

15. 법, 법률 ....

16. 따르다, 준수하다 ....

17. 합법적으로 ....

18. 세금 ....

19. 수수료, 요금 ....

20. ~에 책임이 있다 ....

21. 공공의 ....

22. 에티켓, 예절 ....

23. 조용한 ....

24. 병원 ....

25. 화장실 ....

26. 행동 ....

27. 괴롭히다 ....

28. 고려하다 ....

29. (전원을) 끄다 ....

30. ~을 명심하다 ....

DAY 11~20에서 배운 단어를
중학교 내신 실전 문제로 풀어봐요.

정답 346쪽   맞은 개수   / 10

1. 다음 문장에서 **밑줄 친** 단어의 의미로 알맞은 것은?

Adults have the **right** to vote.

① 시민   ② 투표   ③ 권리
④ 세금   ⑤ 법

2. 빈칸에 공통으로 들어갈 단어로 알맞은 것은?

- a large _____   대기업

- _____ for my journey 나의 여행을 함께 가는 사람들

① pet   ② trip   ③ host
④ company   ⑤ companion

3. 우리말에 맞게 빈칸에 들어갈 말이 순서대로 짝 지어진 것은?

그들은 동쪽으로가 아니라 남쪽으로 갔던 것이다!
They went _____, not _____!

① west - east   ② east - west   ③ north - west
④ south - east   ⑤ west - north

4. 다음 빈칸에 공통으로 들어갈 말로 알맞은 것은?

> • The sour sauce went well _____ the dish.
>   시큼한 소스는 요리와 잘 어울렸다.
> • The players are satisfied _____ the results.
>   선수들은 결과에 만족한다.

① in   ② with   ③ at

④ of   ⑤ about

5. 동사의 기본형과 과거형이 잘못 연결된 것은?

① take : took   ② ride : rode   ③ blow : blew

④ wear : wore   ⑤ bite : bited

6. 짝 지어진 단어의 관계가 나머지와 다른 것은?

① thick : thin   ② dish : plate   ③ ocean : sea

④ delicious : tasty   ⑤ require : need

7. 짝 지어진 단어의 관계가 나머지와 다른 것은?

① pack : unpack   ② outdoor : indoor   ③ tooth : teeth

④ wide : narrow   ⑤ appear : disappear

8. 다음 단어들과 관계가 있는 단어로 알맞은 것은?

> - sneeze
> - fever
> - sore throat

① diet　　　　　② order　　　　　③ nutrient

④ symptom　　　⑤ grassland

9. 밑줄 친 단어와 가장 비슷한 뜻을 가진 단어는?

> Parrots are **intelligent**.

① wild　　　　　② quiet　　　　　③ light

④ polite　　　　⑤ clever

10. 우리말에 맞게 빈칸에 들어갈 말이 순서대로 짝 지어진 것은?

> 건강을 위해, 과식하지 말고, 아침 식사를 거르지 마세요.
>
> For your health, do not _____, and do not _____
> breakfast.

① eat out - smell　　② overeat - skip　　③ taste - skip

④ eat out - maintain　⑤ overeat - maintain

DAY
21›30

★★
601
thief
명 도둑, 절도범
▶ a car **thief**
차량 절도범
▶ Ali Baba and the 40 **Thieves**
알리바바와 40인의 도적

★
602
jewelry
명 보석류, 장신구
→ jewel 명 보석
▶ a **jewelry** store
보석상

★★★
603
steal
stole - stolen
동 훔치다, 도둑질하다
▶ **steal** jewels
보석을 훔치다
▶ **steal** money
돈을 훔치다

★
604
priceless
형 아주 귀중한, 값비싼
→ price 명 가격
동 값을 매기다
▶ **priceless** jewels
값비싼 보석
▶ a **priceless** gift
아주 귀중한 선물

605
witness
명 목격자, 증인
동 목격하다
▶ a **witness** to an accident
사고의 목격자

★
606
evidence
명 증거, 근거
▶ gather **evidence**
증거를 모으다

★★★ 교과서 10회 이상 수록 ★★ 교과서 5~9회 수록 ★ 교과서 1~4회 수록

★★★ 607	**clue**	명 단서, 실마리	▶ look for **clues** 단서를 찾다 ▶ find a **clue** 실마리를 발견하다
★★ 608	**crime**	명 범죄	▶ a **crime** scene 범죄 현장 ▶ prevent **crimes** 범죄를 예방하다
609	**fingerprint**	명 지문 → finger 명 손가락	▶ leave **fingerprints** 지문을 남기다
★★★ 610	**find out**	~을 발견하다, 알아내다 → find 동 찾다	▶ **find out** secret information 비밀 정보를(기밀을) 알아내다

601 > 610

[스토리] 공부한 단어들을 하나의 스토리 안에서 확인해 보세요.

▶ A **thief** went into a **jewelry** store. ▶ The thief **stole priceless** jewels. ▶ A **witness** called the police. ▶ The police officers gathered **evidence** and **clues** from the **crime** scene. ▶ The thief had left his **fingerprints**! ▶ So, the police **found out** who the thief was.

▶ 도둑이 보석상에 들어갔다. ▶ 도둑은 값비싼 보석을 훔쳤다. ▶ 목격자가 경찰을 불렀다. ▶ 경찰관들은 범죄 현장에서 증거와 단서들을 모았다. ▶ 도둑이 그의 지문을 남겨 놓았다! ▶ 그래서 경찰은 도둑이 누구였는지 알아냈다.

★ 611	**suspect**	명 용의자 동 의심하다	▶ three **suspects** 세 명의 용의자 ▶ **suspect** tricks 속임수를 의심하다
★★★ 612	**catch** caught - caught	동 잡다, 붙잡다	▶ **catch** a taxi 택시를 잡다 ▶ **catch** a suspect 용의자를 잡다
★ 613	**reward**	명 보상, 현상금 동 보상하다	▶ set a **reward** 현상금을 걸다 ▶ a **reward** of 100 dollars 100달러의 보상
★ 614	**sketch**	명 스케치, 밑그림 동 스케치하다, ~의 모습을 그리다	▶ a **sketch**book 스케치북 ▶ **sketch** the suspect 용의자의 모습을 그리다
★★★ 615	**beard**	명 (턱)수염 → mustache 명 콧수염	▶ grow a **beard** 턱수염을 기르다
★★★ 616	**finally**	부 마침내, 마지막으로 → final 형 마지막의, 최종적인	▶ **finally** start 마침내 시작하다 ▶ **Finally**, we arrived. 마침내 우리는 도착했다.

★★★ 교과서 10회 이상 수록 ★★ 교과서 5~9회 수록 ★ 교과서 1~4회 수록

| ★★★
617 | **report** | 명 보도, 신고, 보고(서)
동 알리다, 신고하다 | ▶ write a **report**
보고서를 쓰다
▶ get a **report**
신고를 받다 |

| ★
618 | **arrest** | 동 체포하다, 구속하다
명 체포, 검거 | ▶ be **arrested** by the police
경찰에 체포되다 |

| ★
619 | **investigate** | 동 수사하다, 조사하다 | ▶ **investigate** a crime
범죄를 수사하다 |

| ★
620 | **run after** | ~을 뒤쫓다, 추적하다
= **chase** 동 추적하다 | ▶ **run after** a suspect
용의자를 뒤쫓다 |

611 > 620

[**스토리**] 공부한 단어들을 하나의 스토리 안에서 확인해 보세요.

▶ The police officers **ran after** the **suspect**. ▶ They tried to **catch** the suspect, but he ran away. ▶ The police set a **reward** and **sketched** the suspect. ▶ He is tall and has a **beard**. ▶ The police **finally** got a **report**. ▶ They **arrested** the suspect. ▶ Now they will **investigate** him.

▶ 경찰관들이 용의자를 뒤쫓았다. ▶ 그들은 용의자를 잡기 위해 노력했지만, 그는 도망쳤다. ▶ 경찰은 현상금을 걸었고, 용의자의 모습을 그렸다. ▶ 그는 키가 크고 턱수염이 있다. ▶ 경찰은 마침내 신고를 접수했다. ▶ 그들은 용의자를 체포했다. ▶ 이제 그들은 그를 조사할 것이다.

범죄·법

MP3

★ 621	**court**	명 법정, 법원, (테니스 등의) 코트	▶ a High **Court** 고등 법원 ▶ a tennis **court** 테니스 코트
★★★ 622	**judge**	명 심판, 판사 동 판단하다, 재판하다 = referee 명 심판	▶ a fair **judge** 공정한 심판 ▶ **judge** by appearances 겉모습으로 판단하다
★★★ 623	**case**	명 경우, 사건, 소송, 통[상자]	▶ in my **case** 내 경우에는 ▶ a pencil **case** 필통
★ 624	**lawyer**	명 변호사, 법률가	▶ a company **lawyer** 회사 변호사
★ 625	**statement**	명 진술, 서술, 발표 → state 동 진술하다	▶ make a **statement** 진술하다 ▶ a public **statement** 공식 발표
626	**guilty**	형 죄책감이 드는, 유죄의	▶ feel **guilty** 죄책감을 느끼다 ▶ judge him **guilty** 그를 유죄라고 판결하다

★★★ 교과서 10회 이상 수록 ★★ 교과서 5~9회 수록 ★ 교과서 1~4회 수록

627	**criminal**	명 범인, 범죄자 형 범죄의, 형사상의 → crime 명 범죄	▶ a **criminal** record 범죄 기록(전과) ▶ a dangerous **criminal** 위험한 범죄자
★★ 628	**prison**	명 감옥, 교도소	▶ a **prison** guard 교도관
629	**jail**	명 감옥 동 감옥에 넣다 = prison 명 감옥	▶ be in **jail** 감옥에 있다(수감되다)
★ 630	**show up**	나타나다, (모습을) 드러내다	▶ **show up** in court 법정에 모습을 드러내다

621 > 630

[**스토리**] 공부한 단어들을 하나의 스토리 안에서 확인해 보세요.

▶ The suspect **showed up** in **court**. ▶ The **judge** heard the **case** from the **lawyer**. ▶ A witness attended and made a **statement**. ▶ The judge declared the suspect **guilty**. ▶ The **criminal** was sent to **prison**. ▶ He will spend several years in **jail**.

▶ 용의자가 법정에 모습을 드러냈다. ▶ 판사는 변호사로부터 사건에 관해 들었다. ▶ 증인이 출석해 진술했다. ▶ 판사는 용의자가 유죄라고 선고했다. ▶ 범죄자는 감옥으로 보내졌다. ▶ 그는 감옥에서 몇 년을 보낼 것이다.

1. thief
2. jewelry
3. steal
4. priceless
5. witness

6. evidence
7. clue
8. crime
9. fingerprint
10. find out

11. suspect
12. catch
13. reward
14. sketch
15. beard

16. finally
17. report
18. arrest
19. investigate
20. run after

21. court
22. judge
23. case
24. lawyer
25. statement

26. guilty
27. criminal
28. prison
29. jail
30. show up

[뜻]-[단어] 확인하기
다음 우리말 뜻에 맞는 영어 단어를 써 보세요.

1. 도둑 ....

2. 보석류 ....

3. 훔치다 ....

4. 아주 귀중한, 값비싼 ....

5. 목격자 ....

6. 증거 ....

7. 단서, 실마리 ....

8. 범죄 ....

9. 지문 ....

10. ~을 알아내다 ....

11. 용의자 ....

12. 잡다 ....

13. 현상금, 보상 ....

14. ~의 모습을 그리다, 밑그림 ....

15. (턱)수염 ....

16. 마침내 ....

17. 신고, 신고하다 ....

18. 체포하다, 체포 ....

19. 수사하다 ....

20. ~을 뒤쫓다 ....

21. 법정, 법원 ....

22. 판사, 판단하다 ....

23. 사건, 경우 ....

24. 변호사 ....

25. 진술 ....

26. 유죄의 ....

27. 범죄자 ....

28. 교도소 ....

29. 감옥, 감옥에 넣다 ....

30. 나타나다 ....

수·양

MP3

---

*
631
measure

동 측정하다, 재다
명 (측정) 기준, 단위

▶ **measure** time
시간을 측정하다

▶ the **measuring** system
측량 시스템

***
632
amount

명 양, 액수, 총량
동 (수·양이) ~가 되다

▶ a huge **amount**
엄청난 양

▶ the **amount** of money
돈의 액수

***
633
minute

명 분, 잠깐

▶ Wait a **minute**.
잠깐 기다려줘.

▶ take ten **minutes**
10분이 걸리다

***
634
second

명 초, 잠깐
형 두 번째의

▶ Just a **second**.
잠시만요.

▶ the **second** floor
2층

***
635
hour

명 1시간, 시간

▶ opening **hours**
개점 시간(영업 시간)

▶ in an **hour**
1시간 안에

**
636
equal

형 동일한, 동등한
동 (수가) 같다, 맞먹다

▶ four **equal** pieces
네 개의 동일한 조각들

▶ Three minus one
equals two.
3 빼기 1은 2와 같다.

** 637	**calendar**	명 달력	▶ a desk **calendar** 탁상 달력
*** 638	**number**	명 수, 숫자, 번호 동 번호를 매기다	▶ a phone **number** 전화 번호 ▶ odd and even **numbers** 홀수와 짝수
*** 639	**count**	동 (수를) 세다, 계산하다 명 셈, 계산	▶ **count** the numbers 숫자를 세다 ▶ **count** the stars 별을 세다
* 640	**be made up of**	~로 구성되다	▶ **be made up of** 24 hours 24시간으로 구성되다

631 > 640

[**스토리**] 공부한 단어들을 하나의 스토리 안에서 확인해 보세요.

▶ We can **measure** the **amount** of time with a clock. ▶ One **minute** **equals** 60 **seconds**. ▶ One **hour** equals 60 minutes. ▶ A day **is made** **up of** 24 hours. ▶ And we see days, weeks, and months on a **calendar**. ▶ **Count** the **number** of days in a month.

▶ 우리는 시계로 시간의 양을 측정할 수 있다. ▶ 1분은 60초와 동일하다. ▶ 1시간은 60분과 동일하다. ▶ 하루는 24시간으로 구성되어 있다. ▶ 그리고 우리는 달력에서 일, 주, 달을 본다. ▶ 한 달에 들어있는 날 수를 세어보자.

★★★
641 **weight** | 몡 무게, 체중 | ▶ lose **weight**
체중을 줄이다
▶ gain **weight**
체중이 늘다

★★★
642 **compare** | 몡 비교하다, 비유하다 | ▶ **compare** the prices
가격을 비교하다
▶ **compare** the weights
무게를 비교하다

★★★
643 **object** | 몡 물체, 대상, 목적
몡 반대하다 | ▶ a real **object**
실물
▶ a flying **object**
비행 물체

★★★
644 **stone** | 몡 돌, 돌멩이
= rock 몡 돌, 바위 | ▶ throw a **stone**
돌을 던지다

★★★
645 **heavy** | 몡 무거운, 심한
↔ light 몡 가벼운 | ▶ a **heavy** stone
무거운 돌
▶ **heavy** snow
심한 눈(폭설)

★★★
646 **feather** | 몡 깃털 | ▶ a light **feather**
가벼운 깃털

★★★ 교과서 10회 이상 수록   ★★ 교과서 5~9회 수록   ★ 교과서 1~4회 수록

647	**scale**	몝 저울, 규모, 등급 몝 오르다	▸ set the **scale** 저울(눈금)을 맞추다 ▸ a small **scale** 소규모
★★★ 648	**weigh**	몝 무게를 재다, 무게가 나가다 → weight 몝 무게	▸ **weigh** myself 내 몸무게를 재다 ▸ **weigh** 100 grams 무게가 100그램이 나가다
★★ 649	**lift**	몝 들어올리다 몝 들어올리기, 리프트	▸ **lift** my leg 다리를 들다 ▸ a ski **lift** 스키 리프트
★★★ 650	**right away**	바로, 즉시	▸ answer **right away** 즉시 대답하다 ▸ check e-mails **right away** 이메일을 바로바로 확인하다

641 > 650

[**스토리**] 공부한 단어들을 하나의 스토리 안에서 확인해 보세요.

▸ We can **compare** the **weights** of **objects**. ▸ Imagine **lifting** a big **stone**. ▸ It must be **heavy**. ▸ In contrast, it would be easy to lift a **feather** because it is light. ▸ We can use **scales** to **weigh** objects. ▸ If you put an object on a scale, it shows the weight **right away**.

▸ 우리는 물체의 무게를 비교할 수 있다. ▸ 큰 돌을 들어올리는 것을 상상해 보아라. ▸ 그것은 틀림없이 무거울 것이다. ▸ 반대로, 깃털은 가볍기 때문에 그것을 들기는 쉬울 것이다. ▸ 우리는 물체의 무게를 재기 위해 저울을 사용할 수 있다. ▸ 당신이 저울에 물체를 올려놓으면, 그것은 즉시 무게를 보여준다.

651	**portion**	명 부분, 몫, 1인분 = **serving** 명 1인분	▶ a large **portion** 상당 부분(많은 몫) ▶ a **portion** of meat 고기 1인분
652	**split** split - split	동 나누다, 쪼개다, 찢어지다 명 분열, (갈라진) 틈	▶ **split** the bill 계산서를 나누다(각자 계산하다) ▶ **split** my lip 입술이 찢어지다
★★★ 653	**whole**	형 온전한, 전체의, 모든 명 전체, 전부	▶ a **whole** apple 한 개의 사과 전체 ▶ my **whole** life 평생
★★★ 654	**half**	명 (절)반, 2분의 1	▶ **half** price 반값 ▶ **half** an hour 30분(1시간의 반)
655	**quarter**	명 4분의 1	▶ a **quarter** of an hour 15분(1시간의 4분의 1) ▶ cut into **quarters** 4등분하여 자르다
★★ 656	**volume**	명 양, 부피, 음량	▶ traffic **volume** 교통량 ▶ turn down the **volume** 음량을 낮추다

★★★ 교과서 10회 이상 수록   ★★ 교과서 5~9회 수록   ★ 교과서 1~4회 수록

★ 657	**height**	명 높이, 키	▶ a shorter **height** 더 작은 키

★ 658	**length**	명 길이, 시간[기간]	▶ measure the **length** 길이를 재다 ▶ the **length** of day 낮의 길이[시간]

★★★ 659	**short**	형 (길이가) 짧은, 키가 작은, 부족한 ↔ long 형 긴	▶ **short** hair 짧은 머리 ▶ **short** of sleep 잠이 부족한

★★ 660	**divide into**	~으로 나누다, 가르다 → divide 동 나누다	▶ **divide into** halves 절반으로 나누다

651 > 660

[**스토리**] 공부한 단어들을 하나의 스토리 안에서 확인해 보세요.

▶ We can **divide** something large **into** smaller **portions**. ▶ For example, we can **split** a **whole** apple into **halves**. ▶ We can also cut it into **quarters**. ▶ Then, each portion will have a smaller **volume** and lighter weight. ▶ The **height** and **length** could be **shorter**.

▶ 우리는 큰 무언가를 더 작은 부분들로 나눌 수 있다. ▶ 예를 들면, 우리는 한 개의 사과 전체를 반으로 쪼갤 수 있다. ▶ 우리는 그것을 4분의 1조각들로 자를 수도 있다. ▶ 그러면 각 부분은 더 작은 부피와 더 가벼운 무게를 가질 것이다. ▶ 그 높이와 길이가 더 짧아질 수 있다.

[단어]-[뜻] 확인하기
다음 영어 단어에 맞는 우리말 뜻을 써 보세요.

1. measure
2. amount
3. minute
4. second
5. hour

6. equal
7. calendar
8. number
9. count
10. be made up of

11. weight
12. compare
13. object
14. stone
15. heavy

16. feather
17. scale
18. weigh
19. lift
20. right away

21. portion
22. split
23. whole
24. half
25. quarter

26. volume
27. height
28. length
29. short
30. divide into

[뜻]-[단어] 확인하기

다음 우리말 뜻에 맞는 영어 단어를 써 보세요.

1. 측정하다 ....

2. 양, 액수 ....

3. 분 ....

4. 초 ....

5. 시간 ....

6. 동일한, (수가) 같다 ....

7. 달력 ....

8. 수, 숫자 ....

9. (수를) 세다 ....

10. ~로 구성되다 ....

11. 무게 ....

12. 비교하다 ....

13. 물체 ....

14. 돌 ....

15. 무거운 ....

16. 깃털 ....

17. 저울 ....

18. 무게를 재다 ....

19. 들어올리다 ....

20. 바로, 즉시 ....

21. 부분, 몫 ....

22. 나누다, 쪼개다 ....

23. 전체의 ....

24. (절)반 ....

25. 4분의 1 ....

26. 양, 부피 ....

27. 높이, 키 ....

28. 길이 ....

29. (길이가) 짧은 ....

30. ~으로 나누다 ....

정보·미디어

MP3

★★★
661

media

명 미디어, 매체

▶ social **media**
소셜 미디어

★★★
662

print

동 인쇄하다
명 인쇄물, 활자, 자국

→ printer 명 인쇄기

▶ **print** media
인쇄 매체

▶ a foot**print**
발자국

★★★
663

newspaper

명 신문

→ news 명 소식, 뉴스

▶ a daily **newspaper**
일간지

★★★
664

magazine

명 잡지

▶ a monthly **magazine**
월간지

▶ a school **magazine**
학교 잡지(교지)

★
665

broadcast

broadcast - broadcast

명 방송
동 방송[방영]하다

▶ a live **broadcast**
생방송

▶ a **broadcasting**
company
방송사

★★★
666

Internet

명 인터넷

▶ search the **Internet**
인터넷을 검색하다

▶ **Internet** connection
인터넷 연결

667	**mass**	형 대량의, 대중의 명 덩어리, 무리	▸ **mass** media 대중 매체 ▸ a **mass** of people 한 무리의(많은) 사람들
★★ 668	**source**	명 원천, (자료의) 출처, 공급원	▸ a **source** of news 뉴스의 출처
★★★ 669	**such as**	~와 같은	▸ bugs **such as** ants 개미 같은 벌레들 ▸ print media **such as** newspapers 신문과 같은 인쇄 매체
670	**in recent years**	최근 몇 년 동안, 최근에 → recent 형 최근의 ↔ in the old days 옛날에	▸ changes **in recent years** 최근 몇 년 동안의 변화들

661 > 670

[**스토리**] 공부한 단어들을 하나의 스토리 안에서 확인해 보세요.

▸ What type of **media** do you use? ▸ In the old days, people mostly used **print** media, **such as newspapers** and **magazines**. ▸ **In recent years**, **broadcast** and digital media like television, radio, and the **Internet** have become more popular. ▸ These types of **mass** media are a powerful **source** of news.

▸ 여러분은 어떤 종류의 매체를 사용하나요? ▸ 옛날에는 사람들이 대개 신문이나 잡지와 같은 인쇄 매체를 이용했습니다. ▸ 최근에는 텔레비전, 라디오, 인터넷과 같은 방송 매체와 디지털 매체가 더 대중적입니다. ▸ 이러한 종류의 대중 매체는 영향력 있는 뉴스 공급원입니다.

★★★ 671	**information**	명 정보	▶ **information** on the Internet 인터넷상의 정보 ▶ enough **information** 충분한 정보
★ 672	**reliable**	형 신뢰할 만한, 의지할 수 있는	▶ a **reliable** source 믿을 만한 출처 ▶ **reliable** people 의지할 수 있는 사람들
★★★ 673	**fake**	형 가짜의, 거짓의 동 위조하다, ~인 척하다	▶ **fake** news 가짜 뉴스 ▶ **fake** money 위조 지폐
★★★ 674	**real**	형 진짜의, 실제의 ↔ fake 형 가짜의	▶ in **real** life 현실에서 ▶ **real** flowers 생화
★ 675	**false**	형 틀린, 사실이 아닌 = wrong 형 틀린 ↔ true 형 사실인	▶ **false** information 잘못된 정보 ▶ true or **false** 사실인지 거짓인지
★★★ 676	**whether**	접 ~인지 (아닌지)	▶ **whether** it is real 그것이 진짜인지 (아닌지)

★★★ 교과서 10회 이상 수록 ★★ 교과서 5~9회 수록 ★ 교과서 1~4회 수록

★ 677	**identify**	동 (신원 등을) 확인하다, 찾다, 발견하다	▶ **identify** a problem 문제를 확인하다 ▶ **Identify** yourself! 신원을 밝혀라!
678	**trustworthy**	형 신뢰할 만한, 믿을 수 있는 → trust 동 신뢰하다 = reliable 형 신뢰할 만한	▶ a **trustworthy** person 믿을 만한 사람 ▶ **trustworthy** evidence 신뢰할 만한 증거
679	**up-to-date**	형 (정보가) 최신인, 현대식의 ↔ out-of-date 형 뒤떨어진	▶ **up-to-date** information 최신 정보
★ 680	**figure out**	~을 알아내다	▶ **figure out** the password 암호를 알아내다

671 > 680

[**스토리**] 공부한 단어들을 하나의 스토리 안에서 확인해 보세요.

▶ **Information** on the Internet is free, but it is not always **reliable**. ▶ Some people make **fake** news and **false** information. ▶ You should **identify whether** the information is **real** or not. ▶ To **figure** it **out**, check the date, the source, and the writer. ▶ Then you can see if the information is **trustworthy** and **up-to-date**.

▶ 인터넷 상의 정보는 공짜이지만, 항상 믿을 만한 것은 아닙니다. ▶ 몇몇 사람들은 가짜 뉴스와 잘못된 정보를 만듭니다. ▶ 여러분은 그 정보가 사실인지 아닌지 확인해야 합니다. ▶ 그것을 알아내기 위해 날짜와 출처, 글쓴이를 확인하세요. ▶ 그러면, 여러분은 정보가 신뢰할 만한 것인지, 최신의 것인지 알 수 있을 것입니다.

★★
681
stranger

명 낯선 사람,
모르는 사람

→ strange 형 낯선

▶ chat with a **stranger**
낯선 사람과 대화하다

★
682
cyber

형 가상의

▶ enter **cyber**space
가상 공간에 들어가다
▶ **cyber**bullying
사이버불링(가상 공간에서의 괴롭힘)

★★
683
personal

형 개인의

→ person 명 사람, 개인

▶ **personal** information
개인 정보
▶ a **personal** meeting
개인적인 만남

★★
684
upload

동 업로드하다, 올리다

↔ download
동 다운로드하다, 내려받다

▶ **upload** a post
글을 업로드하다

★★★
685
dangerous

형 위험한

→ danger 명 위험

▶ a **dangerous** situation
위험한 상황
▶ highly **dangerous**
몹시 위험한

686
secure

형 안심하는,
안전한, 확실한
동 안전하게 지키다

↔ insecure 형 불안전한

▶ a **secure** place
안전한 장소
▶ a **secure** job
확실한[안정적인] 직업

★★★ 교과서 10회 이상 수록 ★★ 교과서 5~9회 수록 ★ 교과서 1~4회 수록

| ★
687 | **request** | 몡 요청, 요구
통 요청[요구]하다 | ▶ a song **request**
신청곡
▶ **request** an interview
인터뷰를 요청하다 |

| ★★★
688 | **online** | 혱 온라인의
면 온라인으로 | ▶ **online** class
온라인 수업
▶ shop **online**
온라인으로 쇼핑하다 |

| ★★★
689 | **truth** | 몡 진실
→ true 혱 사실인 | ▶ tell the **truth**
진실을 말하다 |

| ★★
690 | **watch out** | 조심하다, 주의하다 | ▶ **Watch out**!
조심해!
▶ **watch out** for bees
벌을 조심하다 |

681 > 690

[스토리] 공부한 단어들을 하나의 스토리 안에서 확인해 보세요.

▶ Have you ever chatted with a **stranger** in **cyber**space? ▶ Have you ever been **requested** to **upload** your **personal** information? ▶ **Watch out**! ▶ It might be **dangerous**. ▶ Not all websites are **secure**, and people you meet **online** don't always tell you the **truth**.

▶ 여러분은 가상 공간에서 낯선 사람과 대화해 본 적이 있나요? ▶ 여러분은 여러분의 개인정보를 업로드해 달라는 요청을 받은 적이 있나요? ▶ 조심하세요! ▶ 그것은 위험할 수도 있습니다. ▶ 모든 웹사이트가 안전한 것은 아니며, 여러분이 온라인에서 만나는 사람들은 항상 진실만을 이야기하지는 않습니다.

[단어]-[뜻] 확인하기
다음 영어 단어에 맞는 우리말 뜻을 써 보세요.

1. media ....

2. print ....

3. newspaper ....

4. magazine ....

5. broadcast ....

6. Internet ....

7. mass ....

8. source ....

9. such as ....

10. in recent years ....

11. information ....

12. reliable ....

13. fake ....

14. real ....

15. false ....

16. whether ....

17. identify ....

18. trustworthy ....

19. up-to-date ....

20. figure out ....

21. stranger ....

22. cyber ....

23. personal ....

24. upload ....

25. dangerous ....

26. secure ....

27. request ....

28. online ....

29. truth ....

30. watch out ....

1. **미디어, 매체** ....

2. **인쇄물, 인쇄하다** ....

3. **신문** ....

4. **잡지** ....

5. **방송** ....

6. **인터넷** ....

7. **대중의, 대량의** ....

8. **원천, 출처** ....

9. **~와 같은** ....

10. **최근에** ....

11. **정보** ....

12. **신뢰할 만한, 의지할 수 있는** ....

13. **가짜의, 위조하다** ....

14. **진짜의** ....

15. **틀린, 사실이 아닌** ....

16. **~인지 (아닌지)** ....

17. **확인하다** ....

18. **신뢰할 만한, 믿을 수 있는** ....

19. **최신인** ....

20. **~을 알아내다** ....

21. **낯선 사람** ....

22. **가상의** ....

23. **개인의** ....

24. **업로드하다** ....

25. **위험한** ....

26. **안심하는, 안전한** ....

27. **요청하다, 요청** ....

28. **온라인의** ....

29. **진실** ....

30. **조심하다** ....

MP3

★★★ 691	**electricity**	명 전기	▶ make **electricity** 전기를 만들다
★★★ 692	**energy**	명 에너지, 힘	▶ get **energy** 에너지를 얻다 ▶ wind **energy** 풍력
★★★ 693	**resource**	명 자원, 자산	▶ ocean **resources** 바다 자원 ▶ save **resources** 자원을 절약하다
★★★ 694	**natural**	형 자연의, 천연의, 자연스러운 → nature 명 자연	▶ **natural** beauty 자연의 아름다움(자연미) ▶ **natural** resources 천연자원
★ 695	**coal**	명 석탄	▶ **coal** gas 석탄 가스 ▶ a **coal** mine 석탄 광산
696	**fossil**	명 화석	▶ a dinosaur **fossil** 공룡 화석

★★★ 교과서 10회 이상 수록 ★★ 교과서 5~9회 수록 ★ 교과서 1~4회 수록

697	**fuel**	명 연료 동 연료를 넣다	▶ fossil **fuel** 화석 연료 ▶ waste **fuel** 연료를 낭비하다[버리다]
★ 698	**solar**	형 태양의, 태양열의 ↔ lunar 형 달의	▶ **solar** energy 태양열 에너지 ▶ the **solar** system 태양계
★ 699	**depend on**	~에 의존하다, ~에 따라 다르다 → depend 동 의존하다 = rely on ~에 의존하다	▶ **depend on** electricity 전기에 의존하다 ▶ It **depends on** time. 그것은 시간에 따라 다르다.
★ 700	**make use of**	~을 이용[활용]하다	▶ **make use of** resources 자원을 활용하다

691 > 700

[**스토리**] 공부한 단어들을 하나의 스토리 안에서 확인해 보세요.

▶ We **depend on electricity** in our daily lives. ▶ Where do we get **energy** to make electricity? ▶ We **make use of natural resources**. ▶ We use **coal** and **fossil fuels**. ▶ We also use wind and **solar** energy.

▶ 우리는 일상 생활에서 전기에 의존한다. ▶ 우리는 전기를 만들기 위한 에너지를 어디에서 얻을까? ▶ 우리는 천연자원을 활용한다. ▶ 우리는 석탄과 화석 연료를 이용한다. ▶ 우리는 풍력 에너지와 태양열 에너지도 이용한다.

MP3

★★
701
factory

명 공장

= plant 명 공장

▶ a huge **factory**
거대한 공장

▶ a chocolate **factory**
초콜릿 공장

702
skilled

형 숙련된, 능숙한

→ skill 명 능력, 기술

▶ **skilled** workers
숙련된 직원들

★
703
demand

명 요구, 수요
동 요구하다, 필요로 하다

▶ a high **demand**
높은 요구[수요]

▶ **demand** attention
관심을 필요로 하다

★
704
increasing

형 증가하는,
점점 많아지는

→ increase 동 증가하다

▶ **increasing** sales
증가하는 판매량

▶ **increasing** demand
증가하는 수요

705
production

명 생산, 제작

→ produce 동 생산하다

▶ oil **production**
석유 생산

▶ film **production**
영화 제작

★★★
706
machine

명 기계

▶ a coffee **machine**
커피 머신

▶ turn off a **machine**
기계를 끄다

★★★ 교과서 10회 이상 수록 ★★ 교과서 5~9회 수록 ★ 교과서 1~4회 수록

*** 707	**run** ran - run	동 달리다, 작동하다, 작동시키다	▶ **run** a race 경주를 뛰다 ▶ **run** a machine 기계를 작동시키다
*** 708	**power**	명 힘, 전력 동 전력을 공급하다	▶ super**power** 초능력 ▶ electric-**powered** cars 전기로 가는 차
* 709	**supply**	명 공급 (장치) 동 제공하다	▶ a power **supply** 전력 공급 장치 ▶ **supply** water 물을 제공하다
** 710	**continue to**	계속 ~하다	▶ **continue to** work 계속 일하다

701 > 710

[**스토리**] 공부한 단어들을 하나의 스토리 안에서 확인해 보세요.

▶ There is a huge **factory** in our town. ▶ **Skilled** workers work in the factory. ▶ They are busy because of the **increasing demand** for their goods. ▶ They need more **production**. ▶ The workers **continue to** work day and night. ▶ **Machines run** 24 hours a day, and the **power supply** is never turned off.

▶ 우리 마을에는 거대한 공장이 있다. ▶ 숙련된 직원들이 그 공장에서 일한다. ▶ 그들은 제품의 증가하는 수요로 바쁘다. ▶ 그들은 더 많은 생산이 필요하다. ▶ 직원들은 밤낮으로 계속 일한다. ▶ 기계는 24시간 작동하고, 전력 공급 장치는 절대 꺼지지 않는다.

| ★★★
711 | **product** | 몡 제품, 상품, 결과물
= **goods** 몡 제품, 상품 | ▶ a new **product**
신제품
▶ by-**products**
부산물, 부작용 |

| ★★★
712 | **ship** | 몡 선박, 배
동 운송하다, 보내다 | ▶ a large **ship**
큰 선박
▶ **ship** products
제품을 운송하다 |

| ★★★
713 | **market** | 몡 시장 | ▶ a flea **market**
벼룩시장(중고품 시장) |

| ★★★
714 | **road** | 몡 도로, 길
= **way** 몡 길 | ▶ cross the **road**
길을 건너다
▶ a brick **road**
벽돌길 |

| 715 | **rail** | 몡 난간, 레일, 철도 | ▶ a hand**rail**
난간, 손잡이
▶ use **rails** for shipping
철도를 이용해 운송하다 |

| ★
716 | **trader** | 몡 상인, 거래인,
무역업자
→ **trade** 동 거래하다
몡 거래 | ▶ a gold **trader**
금 거래인
▶ a fair **trader**
공정 거래업자 |

★★★ 교과서 10회 이상 수록 ★★ 교과서 5~9회 수록 ★ 교과서 1~4회 수록

★ 717	**consumer**	명 소비자, 고객 → consume 동 소비하다	▶ the **consumer** price 소비자 가격 ▶ a smart **consumer** 똑똑한 소비자
★★ 718	**abroad**	부 해외에, 해외로	▶ travel **abroad** 해외로 여행하다 ▶ study **abroad** 유학하다
★★★ 719	**around the world**	전 세계적으로, 전 세계의	▶ travel **around the world** 전 세계로 여행하다
★ 720	**as well as**	~뿐만 아니라, 마찬가지로	▶ in the country **as well as** abroad 해외에서뿐만 아니라 국내에서도

711 > 720

[**스토리**] 공부한 단어들을 하나의 스토리 안에서 확인해 보세요.

▶ When **products** are made, factories **ship** them to **markets**. ▶ **Roads** and **rails** are used for shipping. ▶ **Traders** buy the products and sell them to **consumers**. ▶ The goods are sold **around the world**, in the country **as well as abroad**.

▶ 제품이 만들어지면 공장은 그것을 시장으로 운송한다. ▶ 도로와 철도가 운송에 이용된다. ▶ 상인은 제품을 사고 그것을 소비자에게 판매한다. ▶ 제품은 전 세계적으로 판매되는데, 해외에서뿐만 아니라 국내에서도 판매된다.

1. electricity ....

2. energy ....

3. resource ....

4. natural ....

5. coal ....

6. fossil ....

7. fuel ....

8. solar ....

9. depend on ....

10. make use of ....

11. factory ....

12. skilled ....

13. demand ....

14. increasing ....

15. production ....

16. machine ....

17. run ....

18. power ....

19. supply ....

20. continue to ....

21. product ....

22. ship ....

23. market ....

24. road ....

25. rail ....

26. trader ....

27. consumer ....

28. abroad ....

29. around the world ....

30. as well as ....

[뜻]-[단어] 확인하기
다음 우리말 뜻에 맞는 영어 단어를 써 보세요.

1. 전기 ....

2. 에너지 ....

3. 자원 ....

4. 자연의, 천연의 ....

5. 석탄 ....

6. 화석 ....

7. 연료 ....

8. 태양의, 태양열의 ....

9. ~에 의존하다 ....

10. ~을 이용하다 ....

11. 공장 ....

12. 숙련된 ....

13. 수요 ....

14. 증가하는 ....

15. 생산, 제작 ....

16. 기계 ....

17. 달리다, 작동하다 ....

18. 힘, 전력 ....

19. 공급 (장치), 제공하다 ....

20. 계속 ~하다 ....

21. 제품, 상품 ....

22. 운송하다, 선박 ....

23. 시장 ....

24. 도로, 길 ....

25. 난간, 레일 ....

26. 상인, 무역업자 ....

27. 소비자 ....

28. 해외에 ....

29. 전 세계적으로 ....

30. ~뿐만 아니라 ....

꿈·진로

MP3

★★★ 721	**discover**	통 발견하다, 찾다	▸ **discover** my interests 나의 관심사를 발견하다
★★★ 722	**future**	명 미래 형 미래의	▸ in the near **future** 가까운 미래에 ▸ **future** dreams 미래의 꿈
★★★ 723	**career**	명 직업, 직장 생활, 경력	▸ start a **career** 직장 생활[경력]을 시작하다 ▸ **career** counseling 진로 상담
★★★ 724	**job**	명 일, 직업, 직장	▸ Good **job**! 잘했어! ▸ get a **job** 직장을 구하다
★★★ 725	**volunteer**	명 자원봉사자 통 자원봉사하다	▸ **volunteer** at a hospital 병원에서 자원봉사하다 ▸ look for **volunteers** 자원봉사자를 찾다[모집하다]
★★★ 726	**recommend**	통 추천하다 = **suggest** 통 제안하다	▸ **recommend** a good place 좋은 장소를 추천하다

★★★ 교과서 10회 이상 수록 ★★ 교과서 5~9회 수록 ★ 교과서 1~4회 수록

** 727	**artistic**	형 예술적인, 예술적 감각이 있는	▶ **artistic** jobs 예술 관련 직업 ▶ an **artistic** type 예술가 타입
*** 728	**creative**	형 창의적인 → **create** 동 창조하다	▶ **creative** ideas 창의적인 생각
** 729	**dream of**	~을 꿈꾸다 → **dream** 동 꿈꾸다	▶ **dream of** flying (하늘을) 나는 것을 꿈꾸다
** 730	**be aware of**	~을 알고 있다 → **aware** 형 알고 있는	▶ **be aware of** my interests 나의 관심사에 대해 알고 있다

721 > 730

[**스토리**] 공부한 단어들을 하나의 스토리 안에서 확인해 보세요.

▶ Are you trying to **discover** your **future career**? ▶ What **job** do you **dream of** having? ▶ Think about what you like to do. ▶ If you enjoy **volunteering**, your teacher might **recommend** social work. ▶ If you like making things, **artistic** or **creative** jobs would be a good fit. ▶ It's important to **be aware of** your interests.

▶ 당신은 미래 직업을 발견하기 위해 노력하고 있나요? ▶ 당신은 어떤 직업을 갖는 것을 꿈꾸나요? ▶ 당신이 무엇을 즐겨하는지 생각해 보세요. ▶ 만약에 당신이 자원봉사하는 것을 좋아한다면, 당신의 선생님은 사회 복지 일을 추천할지도 몰라요. ▶ 당신이 만들기를 좋아한다면 예술적이거나 창의적인 직업이 잘 맞을 거예요. ▶ 당신의 관심사에 대해 알고 있는 것이 중요해요.

★★ **chase**
731

[동] 뒤쫓다, 추적하다, 추구하다

= run after ~을 뒤쫓다

▶ **chase** my goal
나의 목표를 추구하다

▶ **chase** a thief
도둑을 뒤쫓다

★★★ **collect**
732

[동] 모으다, 수집하다

= gather [동] 모으다

▶ **collect** data
데이터를 수집하다

▶ **collect** coins
동전을 모으다

★★ **knowledge**
733

[명] 지식

▶ common **knowledge**
상식

★★★ **develop**
734

[동] 개발하다, 발달하다, 개발시키다

▶ **develop** knowledge
지식을 개발하다

▶ **develop** a product
상품을 개발하다

★★★ **skill**
735

[명] 기술, 실력

→ skilled [형] 능숙한

▶ drawing **skills**
그림 실력

★★★ **necessary**
736

[형] (반드시) 필요한

↔ unnecessary [형] 불필요한

▶ **necessary** information
필요한 정보

▶ **necessary** for life
삶에 반드시 필요한

★★★ 737	**talent**	명 재능, 장기, 재능 있는 사람	▸ find a **talent** 재능을 발견하다 ▸ a **talent** show 장기자랑 대회
★★ 738	**ability**	명 능력	▸ special **ability** 특별한 능력
★★ 739	**process**	명 과정, 절차 동 진행하다, 처리하다	▸ enjoy the **process** 과정을 즐기다 ▸ **process** information 정보를 처리하다
★ 740	**participate in**	~에 참여하다 → participate 동 참여하다, 참가하다	▸ **participate in** a club 동아리에 참여하다

731 > 740

[스토리] 공부한 단어들을 하나의 스토리 안에서 확인해 보세요.

▸ Once you find your dream job, you should **chase** it. ▸ First, **collect** information and **develop knowledge** about the job. ▸ Second, **participate in** a club or activity and practice the **necessary skills**. ▸ Show your **talent** and **ability** to others. ▸ Lastly, enjoy the **process**!

▸ 여러분이 꿈의 직업을 찾았다면, 여러분은 그것을 따라가야 합니다. ▸ 먼저, 직업에 대한 정보를 수집하고 지식을 개발하세요. ▸ 두 번째로, 동아리나 활동에 참여해 필요한 기술을 연습하세요. ▸ 여러분의 재능과 능력을 다른 사람들에게 보여주세요. ▸ 마지막으로, 그 과정을 즐기세요!

---

741 ★ **pursue**
- 동 추구하다, 계속하다
- = chase 동 추구하다
- ▶ **pursue** my dream
  내 꿈을 추구하다

---

742 ★★ **trust**
- 명 신뢰, 믿음
- 동 믿다, 신뢰하다
- ▶ **trust** myself
  나 자신을 믿다
- ▶ lose **trust**
  신뢰를 잃다

---

743 ★★★ **confident**
- 형 자신감 있는, 확신하는
- → confidence 명 자신감
- ▶ look **confident**
  자신감이 있어 보이다

---

744 ★★★ **positive**
- 형 긍정적인
- ↔ negative 형 부정적인
- ▶ **positive** thinking
  긍정적인 생각
- ▶ **positive** reviews
  긍정적인 평가[리뷰]

---

745 ★★★ **mistake**
mistook - mistaken
- 명 실수
- 동 오해하다
- ▶ make a **mistake**
  실수하다
- ▶ a silly **mistake**
  어리석은 실수

---

746 ★ **frustrating**
- 형 속상한, 좌절감을 주는
- → frustrated 형 좌절한
- ▶ It's **frustrating**.
  속상한 일이야.

★★★ 교과서 10회 이상 수록 ★★ 교과서 5~9회 수록 ★ 교과서 1~4회 수록

★★★ 747	**difficulty**	명 어려움 → **difficult** 형 어려운	▸ have little **difficulty** 어려움이 거의 없다
★★★ 748	**face**	명 얼굴 동 맞서다, 직면하다	▸ wash my **face** 얼굴을 씻다 ▸ **face** the difficulty 어려움에 맞서다
★★★ 749	**take time**	시간이 걸리다, 여유를 갖다	▸ **take** much **time** 많은 시간이 걸리다 ▸ **Take** your **time**. 여유를 가지세요.
★★★ 750	**give up**	포기하다	▸ **give up** my dream 내 꿈을 포기하다 ▸ Never **give up**! 절대 포기하지 마세요!

741 > 750

[**스토리**] 공부한 단어들을 하나의 스토리 안에서 확인해 보세요.

▸ While you **pursue** your dreams, you should always **trust** yourself. ▸ Be **confident** and stay **positive**. ▸ You might make **mistakes**. ▸ But remember, it **takes time** to develop your skills. ▸ It can be **frustrating**, but that's okay. ▸ **Face** the **difficulty**, and don't **give up**!

▸ 여러분은 자신의 꿈을 추구하는 동안에 항상 자신을 믿어야 합니다. ▸ 자신감을 갖고 긍정적인 태도를 유지하세요. ▸ 여러분은 실수를 할 수도 있어요. ▸ 하지만 기억하세요, 여러분의 능력을 개발하는 데에는 시간이 걸립니다. ▸ 그것은 속상할 수도 있지만, 괜찮아요. ▸ 어려움에 맞서고 포기하지 마세요!

[단어]-[뜻] 확인하기
다음 영어 단어에 맞는 우리말 뜻을 써 보세요.

1. discover ....
2. future ....
3. career ....
4. job ....
5. volunteer ....

6. recommend ....
7. artistic ....
8. creative ....
9. dream of ....
10. be aware of ....

11. chase ....
12. collect ....
13. knowledge ....
14. develop ....
15. skill ....

16. necessary ....
17. talent ....
18. ability ....
19. process ....
20. participate in ....

21. pursue ....
22. trust ....
23. confident ....
24. positive ....
25. mistake ....

26. frustrating ....
27. difficulty ....
28. face ....
29. take time ....
30. give up ....

1. 발견하다 ....

2. 미래, 미래의 ....

3. 직장 생활, 경력 ....

4. 일, 직업 ....

5. 자원봉사하다 ....

6. 추천하다 ....

7. 예술적인 ....

8. 창의적인 ....

9. ~을 꿈꾸다 ....

10. ~을 알고 있다 ....

11. 뒤쫓다, 추구하다 ....

12. 모으다, 수집하다 ....

13. 지식 ....

14. 개발하다 ....

15. 기술, 실력 ....

16. (반드시) 필요한 ....

17. 재능 ....

18. 능력 ....

19. 과정 ....

20. ~에 참여하다 ....

21. 추구하다, 계속하다 ....

22. 신뢰, 신뢰하다 ....

23. 자신감 있는 ....

24. 긍정적인 ....

25. 실수 ....

26. 속상한 ....

27. 어려움 ....

28. 얼굴, 맞서다 ....

29. 시간이 걸리다 ....

30. 포기하다 ....

MP3

★★★ 751	**community**	명 지역 사회, 공동체	▶ **community** jobs 지역 사회를 위한 직업
★★★ 752	**nurse**	명 간호사 동 보살피다	▶ a **nurse**'s office 양호실, 보건실 ▶ a **nursing** home 양로원
★★★ 753	**patient**	명 환자 형 참을성[인내심] 있는	▶ check the **patient** 환자(의 상태)를 확인하다 ▶ Be **patient**. 참을성을 가져라.
★★★ 754	**support**	동 지지하다, 지원하다 명 지지, 지원 → supporter 명 지지자	▶ strong **support** 강력한 지지 ▶ **support** their health 그들의 건강을 지원하다
★★★ 755	**officer**	명 관리자, 장교, 경찰관 → office 명 사무실	▶ a police **officer** 경찰관
★★★ 756	**safe**	형 안전한 → safety 명 안전	▶ a **safe** flight 안전한 비행 ▶ **safe** to eat 먹기에 안전한

★★★ 교과서 10회 이상 수록   ★★ 교과서 5~9회 수록   ★ 교과서 1~4회 수록

★ 757	**organize**	통 조직화[체계화]하다, 정리하다	▶ **organize** my desk 내 책상을 정리하다 ▶ keep the community **organized** 지역 사회를 질서 있게 유지하다
★★★ 758	**fight** fought - fought	통 싸우다 명 싸움, 전투	▶ **fight** a fire 화재와 싸우다(화재를 진압하다) ▶ have a **fight** 싸움을 하다
★★ 759	**rescue**	통 구조하다 명 구조	▶ **rescue** people 사람들을 구조하다 ▶ a **rescue** team 구조대
★★ 760	**look after**	~을 돌보다 = take care of ~을 돌보다	▶ **look after** patients 환자들을 돌보다

751 > 760

[**스토리**] 공부한 단어들을 하나의 스토리 안에서 확인해 보세요.

▶ Let's have a look at **community** jobs. ▶ Doctors and **nurses** work in hospitals. ▶ They **look after patients** and **support** their health. ▶ On the streets, police **officers** keep the community **safe** and **organized**. ▶ When an emergency occurs, firefighters **fight** fires and **rescue** people.

▶ 지역 사회를 위한 직업들을 살펴보자. ▶ 의사와 간호사는 병원에서 일한다. ▶ 그들은 환자를 돌보고 환자의 건강을 지원한다. ▶ 거리에서는 경찰관이 지역 사회를 안전하고 질서 있게 유지한다. ▶ 긴급 상황이 발생하면 소방관은 화재를 진압하고 사람들을 구조한다.

MP3

★★★ 761 **artist**	명 예술가, 화가 → art 명 예술, 미술	▶ a solo **artist** 혼자 활동하는 예술가
★★★ 762 **musician**	명 음악가, 뮤지션 → music 명 음악	▶ a jazz **musician** 재즈 음악가
★★★ 763 **director**	명 감독, 책임자, 연출가	▶ a movie **director** 영화 감독
★★★ 764 **artwork**	명 예술품, 미술품 → art 명 예술, 미술	▶ a piece of **artwork** 하나의 예술품 ▶ create **artworks** 예술품을 만들다
★★ 765 **gallery**	명 갤러리, 전시관	▶ an art **gallery** 미술 갤러리(화랑) ▶ the main **gallery** 주 전시관
★★★ 766 **fashion**	명 의류업, 패션, 유행	▶ work in **fashion** 의류업에서 일하다 ▶ the latest **fashion** 최신 유행

★★★ 교과서 10회 이상 수록   ★★ 교과서 5~9회 수록   ★ 교과서 1~4회 수록

★★★ 767	**designer**	몡 디자이너, 설계자	▶ a fashion **designer** 패션 디자이너
		→ **design** 통 디자인하다, 설계하다 몡 디자인	▶ a drone **designer** 드론 설계자
★ 768	**trend**	몡 유행, 트렌드 = **fashion** 몡 유행	▶ set a **trend** 유행을 만들다
★ 769	**make-up**	몡 화장, 분장, 메이크업	▶ a **make-up** artist 메이크업 아티스트 ▶ eye **make-up** 눈 화장
★★★ 770	**put on**	~을 입다, 바르다, ~에 입히다	▶ **put on** make-up 화장을 하다 ▶ **put on** a jacket 재킷을 입다

761 > 770

[**스토리**] 공부한 단어들을 하나의 스토리 안에서 확인해 보세요.

▶ **Artists** create new things. ▶ **Musicians** make music, and painters make paintings. ▶ Art **directors** choose **artworks** for **galleries**. ▶ Many artists work in **fashion** as well. ▶ **Designers** make clothes to set the **trend**. ▶ **Make-up** artists **put** make-up **on** models.

▶ 예술가는 새로운 것을 창작한다. ▶ 음악가는 음악을 만들고 화가는 그림을 만든다. ▶ 예술 감독은 갤러리를 위한 예술품을 고른다. ▶ 많은 예술가들은 의류업에서도 일한다. ▶ 디자이너는 옷을 만들어서 유행을 선도한다. ▶ 메이크업 아티스트는 모델에게 화장을 한다.

★★★ 771	**technology**	명 (과학) 기술	▶ information **technology** 정보 기술(IT)
★ 772	**programmer**	명 프로그래머	▶ a computer **programmer** 컴퓨터 프로그래머
★ 773	**software**	명 소프트웨어, 프로그램 ↔ hardware 명 하드웨어, 기계 장치	▶ update **software** 소프트웨어를 업데이트하다 ▶ office **software** 사무용 소프트웨어
★★★ 774	**engineer**	명 엔지니어, 기술자 동 (설계하여) 제작하다	▶ a robot **engineer** 로봇 엔지니어
★★★ 775	**apply**	동 적용[응용]하다, 지원하다	▶ **apply** knowledge 지식을 적용하다 ▶ **apply** for a job 일자리에 지원하다
★★★ 776	**program**	명 프로그램 동 프로그램을 짜다 → programmer 명 프로그래머	▶ develop a **program** 프로그램을 개발하다 ▶ a **programming** language 프로그래밍 언어

★★★ 교과서 10회 이상 수록   ★★ 교과서 5~9회 수록   ★ 교과서 1~4회 수록

★★★ 777	**invent**	동 발명하다 → invention 명 발명	▶ **invent** a new product 새로운 제품을 발명하다
★ 778	**mobile**	형 이동식의, 모바일의	▶ a **mobile** game 모바일 게임 ▶ a **mobile** phone 휴대 전화
★★ 779	**application**	명 애플리케이션, 앱(app), 응용 프로그램 → apply 동 응용하다	▶ open an **application** 애플리케이션을 열다 ▶ an **app** store 앱 스토어
★ 780	**have to do with**	~와 관련이 있다	▶ **have to do with** technology 기술과 관련이 있다

771 > 780

[**스토리**] 공부한 단어들을 하나의 스토리 안에서 확인해 보세요.

▶ Jobs in information **technology** are popular these days. ▶ For example, there are computer **programmers** and **software engineers**. ▶ They **apply** their knowledge to develop new **programs** and **invent** new products. ▶ The **mobile applications** we use every day also **have to do with** information technology.

▶ 오늘날에는 정보 기술 분야의 직업이 인기가 있다. ▶ 예를 들면, 컴퓨터 프로그래머와 소프트웨어 엔지니어가 있다. ▶ 그들은 자신의 지식을 적용하여 새로운 프로그램을 개발하고 새로운 제품을 발명한다. ▶ 우리가 매일 사용하는 모바일 애플리케이션도 정보 기술과 관련이 있다.

1. community ....

2. nurse ....

3. patient ....

4. support ....

5. officer ....

6. safe ....

7. organize ....

8. fight ....

9. rescue ....

10. look after ....

11. artist ....

12. musician ....

13. director ....

14. artwork ....

15. gallery ....

16. fashion ....

17. designer ....

18. trend ....

19. make-up ....

20. put on ....

21. technology ....

22. programmer ....

23. software ....

24. engineer ....

25. apply ....

26. program ....

27. invent ....

28. mobile ....

29. application ....

30. have to do with ....

1. 지역 사회 ....
2. 간호사 ....
3. 환자, 참을성 있는 ....
4. 지지하다 ....
5. 관리자, 경찰관 ....

6. 안전한 ....
7. 조직화하다, 정리하다 ....
8. 싸우다 ....
9. 구조하다 ....
10. ~을 돌보다 ....

11. 예술가 ....
12. 음악가 ....
13. 감독, 연출가 ....
14. 예술품 ....
15. 갤러리 ....

16. 의류업, 패션 ....
17. 디자이너 ....
18. 유행 ....
19. 화장 ....
20. ~을 입다, 바르다 ....

21. 기술 ....
22. 프로그래머 ....
23. 소프트웨어 ....
24. 엔지니어 ....
25. 적용하다 ....

26. 프로그램 ....
27. 발명하다 ....
28. 이동식의 ....
29. 애플리케이션 ....
30. ~와 관련이 있다 ....

역사·문화

 MP3

★★★
781 **history**

명 역사, 과거의 기록

▶ learn **history**
역사를 배우다
▶ Korean **history**
한국사

★★★
782 **dynasty**

명 왕조, 시대

▶ begin a **dynasty**
왕조를 시작하다(세우다)
▶ the Joseon **Dynasty**
조선 왕조

★★★
783 **century**

명 세기(100년)

▶ **centuries** ago
수백 년 전에
▶ the early 20th **century**
20세기 초

★★★
784 **palace**

명 궁전, 궁궐

▶ live in a **palace**
궁궐에 살다

★★
785 **royal**

형 왕실의, 국왕의

▶ a **royal** family
왕족
▶ a **royal** palace
왕궁

---

786 **govern**

동 통치하다, 다스리다
→ government 명 정부

▶ **govern** a country
국가를 통치하다

★★★ 교과서 10회 이상 수록 ★★ 교과서 5~9회 수록 ★ 교과서 1~4회 수록

★★★ 787	**present**	명 현재, 선물 형 현재의 동 주다, 보여주다 ↔ past 명 과거	▶ in the **present** 현재에 ▶ a birthday **present** 생일 선물
★ 788	**origin**	명 기원, 근원	▶ the **origin** of my country 우리나라의 기원
★★★ 789	**in the past**	과거에는, 과거의 → past 명 과거	▶ people **in the past** 과거의 사람들
★★ 790	**no longer**	더 이상 ~ 않다[아니다]	▶ **no longer** talk 더 이상 말하지 않다 ▶ **no longer** a secret 더 이상 비밀이 아닌

781 > 790

[**스토리**] 공부한 단어들을 하나의 스토리 안에서 확인해 보세요.

▶ Korea was ruled by many **dynasties in the past**. ▶ Until the early 20th **century**, a **royal** family lived in the **palace**. ▶ A king **governed** the country. ▶ In the **present**, we **no longer** have a king. ▶ However, we have to learn about our **history** and the **origin** of our country.

▶ 한국은 과거에 여러 왕조에 의해 통치됐다. ▶ 20세기 초까지 왕족이 궁궐에 살았다. ▶ 왕이 국가를 통치했다. ▶ 현재 우리에게는 더 이상 왕이 없다. ▶ 그렇지만, 우리의 역사와 우리나라의 기원에 대해 배워야 한다.

역사·문화

★★★ 791	**national**	형 국가의, 국립의, 전 국민의 → nation 명 국가	▶ a **national** team 국가 대표 팀 ▶ a **national** park 국립 공원
★★★ 792	**treasure**	명 보물, 귀중한 것	▶ national **treasures** 나라의 보물(국보) ▶ a **treasure** island 보물섬
★★ 793	**historical**	형 역사에 관한 → history 명 역사	▶ **historical** places 역사적인 장소 ▶ a **historical** drama 역사 드라마(사극)
794	**ancestor**	명 조상, 선조	▶ our **ancestors** 우리의 조상 ▶ wisdom of **ancestors** 선조의 지혜
★★ 795	**remain**	동 남아 있다, 계속 ~한 상태이다	▶ **remain** closed 닫힌 채로 있다. ▶ **remain** the same (여전히) 똑같은 상태이다
★★★ 796	**unique**	형 독특한, 유일한	▶ **unique** patterns 독특한 무늬 ▶ a **unique** experience 독특한 경험

★★★ 교과서 10회 이상 수록   ★★ 교과서 5~9회 수록   ★ 교과서 1~4회 수록

★★★ 797	**culture**	몡 문화 → **cultural** 몡 문화의	▶ a new **culture** 새로운 문화
★★★ 798	**spirit**	몡 정신, 영혼, 마음	▶ a young **spirit** 젊은 정신(패기) ▶ a fighting **spirit** 투지
★ 799	**property**	몡 재산, 자산, 부동산	▶ a cultural **property** 문화적 자산 ▶ own a **property** 자산을 소유하다
★★ 800	**be worth -ing**	~할 가치가 있다	▶ **be worth** try**ing** 시도해 볼 가치가 있다

791 > 800

[**스토리**] 공부한 단어들을 하나의 스토리 안에서 확인해 보세요.

▶ **National treasures** are important. ▶ They are our **historical properties**. ▶ They were made by our **ancestors** and **remain** today. ▶ They show our **unique culture** and **spirit**. ▶ It **is worth** protect**ing** our cultural properties.

▶ 국보는 중요하다. ▶ 그것들은 우리의 역사적인 자산이다. ▶ 그것들은 우리의 조상들에 의해 만들어졌으며, 오늘날까지 남아 있다. ▶ 그것들은 우리의 독특한 문화와 정신을 보여준다. ▶ 우리의 문화적 자산은 보호할 가치가 있다.

| ★★★ 801 | **symbol** | 명 상징, 기호 | ▶ a national **symbol**
국가의 상징
▶ a **symbol** of luck
행운의 상징 |

| ★★ 802 | **flag** | 명 깃발
동 표시를 하다 | ▶ a national **flag**
국기
▶ fly a **flag**
깃발을 달다(게양하다) |

| ★★★ 803 | **include** | 동 포함하다, 담고 있다 | ▶ **include** information
정보를 담고 있다
▶ **include** batteries
건전지가 들어 있다 |

| ★ 804 | **nation** | 명 국가, 나라
→ national 형 국가의 | ▶ across the **nation**
전국적으로
▶ the entire **nation**
온 나라(전 국민) |

| 805 | **memorial** | 형 기념의, 추도의
명 기념비
→ memory 명 기억 | ▶ a **memorial** day
기념일
▶ a **memorial** museum
기념관 |

| ★★★ 806 | **event** | 명 행사, 사건 | ▶ an opening **event**
개업[개장] 행사
▶ a national **event**
국가 행사 |

★★★ 교과서 10회 이상 수록   ★★ 교과서 5~9회 수록   ★ 교과서 1~4회 수록

★★★ 807	**meaning**	명 의미, 뜻 → **mean** 동 의미하다	▶ the **meaning** of a word 단어의 뜻
★★ 808	**value**	명 가치, 값 동 가치를 매기다, 소중하게 생각하다	▶ the **value** of money 돈의 가치 ▶ **value** the resources 자원을 소중하게 생각하다
★★ 809	**recognize**	동 알아보다, 인식[인정]하다	▶ **recognize** a voice 목소리를 알아듣다 ▶ **recognize** the value 가치를 인식하다
★★ 810	**stand for**	~을 상징하다, 대표하다	▶ **stand for** the nation 국가를 상징하다

801 > 810

[**스토리**] 공부한 단어들을 하나의 스토리 안에서 확인해 보세요.

▶ There are many national **symbols**. ▶ They **include flags**, songs, and flowers. ▶ They **stand for** the **nation** itself. ▶ We fly our country's flag on national **memorial** days. ▶ We sing the national song at special **events**. ▶ By learning the **meanings** of national symbols, we **recognize** their **value**.

▶ 국가의 다양한 상징들이 있다. ▶ 거기에는 깃발과 노래, 꽃이 포함된다. ▶ 그것들은 국가 그 자체를 상징한다. ▶ 우리는 국가의 기념일에 국기를 게양한다. ▶ 우리는 특별한 행사에서 국가를 부른다. ▶ 국가의 상징의 의미를 배움으로써 우리는 그것들의 가치를 인식한다.

1. history ....

2. dynasty ....

3. century ....

4. palace ....

5. royal ....

6. govern ....

7. present ....

8. origin ....

9. in the past ....

10. no longer ....

11. national ....

12. treasure ....

13. historical ....

14. ancestor ....

15. remain ....

16. unique ....

17. culture ....

18. spirit ....

19. property ....

20. be worth -ing ....

21. symbol ....

22. flag ....

23. include ....

24. nation ....

25. memorial ....

26. event ....

27. meaning ....

28. value ....

29. recognize ....

30. stand for ....

[뜻]-[단어] 확인하기
다음 우리말 뜻에 맞는 영어 단어를 써 보세요.

1. 역사 ....

2. 왕조 ....

3. 세기(100년) ....

4. 궁전 ....

5. 왕실의 ....

6. 통치하다 ....

7. 현재 ....

8. 기원 ....

9. 과거에는 ....

10. 더 이상 ~ 않다 ....

11. 국가의 ....

12. 보물 ....

13. 역사에 관한 ....

14. 조상, 선조 ....

15. 남아 있다 ....

16. 독특한 ....

17. 문화 ....

18. 정신 ....

19. 재산, 자산 ....

20. ~할 가치가 있다 ....

21. 상징 ....

22. 깃발 ....

23. 포함하다 ....

24. 국가 ....

25. 기념의, 추도의 ....

26. 행사 ....

27. 의미 ....

28. 가치 ....

29. 알아보다 ....

30. ~을 상징하다 ....

★★★ 811	**organization**	명 기구, 조직, 단체 → **organize** 동 조직화하다	▶ a secret **organization** 비밀 조직
★★★ 812	**international**	형 국제의, 국제적인 ↔ **national** 형 국가의	▶ an **international** airport 국제 공항
★★★ 813	**peace**	명 평화 → **peaceful** 형 평화로운	▶ world **peace** 세계 평화 ▶ **peace** of mind 마음의 평화
★★★ 814	**movement**	명 움직임, (사회적) 운동 → **move** 동 움직이다	▶ body **movements** 신체의 움직임 ▶ lead **movements** (사회적) 운동을 이끌다
★★ 815	**medical**	형 의료의, 의학의	▶ the **medical** system 의료 체계 ▶ **medical** college 의과 대학
★★★ 816	**quality**	명 품질, 자질, 특성	▶ the **quality** of life 삶의 질 ▶ sound **quality** 음질

817	**economic**	형 경제의 → economy 명 경제	▸ **economic** issues 경제 문제
818	**development**	명 발전, 발달, 개발 → develop 동 발전시키다	▸ economic **development** 경제 발전 ▸ child **development** 아동 발달
★ 819	**carry out**	~을 수행하다	▸ **carry out** a mission 임무를 수행하다
★★ 820	**in need**	어려움에 처한, 도움이 필요한	▸ countries **in need** 어려움에 처한 국가들

811 > 820

[**스토리**] 공부한 단어들을 하나의 스토리 안에서 확인해 보세요.

▸ **International organizations** work for **peace** in the global community.
▸ They **carry out** different activities and lead **movements**. ▸ By
improving **medical** systems, they help people have a better **quality** of
life. ▸ They also support the **economic development** of countries **in
need**.

▸ 국제기구는 국제 사회의 평화를 위해 일한다. ▸ 그들은 다양한 활동을 수행하고 사회적 운동을 이
끈다. ▸ 의료 체계를 개선함으로써 그들은 사람들이 더 나은 삶의 질을 갖도록 돕는다. ▸ 그들은 또
한 어려움에 처한 국가들의 경제 발전을 지원한다.

★★ 821	**ambassador**	몡 대사, 사절, 대표	▶ send an **ambassador** 대사를 보내다
★★ 822	**represent**	동 대표하다, 나타내다	▶ **represent** feelings 기분을 나타내다 ▶ **represent** the nation 나라를 대표하다
★★★ 823	**promise**	동 약속하다 몡 약속	▶ **promise** myself 내 자신과 약속하다 ▶ break a **promise** 약속을 깨다[어기다]
★★ 824	**partner**	몡 협력자, 파트너, 동맹국	▶ be good **partners** 좋은 파트너가 되다
825	**relation**	몡 관계, 관련(성) → relationship 몡 관계	▶ a close **relation** 가까운 관계 ▶ have little **relation** 관련이 별로 없다
★★ 826	**disagree**	동 의견이 다르다, 동의하지 않다 ↔ **agree** 동 동의하다	▶ I **disagree** with you. 나는 너와 의견이 달라.

★★★ **교과서** 10회 이상 수록   ★★ **교과서** 5~9회 수록   ★ **교과서** 1~4회 수록

★★ 827	**foreign**	형 외국의	▸ a **foreign** country 외국 ▸ a **foreign** language 외국어
★ 828	**affair**	명 문제, 사건 = event 명 사건	▸ foreign **affairs** 외교[해외] 문제
★ 829	**cooperate with**	~와 협력[협동]하다 → cooperate 동 협력하다	▸ **cooperate with** each other 서로 협력하다
★★★ 830	**one another**	서로 = each other 서로	▸ hug **one another** 서로 껴안다

821 > 830

[**스토리**] 공부한 단어들을 하나의 스토리 안에서 확인해 보세요.

▸ Most countries around the world **cooperate with** each other. ▸ They send **ambassadors** who **represent** their nation to other countries. ▸ They **promise** to support **one another** and to be good **partners**. ▸ It helps them have close **relations**. ▸ However, some **disagree** on **foreign affairs**.

▸ 전 세계 대부분의 국가들은 서로 협력한다. ▸ 그들은 다른 국가에 자신들의 국가를 대표하는 대사들을 보낸다. ▸ 그들은 서로 지원하고 좋은 동맹국이 될 것을 약속한다. ▸ 이는 그들이 가까운 관계를 갖도록 돕는다. ▸ 하지만 몇몇 국가들은 외교 문제에 대해 의견을 달리한다.

★★ **throughout**
831
[전] ~ 내내, ~ 전체에
[부] 처음부터 끝까지

▶ **throughout** history
역사 전반에 걸쳐(내내)
▶ **throughout** a building
건물 전체에

★★★ **soldier**
832
[명] 군인, 병사

▶ serve as a **soldier**
군인으로 복무하다

★★★ **enemy**
833
[명] 적(군), 원수

▶ fight an **enemy**
적과 싸우다
▶ a natural **enemy**
천적

★ **battle**
834
[명] 전투, 전쟁
[동] 싸우다, 투쟁하다
= war [명] 전쟁

▶ a **battle**ship
전투함
▶ fight in a **battle**
전투에서 싸우다

★ **countless**
835
[형] 무수한, 셀 수 없는
→ count [동] 세다

▶ **countless** enemies
수많은 적군

★★★ **death**
836
[명] 죽음, 사망

▶ countless **deaths**
무수한 죽음
▶ the cause of **death**
죽음의 원인

★★★ 교과서 10회 이상 수록 ★★ 교과서 5~9회 수록 ★ 교과서 1~4회 수록

★ 837	**fear**	명 공포, 두려움 동 두려워[무서워]하다	▶ **fear** of war 전쟁의 공포 ▶ **fear** the monster 괴물을 무서워하다
★★ 838	**go through**	~을 겪다, 통과하다	▶ **go through** many wars 많은 전쟁을 겪다 ▶ **go through** the winter 겨울을 나다
★ 839	**break out**	발발하다, 발생하다	▶ World War II **broke out**. 세계 2차 대전이 발발했다.
★★ 840	**millions of**	수백만의, 수많은	▶ **millions of** people 수백만 명의 사람들 ▶ **millions of** stars 수많은 별들

831 > 840

[**스토리**] 공부한 단어들을 하나의 스토리 안에서 확인해 보세요.

▶ We have **gone through** many wars **throughout** history. ▶ **Soldiers** fought their **enemies** in **battles**, which caused **countless deaths**. ▶ After World War II **broke out**, **millions of** people were killed. ▶ In some parts of the world, people still live in **fear** of war.

▶ 우리는 역사 전반에 걸쳐 많은 전쟁들을 겪어왔다. ▶ 군인들은 전투에서 그들의 적과 싸웠고, 이는 무수한 죽음을 초래했다. ▶ 세계 2차 대전이 발발한 후 수백만 명의 사람들이 죽임을 당했다. ▶ 세계의 일부 지역에서는 사람들이 여전히 전쟁의 공포 속에 산다.

[단어]-[뜻] 확인하기
다음 영어 단어에 맞는 우리말 뜻을 써 보세요.

1. organization
2. international
3. peace
4. movement
5. medical

6. quality
7. economic
8. development
9. carry out
10. in need

11. ambassador
12. represent
13. promise
14. partner
15. relation

16. disagree
17. foreign
18. affair
19. cooperate with
20. one another

21. throughout
22. soldier
23. enemy
24. battle
25. countless

26. death
27. fear
28. go through
29. break out
30. millions of

1. 기구, 조직 ....

2. 국제의 ....

3. 평화 ....

4. 움직임 ....

5. 의료의 ....

6. 품질 ....

7. 경제의 ....

8. 발전 ....

9. ~을 수행하다 ....

10. 어려움에 처한 ....

11. 대사 ....

12. 대표하다 ....

13. 약속하다 ....

14. 파트너, 동맹국 ....

15. 관계 ....

16. 동의하지 않다 ....

17. 외국의 ....

18. 문제, 사건 ....

19. ~와 협력하다 ....

20. 서로 ....

21. ~ 내내, ~ 전체에 ....

22. 군인 ....

23. 적(군) ....

24. 전투, 전쟁 ....

25. 무수한 ....

26. 죽음 ....

27. 공포, 무서워하다 ....

28. ~을 겪다 ....

29. 발발하다, 발생하다 ....

30. 수백만의, 수많은 ....

***
841

money

명 돈
= cash 명 현금, 돈

▶ spend **money**
돈을 쓰다

▶ waste **money**
돈을 낭비하다

---

*
842

account

명 계좌, 계정, 설명
동 설명하다, 차지하다

▶ my **account** number
내 계좌 번호

▶ open an **account**
계좌를 개설하다

**
843

saving

명 저축, 절약
→ save 동 저축하다,
저장하다

▶ a **savings** account
저축 계좌

**
844

bank

명 은행, 둑
동 (은행에) 예금하다,
거래하다

▶ the nearest **bank**
가장 가까운 은행

▶ online **banking**
온라인 뱅킹

***
845

interest

명 이자, 흥미
동 흥미를 갖게 하다

▶ low **interest**
낮은 이자(저금리)

▶ an **interest** in music
음악에 대한 흥미

***
846

borrow

동 빌리다, 대여하다

▶ **borrow** money
돈을 빌리다

▶ **borrow** a book
책을 빌리다

★★★ 교과서 10회 이상 수록 ★★ 교과서 5~9회 수록 ★ 교과서 1~4회 수록

| 847 | **credit** | 몡 신용 (거래), 학점 | ▶ a **credit** card
신용 카드
▶ get **credit**
학점을 취득하다 |

| 848 | **debt** | 몡 빚, 부채 | ▶ I'm in **debt**.
나는 빚을 졌다.
▶ credit card **debt**
신용 카드 빚 |

| ★★
849 | **lend**

lent - lent | 동 빌려주다
↔ **borrow** 동 빌리다 | ▶ **lend** money
돈을 빌려주다 |

| 850 | **pay off** | ~을 갚다, 성과가 나다
→ **pay** 동 지불하다 | ▶ **pay off** my debt
나의 빚을 갚다
▶ Efforts **pay off**.
노력은 결실을 맺는다. |

841 > 850

[스토리] 공부한 단어들을 하나의 스토리 안에서 확인해 보세요.

▶ When we have **money**, we can open a **savings account** at a **bank**. ▶ We save money, and the bank pays us **interest**. ▶ When we need money, we **borrow** it from the bank. ▶ To borrow money, we need good **credit**. ▶ The bank judges whether we can **pay off** our **debt** and **lends** us money.

▶ 우리가 돈이 있을 때, 우리는 은행에서 저축 계좌를 만들 수 있다. ▶ 우리는 돈을 저축하고, 은행은 우리에게 이자를 지불한다. ▶ 우리가 돈이 필요할 때, 우리는 은행에서 돈을 빌린다. ▶ 돈을 빌리려면 우리는 좋은 신용이 필요하다. ▶ 은행은 우리가 빚을 갚을 수 있는지 없는지 판단하고, 우리에게 돈을 빌려준다.

MP3

★ 851	**earn**	동 (돈을) 벌다, 얻다	▶ **earn** money 돈을 벌다 ▶ **earn** a living 생계를 꾸리다
★ 852	**hire**	동 고용하다[뽑다]	▶ **hire** a manager 매니저를 고용하다
853	**salary**	명 월급, 급여	▶ a low **salary** 낮은 급여 ▶ raise **salaries** 급여를 인상하다
★★★ 854	**draw** drew - drawn	동 (그림을) 그리다, 끌어당기다, (급여를) 받다	▶ **draw** a circle 원을 그리다 ▶ **draw** a salary 월급을 받다
★★★ 855	**service**	명 서비스, 봉사 → **serve** 동 봉사하다	▶ a **service** robot 도우미 로봇 ▶ customer **service** 고객 서비스
★★★ 856	**provide**	동 제공하다, 공급하다	▶ **provide** services 서비스를 제공하다

★★★ 교과서 10회 이상 수록　★★ 교과서 5~9회 수록　★ 교과서 1~4회 수록

| ★ 857 | **profit** | 명 이익, 수익 | ▶ make a **profit**
수익을 내다 |
| | | | ▶ a non-**profit** company
비영리 회사
(이익을 추구하지 않는 회사) |

| ★ 858 | **income** | 명 소득, 수입 | ▶ a monthly **income**
월 소득 |

| ★ 859 | **economy** | 명 경제
→ economic 형 경제의 | ▶ the market **economy**
시장 경제 |
| | | | ▶ the sharing **economy**
공유 경제 |

| 860 | **run
a business** | 사업을 운영하다
→ business 명 사업 | ▶ **run** a small **business**
작은 사업을 운영하다 |

---

851 > 860

[**스토리**] 공부한 단어들을 하나의 스토리 안에서 확인해 보세요.

▶ How do we **earn** money? ▶ Some people get **hired** by companies and **draw** a **salary**. ▶ Others **run a business**. ▶ They sell goods or **provide services** to make a **profit**. ▶ When we have **income**, we can spend money to buy things. ▶ This is how the **economy** works.

▶ 우리는 어떻게 돈을 버는가? ▶ 몇몇 사람들은 회사에 고용되어 월급을 받는다. ▶ 다른 사람들은 사업을 운영한다. ▶ 그들은 상품을 팔거나 서비스를 제공해 수익을 낸다. ▶ 우리가 소득이 있을 때, 우리는 돈을 써서 물건을 살 수 있다. ▶ 이것이 경제가 돌아가는 방식이다.

MP3

★
861

retirement

명 은퇴

→ retire 동 은퇴하다

▶ prepare for my **retirement**
나의 은퇴를 위해 준비하다

★★★
862

ahead

부 미리, 앞으로

▶ prepare **ahead**
미리 준비하다

▶ Go **ahead**.
진행하세요(그렇게 하세요).

★
863

stable

형 안정된, 안정적인

▶ a **stable** job
안정적인 직업

★★★
864

guess

동 추측[짐작]하다
명 추측, 짐작

▶ **guess** the answer
답을 추측하다

▶ **Guess** what!
있잖아(알아맞혀 봐)!

★★
865

cost

cost - cost

명 값, 비용
동 비용이 들다

▶ the **cost** of living
생활비

▶ It **costs** 5 dollars.
그것은 비용이 5달러이다.

★
866

budget

명 예산, 예상 지출

▶ a low **budget**
저예산

▶ make a **budget**
예산을 짜다

★★★ 교과서 10회 이상 수록   ★★ 교과서 5~9회 수록   ★ 교과서 1~4회 수록

★★ 867	**tight**	형 빠듯한, (몸에) 꽉 끼는 ↔ **loose** 형 느슨한	▶ **tight** shoes 꽉 끼는 신발 ▶ a **tight** budget 빠듯한 예산
★★★ 868	**allow**	동 허락[허용]하다, ~을 할 수 있게 하다	▶ **allow** me to work 내가 일하는 것을 허락하다 ▶ No Pets **Allowed** 반려동물 출입 금지
★ 869	**wealthy**	형 부유한, 풍족한 → **wealth** 명 부, 재산	▶ a **wealthy** life 풍족한 삶
★ 870	**plenty of**	많은, 충분한 → **plenty** 명 풍부함	▶ **plenty of** time 충분한 시간

861 > 870

[**스토리**] 공부한 단어들을 하나의 스토리 안에서 확인해 보세요.

▶ Most people think that they have **plenty of** time before their **retirement**. ▶ However, if we prepare **ahead**, our future will be more **stable**. ▶ **Guess** your future **cost** of living. ▶ Then, make a **budget**. ▶ It could be **tight**, but it will **allow** you to live a **wealthy** life after retirement.

▶ 대부분의 사람들은 은퇴까지 충분한 시간이 있다고 생각합니다. ▶ 하지만 우리가 미리 준비한다면, 우리의 미래는 더 안정적일 것입니다. ▶ 미래의 생활비를 짐작해보세요. ▶ 그리고, 예산을 짜세요. ▶ 그것은 빠듯할 수도 있지만 당신이 은퇴 후에 풍족한 삶을 살 수 있게 할 것입니다.

[단어]-[뜻] 확인하기
다음 영어 단어에 맞는 우리말 뜻을 써 보세요.

1. money ....
2. account ....
3. saving ....
4. bank ....
5. interest ....

6. borrow ....
7. credit ....
8. debt ....
9. lend ....
10. pay off ....

11. earn ....
12. hire ....
13. salary ....
14. draw ....
15. service ....

16. provide ....
17. profit ....
18. income ....
19. economy ....
20. run a business ....

21. retirement ....
22. ahead ....
23. stable ....
24. guess ....
25. cost ....

26. budget ....
27. tight ....
28. allow ....
29. wealthy ....
30. plenty of ....

1. 돈 ....

2. 계좌 ....

3. 저축 ....

4. 은행 ....

5. 이자, 흥미 ....

6. 빌리다 ....

7. 신용 ....

8. 빚 ....

9. 빌려주다 ....

10. ~을 갚다 ....

11. (돈을) 벌다 ....

12. 고용하다 ....

13. 급여 ....

14. 그리다, (급여를) 받다 ....

15. 서비스 ....

16. 제공하다 ....

17. 이익 ....

18. 소득 ....

19. 경제 ....

20. 사업을 운영하다 ....

21. 은퇴 ....

22. 미리, 앞으로 ....

23. 안정된, 안정적인 ....

24. 짐작하다, 추측 ....

25. 비용 ....

26. 예산 ....

27. 빠듯한, (몸에) 꽉 끼는 ....

28. 허용하다 ....

29. 풍족한, 부유한 ....

30. 많은, 충분한 ....

| ***
871 | **volcano** | 명 화산
→ **volcanic** 형 화산의 | ▶ an active **volcano**
활화산(활동적인 화산) |

| *
872 | **erupt** | 동 폭발하다, 분출하다,
나오다 | ▶ A volcano **erupts**.
화산이 폭발한다. |

| **
873 | **smoke** | 명 연기
동 연기를 내뿜다[피우다],
훈제하다 | ▶ gray **smoke**
잿빛 연기
▶ **smoked** chicken
훈제 치킨 |

| ***
874 | **gas** | 명 가스, 기체 | ▶ a **gas** heater
가스 난로
▶ natural **gas**
천연 가스 |

| *
875 | **ash** | 명 화산재, 재 | ▶ volcanic **ash**
화산재
▶ shoot **ash**
화산재를 내뿜다 |

| *
876 | **liquid** | 명 액체
형 액체의 | ▶ washing **liquid**
주방 세제
▶ **liquid** form
액체 형태 |

★★★ 교과서 10회 이상 수록   ★★ 교과서 5~9회 수록   ★ 교과서 1~4회 수록

★★★ 877	**strike** struck - struck	동 치다, (재난이) 덮치다 명 (야구, 볼링에서) 스트라이크	▸ Lightning **strikes**. 번개가 친다. ▸ bowl a **strike** (볼링에서) 스트라이크를 치다
878	**solid**	명 고체 형 단단한, 고체의	▸ a **solid** rock 단단한 암석 ▸ **solid** fuel 고체 연료
★★ 879	**freeze** froze - frozen	동 얼게 하다, 얼다, 굳다 명 얼어붙음, 동결	▸ **freeze** the city 도시를 얼게 하다 ▸ Water **freezes**. 물은 언다.
★★ 880	**turn into**	~이 되다, ~로 변하다	▸ **turn into** a solid 고체로 변하다

871 > 880

[**스토리**] 공부한 단어들을 하나의 스토리 안에서 확인해 보세요.

▸ A long time ago, a **volcano erupted** in Italy. ▸ **Smoke**, **gas**, and **ash** erupted from the volcano. ▸ Hot **liquid** came out and **struck** the city of Pompeii. ▸ Soon, the liquid **turned into** a **solid**. ▸ It **froze** the city under a hard rock.

▸ 오래전에 이탈리아에서 화산이 폭발했다. ▸ 연기, 가스, 그리고 화산재가 화산에서 분출했다. ▸ 뜨거운 액체가 나와서 폼페이 시를 덮쳤다. ▸ 곧, 이 액체는 고체로 변했다. ▸ 그것은 딱딱한 암석 아래에 도시를 굳게 했다.

★★★ 881	**curious**	형 궁금한, 호기심이 많은	▶ a **curious** boy 호기심 많은 소년
★★★ 882	**matter**	명 문제, 사안, 물질 동 중요하다, 문제되다	▶ look into a **matter** 문제를 검토하다 ▶ What's the **matter**? 무슨 일이야?
★★ 883	**approach**	동 접근하다, 다가오다 명 접근(법)	▶ **approach** a problem 문제에 접근하다 ▶ a new **approach** 새로운 접근 방법
★★★ 884	**reason**	동 추론[추리]하다 명 이유, 이성	▶ a **reasoning** test 추리 영역 시험 ▶ find a **reason** 이유를 찾다
★★ 885	**sight**	명 보기, 시력	▶ have good eye**sight** 시력이 좋다 ▶ at first **sight** 첫눈에(보자마자)
★★ 886	**obvious**	형 명백한, 분명한 = clear 형 분명한	▶ the most **obvious** question 가장 명백한 질문

★★★ 교과서 10회 이상 수록 ★★ 교과서 5~9회 수록 ★ 교과서 1~4회 수록

★★★ 887	**math**	몡 수학, 계산 = mathematics 몡 수학, 계산	▶ a **math** problem 수학 문제 ▶ do the **math** 계산하다
★★★ 888	**science**	몡 과학	▶ earth **science** 지구과학
★★★ 889	**scientist**	몡 과학자, 공학자	▶ become a **scientist** 과학자가 되다 ▶ a computer **scientist** 컴퓨터 공학자
★ 890	**come across**	우연히 마주하다[만나다]	▶ **come across** amazing facts 놀라운 사실을 우연히 마주하다

881 > 890

[**스토리**] 공부한 단어들을 하나의 스토리 안에서 확인해 보세요.

▶ I'm **curious** about everything. ▶ When I **come across** a problem, I spend all day looking into the **matter**. ▶ I **approach** the problem in many ways. ▶ I also love to **reason**, and I question everything in **sight**. ▶ I even ask the most **obvious** questions. ▶ I love **math** and **science**, so people suggest that I become a **scientist**.

▶ 나는 모든 것이 궁금하다. ▶ 나는 어떤 문제를 우연히 접하게 되면, 그 사안을 들여다보는 데 온종일을 보낸다. ▶ 나는 그 문제를 여러 방법으로 접근한다. ▶ 나는 또한 추론하는 것을 좋아하고, 보이는 모든 것에 의문을 갖는다. ▶ 나는 심지어 가장 명백한 의문들에 대해서도 질문한다. ▶ 나는 수학과 과학을 좋아해서, 사람들은 나에게 과학자가 되라고 추천한다.

| ★★ 891 | **device** | 몡 장치, 기기 | ▶ a safety **device**
안전 장치
▶ a mobile **device**
휴대 기기 |

| ★★★ 892 | **create** | 통 만들다, 창조하다
→ creator
몡 창작자, 크리에이터 | ▶ **create** an artwork
예술품을 만들다
▶ **create** a device
장치를 만들다 |

| ★★★ 893 | **system** | 몡 시스템, 체계, 제도 | ▶ a computer **system**
컴퓨터 시스템 |

| ★★★ 894 | **experiment** | 몡 실험
통 실험하다 | ▶ a science **experiment**
과학 실험
▶ **experiment** with ideas
아이디어를 가지고 실험하다 |

| ★ 895 | **risk** | 몡 위험, 위기
= danger 몡 위험 | ▶ take a **risk**
위험을 감수하다
▶ lower the **risk**
위험을 낮추다 |

| ★★★ 896 | **fail** | 통 실패하다, 낙제하다
↔ succeed 통 성공하다 | ▶ **fail** the test
시험에서 낙제하다 |

★★ 897	**analyze**	동 분석하다, 검토하다	▶ **analyze** data 데이터를 분석하다
898	**attempt**	명 시도 동 (힘든 일을) 시도하다	▶ a final **attempt** 마지막 시도 ▶ **attempt** an escape 탈출을 시도하다
★★★ 899	**invention**	명 발명(품) → invent 동 발명하다	▶ interesting **inventions** 흥미로운 발명품
★ 900	**think up**	~을 생각해 내다, 고안하다 → think 동 생각하다	▶ **think up** plans 계획을 생각해 내다

891 > 900

[스토리] 공부한 단어들을 하나의 스토리 안에서 확인해 보세요.

▶ An inventor is a person who **creates** new **devices** or **systems**. ▶ They **think up** ideas and **experiment** with them. ▶ Inventors are not afraid of taking **risks**. ▶ Even if they **fail**, they **analyze** the problem and **attempt** to create their **inventions**.

▶ 발명가는 새로운 장치나 시스템을 만드는 사람이다. ▶ 그들은 아이디어를 생각해 내고 그것들을 가지고 실험한다. ▶ 발명가들은 위험을 무릅쓰는 것을 두려워하지 않는다. ▶ 그들이 실패를 하더라도, 그들은 문제를 분석하고 그들의 발명품을 만들기 위해 시도한다.

1. volcano ....
2. erupt ....
3. smoke ....
4. gas ....
5. ash ....

6. liquid ....
7. strike ....
8. solid ....
9. freeze ....
10. turn into ....

11. curious ....
12. matter ....
13. approach ....
14. reason ....
15. sight ....

16. obvious ....
17. math ....
18. science ....
19. scientist ....
20. come across ....

21. device ....
22. create ....
23. system ....
24. experiment ....
25. risk ....

26. fail ....
27. analyze ....
28. attempt ....
29. invention ....
30. think up ....

1. 화산 ....
2. 폭발하다, 분출하다 ....
3. 연기 ....
4. 가스, 기체 ....
5. 화산재, 재 ....

6. 액체 ....
7. 치다, 스트라이크 ....
8. 고체, 단단한 ....
9. 얼게 하다 ....
10. ~로 변하다 ....

11. 궁금한 ....
12. 문제, 물질 ....
13. 접근하다 ....
14. 추론하다, 이유 ....
15. 보기, 시력 ....

16. 명백한 ....
17. 수학 ....
18. 과학 ....
19. 과학자 ....
20. 우연히 마주치다 ....

21. 장치 ....
22. 만들다 ....
23. 시스템 ....
24. 실험, 실험하다 ....
25. 위험 ....

26. 실패하다 ....
27. 분석하다 ....
28. 시도하다 ....
29. 발명(품) ....
30. ~을 생각해 내다 ....

중학 내신
실전 문제 3

DAY 21~30에서 배운 단어를
중학교 내신 실전 문제로 풀어봐요.

정답 346쪽

맞은 개수   / 10

1. 빈칸에 공통으로 들어갈 단어로 알맞은 것은?

> • _____ hair 짧은 머리
>
> • _____ of sleep 잠이 부족한

① light   ② long   ③ mass

④ short   ⑤ heavy

2. 짝 지어진 단어의 관계가 나머지와 <u>다른</u> 것은?

① jail : prison   ② stone : rock

③ positive : negative   ④ run after : chase

⑤ suggest : recommend

3. <u>밑줄 친</u> 단어와 반대되는 뜻을 가진 단어로 알맞은 것은?

> Some people make **false** information.

① fake   ② wrong   ③ true

④ cyber   ⑤ personal

4. 다음 문장에서 밑줄 친 단어의 의미로 알맞은 것은?

> The bank judges whether we can **pay off** our debt.

① ~을 입다   ② ~을 찾다   ③ ~을 갚다

④ ~을 생각하다   ⑤ ~을 상징하다

5. 우리말에 맞게 빈칸에 들어갈 말이 순서대로 짝 지어진 것은?

> 우리의 문화적 자산은 보호할 가치가 있다.
>
> It is _____ protecting our cultural _____.

① wealthy - processes   ② worth - processes

③ wealthy - properties   ④ worth - properties

⑤ wealthy - inventions

6. 짝 지어진 단어의 관계가 나머지와 <u>다른</u> 것은?

① trade : trader   ② culture : cultural

③ design : designer   ④ consume : consumer

⑤ program : programmer

7. 동사의 기본형과 과거형이 <u>잘못</u> 연결된 것은?

① steal : stole   ② fight : fought   ③ draw : draught

④ catch : caught   ⑤ collect : collected

8. 다음 단어들과 관계가 있는 단어로 알맞은 것은?

> • thief   • suspect   • court

① tennis   ② server   ③ economy

④ palace   ⑤ crime

9. 빈칸에 들어갈 말로 가장 알맞은 것은?

> National symbols _____ the nation itself.

① put on   ② stand for   ③ look after

④ give up   ⑤ come across

10. 밑줄 친 단어와 비슷한 뜻을 가진 단어로 알맞은 것은?

> the most **obvious** question

① clear   ② secure   ③ stable

④ equal   ⑤ medical

DAY
31 › 40

우주

MP3

★★★ 901	**space**	몡 우주, 공간	▶ a **space** station 우주 정거장
★★ 902	**mysterious**	혱 신비한, 불가사의한 → mystery 몡 수수께끼, 미스터리	▶ a **mysterious** place 신비한 장소 ▶ a **mysterious** ability 신비한 능력
★★★ 903	**wonder**	몽 궁금해하다, 놀라다 몡 경이로운 것, 놀람	▶ **wonder** why 왜 그런지 궁금해하다 ▶ No **wonder**! 놀랄 일도 아니지(당연해)!
904	**observe**	몽 관측하다, 관찰하다	▶ **observe** the stars 별을 관측하다
★ 905	**telescope**	몡 망원경	▶ a space **telescope** 우주 망원경 ▶ observe with a **telescope** 망원경으로 관측하다
★★★ 906	**planet**	몡 행성, 지구	▶ protect our **planet** 우리 행성(지구)을 보호하다

★★★ 교과서 10회 이상 수록   ★★ 교과서 5~9회 수록   ★ 교과서 1~4회 수록

907	**comet**	몡 혜성	▸ catch a **comet** 혜성을 포착하다 ▸ the tail of a **comet** 혜성의 꼬리
★ 908	**distance**	몡 (먼) 거리 → distant 혱 멀리 있는	▸ a short **distance** 짧은 거리 ▸ in the **distance** 먼 거리에 있는
909	**galaxy**	몡 은하, 은하수	▸ distant **galaxies** 멀리 떨어진 은하
★★★ 910	**be full of**	~로 가득차다 → full 혱 가득한	▸ **be full of** fans 팬들로 가득하다 ▸ **be full of** mysteries 미스터리로 가득하다

901 > 910

[**스토리**] 공부한 단어들을 하나의 스토리 안에서 확인해 보세요.

▸ **Space is full of mysterious** things. ▸ Many people **wonder** what is in space. ▸ Scientists **observe** space with **telescopes**. ▸ They discover new **planets**, stars, and **comets**. ▸ They also want to know more about **galaxies** in the **distance**.

▸ 우주는 신비한 것들로 가득하다. ▸ 많은 사람들은 우주에 무엇이 있는지 궁금해한다. ▸ 과학자들은 망원경으로 우주를 관측한다. ▸ 그들은 새로운 행성과 별, 혜성을 발견한다. ▸ 그들은 또한 먼 거리에 있는 은하에 대해서도 더 알고 싶어 한다.

우주

MP3

| ★★★ 911 | **universe** | 몡 우주, 은하계
= space 몡 우주 | ▶ wonders of the **universe**
우주의 신비로움 |

| ★ 912 | **rocket** | 몡 로켓, 발사체 | ▶ a water **rocket**
물로켓 |

| 913 | **launch** | 동 발사하다, 출시하다
몡 출시, 개시 | ▶ **launch** a rocket
로켓을 발사하다
▶ a product **launch**
상품 출시 |

| ★★★ 914 | **gravity** | 몡 중력, 중대함 | ▶ zero **gravity**
무중력
▶ the law of **gravity**
중력의 법칙 |

| ★ 915 | **weaken** | 동 약해지다,
약하게 만들다
→ weak 혱 약한 | ▶ Gravity **weakens**.
중력이 약해진다.
▶ **weaken** my bones
내 뼈를 약하게 만들다 |

| ★★★ 916 | **astronaut** | 몡 우주 비행사 | ▶ become an **astronaut**
우주 비행사가 되다 |

| ★★★ 917 | **float** | 동 (공중에, 물 위에) 뜨다, 떠오르다 | ▶ **float** on water
물 위에 뜨다
▶ **float** around in space
우주에서 떠돌아다니다 |

| ★ 918 | **oxygen** | 명 산소 | ▶ an **oxygen** tank
산소통
▶ the volume of **oxygen**
산소의 양 |

| ★★★ 919 | **breathe** | 동 호흡하다, 숨쉬다
→ breath 명 숨 | ▶ **breathe** deeply
깊게 심호흡하다
▶ **breathe** out
숨을 내쉬다 |

| ★★★ 920 | **search for** | ~을 찾다, 수색하다
→ search 동 찾다 | ▶ **search for** clues
단서를 찾다 |

911 > 920

[**스토리**] 공부한 단어들을 하나의 스토리 안에서 확인해 보세요.

▶ Many countries **search for** clues to discover the secrets of the **universe**. ▶ They **launch rockets** into space. ▶ **Gravity weakens** in space, so **astronauts float** around. ▶ They carry **oxygen** tanks to help them **breathe**.

▶ 많은 나라들은 우주의 비밀을 밝힐 단서를 찾는다. ▶ 그들은 우주로 로켓을 발사한다. ▶ 우주에서는 중력이 약해져서 우주 비행사들은 공중을 떠다닌다. ▶ 그들은 그들이 호흡하는 것을 도와주는 산소통을 가지고 다닌다.

921 **satellite** | 몡 인공위성, (행성의) 위성 | ▶ a weather **satellite**
기상 (관측) 인공위성
▶ **satellite** broadcasting
위성 방송

★★★ 922 **spaceship** | 몡 우주선 | ▶ send a **spaceship**
우주선을 보내다

923 **orbit** | 동 궤도를 돌다, 공전하다
몡 궤도 | ▶ **orbit** the Earth
지구 주변의 궤도를 돌다
▶ remain in **orbit**
궤도에 머무르다

★★★ 924 **data** | 몡 자료, 정보, 데이터 | ▶ collect **data**
자료를 수집하다
▶ big **data**
빅 데이터(방대한 양의 정보)

★★ 925 **scientific** | 형 과학의, 과학적인
→ **science** 몡 과학 | ▶ a **scientific** fact
과학적인 사실

★★ 926 **signal** | 몡 신호
동 신호를 보내다 | ▶ a hand **signal**
수신호
▶ receive a **signal**
신호를 받다

927 ★	**connection**	명 연결, 접속 → connect 동 연결하다	▶ make a **connection** 연결하다 ▶ Wi-Fi **connection** 와이파이 연결

928 ★	**vast**	형 광대한, 어마어마한 = huge 형 거대한	▶ the **vast** universe 광대한 우주

929 ★★	**discovery**	명 발견 → discover 동 발견하다	▶ a scientific **discovery** 과학적 발견

930 ★★	**a type of**	~의 한 종류, 일종의 ~ → type 명 유형, 종류	▶ **a type of** spaceship 우주선의 한 종류 ▶ **a type of** clothing 의복의 일종

921 > 930

[**스토리**] 공부한 단어들을 하나의 스토리 안에서 확인해 보세요.

▶ The **satellite** is one of the greatest inventions. ▶ It is **a type of spaceship**. ▶ Satellites **orbit** the Earth and collect **scientific data**. ▶ They send **signals** to communicate with Earth. ▶ They help Earth to make a **connection** with the **vast** universe. ▶ Thanks to satellites, scientists have made many **discoveries**.

▶ 인공위성은 가장 훌륭한 발명 중 하나이다. ▶ 그것은 우주선의 한 종류이다. ▶ 인공위성은 지구 주변의 궤도를 돌며 과학적인 자료를 수집한다. ▶ 그것은 지구와 소통하기 위해 신호를 보낸다. ▶ 그 것은 지구가 광대한 우주와 연결되도록 돕는다. ▶ 인공위성 덕분에 과학자들은 많은 발견을 했다.

[단어]-[뜻] 확인하기
다음 영어 단어에 맞는 우리말 뜻을 써 보세요.

1. space
2. mysterious
3. wonder
4. observe
5. telescope

6. planet
7. comet
8. distance
9. galaxy
10. be full of

11. universe
12. rocket
13. launch
14. gravity
15. weaken

16. astronaut
17. float
18. oxygen
19. breathe
20. search for

21. satellite
22. spaceship
23. orbit
24. data
25. scientific

26. signal
27. connection
28. vast
29. discovery
30. a type of

[뜻]-[단어] 확인하기
다음 우리말 뜻에 맞는 영어 단어를 써 보세요.

1. 우주, 공간 ....

2. 신비한 ....

3. 궁금해하다 ....

4. 관측하다, 관찰하다 ....

5. 망원경 ....

6. 행성 ....

7. 혜성 ....

8. (먼) 거리 ....

9. 은하 ....

10. ~로 가득차다 ....

11. 우주, 은하계 ....

12. 로켓 ....

13. 발사하다 ....

14. 중력 ....

15. 약해지다 ....

16. 우주 비행사 ....

17. (공중에) 뜨다 ....

18. 산소 ....

19. 호흡하다 ....

20. ~을 찾다, 수색하다 ....

21. 인공위성 ....

22. 우주선 ....

23. 궤도를 돌다 ....

24. 자료, 정보 ....

25. 과학적인 ....

26. 신호 ....

27. 연결 ....

28. 광대한 ....

29. 발견 ....

30. ~의 한 종류 ....

환경 보호

MP3

★★ 931	**destroy**	동 파괴하다, 부수다	▶ **destroy** the forest 숲을 파괴하다
★ 932	**pollute**	동 오염시키다, 더럽히다	▶ **pollute** water 물을 오염시키다
★★★ 933	**nature**	명 자연, 본질, (인간의) 본성 → natural 형 자연의	▶ pollute **nature** 자연을 오염시키다 ▶ human **nature** 인간의 본성
★ 934	**greenhouse**	명 온실	▶ **greenhouse** gas 온실가스
★★★ 935	**temperature**	명 온도, 열	▶ high **temperature** 높은 온도[고열] ▶ body **temperature** 체온
★ 936	**glacier**	명 빙하	▶ **Glaciers** are melting. 빙하가 녹고 있다. ▶ **glacier** snow 만년설

★★★ 교과서 10회 이상 수록   ★★ 교과서 5~9회 수록   ★ 교과서 1~4회 수록

** 937	**climate**	명 기후	▶ **climate** change 기후 변화
*** 938	**global**	형 지구의, 세계적인	▶ **global** warming 지구 온난화 ▶ a **global** citizen 세계 시민
* 939	**ton**	명 (단위) 톤, 아주 많음	▶ **tons** of water 많은 양의 물 ▶ It weighs one **ton**. 그것은 무게가 1톤이다.
** 940	**care about**	~에 관심을 가지다, 신경 쓰다 → **care** 동 돌보다	▶ **care about** global warming 지구 온난화에 관심을 가지다

931 > 940

[스토리] 공부한 단어들을 하나의 스토리 안에서 확인해 보세요.

▶ Humans **destroy** and **pollute nature**. ▶ We add **tons** of **greenhouse** gas each year. ▶ Unfortunately, Earth's **temperature** is rising. ▶ **Glaciers** are melting, and the **climate** is changing. ▶ We should **care about global** warming.

▶ 인간은 자연을 파괴하고 오염시킨다. ▶ 우리는 매년 많은 양의 온실가스를 더한다. ▶ 불행하게도, 지구의 기온은 오르고 있다. ▶ 빙하는 녹고 있으며, 기후는 변하고 있다. ▶ 우리는 지구 온난화에 관심을 가져야 한다.

환경 보호

MP3

★★★
941
environment

- 명 환경
- → environmental
  형 환경적인

▶ help the **environment**
환경을 돕다

★★
942
pollution

- 명 오염, 공해
- → pollute 동 오염시키다

▶ land **pollution**
토양 오염

★★★
943
chemical

- 명 화학 물질
- 형 화학적인

▶ a harmful **chemical**
해로운 화학 물질

▶ **chemical** processing
화학적인 처리

944
overuse

- 동 남용하다,
  너무 많이 사용하다

▶ **overuse** chemicals
화학 물질을 남용하다

▶ **overuse** cell phones
핸드폰을 너무 많이 사용하다

945
toxic

- 형 유독한

▶ **toxic** to nature
자연에 유독한

▶ **toxic** gas
유독 가스

★
946
species

- 명 (생물의) 종, 종류

▶ a new **species**
신종

★★★ 교과서 10회 이상 수록   ★★ 교과서 5~9회 수록   ★ 교과서 1~4회 수록

| ★★★
947 | **disappear** | 동 사라지다

↔ appear 동 나타나다 | ▶ **disappear** from view
시야에서 사라지다 |

| ★
948 | **harm** | 명 피해, 손해, 손상
동 피해를 주다, 해치다

→ harmful 형 해로운 | ▶ **harm** the environment
환경을 해치다
▶ the long-term **harm**
장기적인 피해 |

| ★★
949 | **creature** | 명 생물, 생명체 | ▶ sea **creatures**
해양 생물들 |

| ★
950 | **take away from** | ~로부터 빼앗다 | ▶ **take** homes **away from** creatures
생물들로부터 서식지를 빼앗다 |

941 > 950

[**스토리**] 공부한 단어들을 하나의 스토리 안에서 확인해 보세요.

▶ Environmental **pollution** is a serious problem. ▶ It **harms** the **environment**. ▶ **Chemicals** that we **overuse** cause pollution because they are **toxic** to nature. ▶ Land pollution makes many **species disappear** on Earth. ▶ Water pollution **takes** homes **away from** sea **creatures**.

▶ 환경 오염은 심각한 문제이다. ▶ 이것은 환경을 해친다. ▶ 우리가 남용하는 화학 물질은 자연에 유독하기 때문에 오염을 일으킨다. ▶ 토양 오염은 많은 종들을 지구에서 사라지게 한다. ▶ 수질 오염은 해양 생물들로부터 서식지를 빼앗는다.

***
951 **protect** | 동 보호하다, 지키다 | ▶ **protect** the environment
환경을 보호하다

***
952 **waste** | 명 쓰레기, 폐기물
동 낭비하다, 버리다 | ▶ food **waste**
음식물 쓰레기
▶ **waste** energy
에너지를 낭비하다

***
953 **reduce** | 동 줄이다, 감소시키다
↔ increase
동 늘리다, 증가시키다 | ▶ **reduce** waste
쓰레기를 줄이다
▶ **reduce** stress
스트레스를 줄이다

*
954 **reuse** | 동 재사용하다
→ use 동 사용하다 | ▶ **reuse** paper bags
종이 가방을 재사용하다

***
955 **less** | 형 더 적은, 덜한
부 더 적게
↔ more 형 많이, 더 많은 | ▶ use **less** plastic
플라스틱을 더 적게 사용하다
▶ talk **less**
말을 덜하다(대화를 줄이다)

***
956 **recycle** | 동 재활용하다 | ▶ **recycle** cans
캔을 재활용하다
▶ **recycling** bins
재활용품 통

★★★ 교과서 10회 이상 수록   ★★ 교과서 5~9회 수록   ★ 교과서 1~4회 수록

| ★★★
957 | **garbage** | 명 쓰레기, 쓰레기장
= **waste**, **trash** 명 쓰레기 | ▶ take out the **garbage**
쓰레기를 내놓다 |

| ★
958 | **separate** | 동 분리하다
형 서로 다른, 분리된 | ▶ **separate** items
물건들을 분리하다
▶ go their **separate** ways
각자 다른 길로 가다 |

| ★
959 | **take action** | 조치를 취하다 | ▶ **take action** against
climate change
기후 변화에 대해 조치를 취하다 |

| ★★★
960 | **throw away** | ~을 버리다
→ **throw** 동 던지다 | ▶ **throw away** garbage
쓰레기를 버리다 |

951 > 960

[**스토리**] 공부한 단어들을 하나의 스토리 안에서 확인해 보세요.

▶ We should **take action** to **protect** the environment. ▶ We can do it by **reducing waste**. ▶ First, **reuse** paper. ▶ Using **less** plastic is also helpful. ▶ We can **recycle** cans and bottles. ▶ When you **throw away** **garbage**, **separate** items for recycling.

▶ 우리는 환경을 보호하기 위해 조치를 취해야 한다. ▶ 우리는 쓰레기를 줄임으로써 그렇게 할 수 있다. ▶ 먼저 종이를 재사용해라. ▶ 플라스틱을 더 적게 사용하는 것도 도움이 된다. ▶ 우리는 캔과 병을 재활용할 수 있다. ▶ 쓰레기를 버릴 때는 재활용을 위해 물품들을 분리해라.

[단어]-[뜻] 확인하기
다음 영어 단어에 맞는 우리말 뜻을 써 보세요.

1. destroy ....

2. pollute ....

3. nature ....

4. greenhouse ....

5. temperature ....

6. glacier ....

7. climate ....

8. global ....

9. ton ....

10. care about ....

11. environment ....

12. pollution ....

13. chemical ....

14. overuse ....

15. toxic ....

16. species ....

17. disappear ....

18. harm ....

19. creature ....

20. take away from ....

21. protect ....

22. waste ....

23. reduce ....

24. reuse ....

25. less ....

26. recycle ....

27. garbage ....

28. separate ....

29. take action ....

30. throw away ....

1. 파괴하다 ....
2. 오염시키다 ....
3. 자연 ....
4. 온실 ....
5. 온도 ....

6. 빙하 ....
7. 기후 ....
8. 지구의, 세계적인 ....
9. 톤, 아주 많음 ....
10. ~에 관심을 가지다 ....

11. 환경 ....
12. 오염 ....
13. 화학 물질, 화학적인 ....
14. 남용하다 ....
15. 유독한 ....

16. (생물의) 종, 종류 ....
17. 사라지다 ....
18. 피해, 해치다 ....
19. 생물 ....
20. ~로부터 빼앗다 ....

21. 보호하다 ....
22. 쓰레기, 낭비하다 ....
23. 줄이다 ....
24. 재사용하다 ....
25. 더 적은, 더 적게 ....

26. 재활용하다 ....
27. 쓰레기 ....
28. 분리하다, 서로 다른 ....
29. 조치를 취하다 ....
30. ~을 버리다 ....

MP3

★★★ 961	**disaster**	몡 재해, 재난	▸ a natural **disaster** 자연재해
★ 962	**drought**	몡 가뭄	▸ a long **drought** 오랜 가뭄
★★★ 963	**flood**	몡 홍수 동 물에 잠기다, 침수시키다	▸ a heavy **flood** 대홍수 ▸ a flash **flood** 갑자기 밀어닥친 홍수
★ 964	**hurricane**	몡 허리케인	▸ a strong **hurricane** 강력한 허리케인
965	**factor**	몡 요인[원인], 요소	▸ environmental **factors** 환경적인 요인 ▸ a major **factor** 주된 원인
★★★ 966	**cause**	동 야기하다, 일으키다 몡 원인	▸ **cause** a headache 두통을 일으키다 ▸ the **cause** and effect 원인과 결과

★★★ 교과서 10회 이상 수록　★★ 교과서 5~9회 수록　★ 교과서 1~4회 수록

967	**violent**	형 폭력적인, 난폭한, 격렬한	▶ a **violent** behavior 폭력적인 행위 ▶ a **violent** wind 맹렬한 바람
★★★ 968	**control**	동 조절하다, 통제하다 명 지배, 통제	▶ **control** my anger 나의 분노를 조절하다
969	**severe**	형 심각한, 혹독한	▶ a **severe** disaster 심각한 재해 ▶ a **severe** winter 혹독한 겨울
★★ 970	**suffer from**	~로부터 고통받다 → suffer 동 시달리다, 겪다	▶ **suffer from** sleep problems 수면 문제로 고통받다

961 > 970

[**스토리**] 공부한 단어들을 하나의 스토리 안에서 확인해 보세요.

▶ There are many types of natural **disasters** — **droughts**, **floods**, and **hurricanes**. ▶ Environmental **factors** like the weather often **cause** them. ▶ Natural disasters can be **violent**, and they are hard to **control**. ▶ The world often **suffers from severe** disasters.

▶ 가뭄, 홍수, 허리케인 등 다양한 유형의 자연재해가 있습니다. ▶ 날씨와 같은 환경적인 요인들이 흔히 그것들을 일으킵니다. ▶ 자연재해는 난폭할 수 있으며, 그것들은 통제하기 어렵습니다. ▶ 세계는 종종 심각한 재해로부터 고통받습니다.

★★★ 971	**earthquake**	명 지진	▶ a strong **earthquake** 강한 지진
★★ 972	**damage**	동 손상시키다, 피해를 입히다 명 손상, 피해	▶ flood **damage** 홍수로 인한 피해(수해) ▶ **damage** my teeth 치아를 손상시키다
★ 973	**injury**	명 부상, 상처 → injure 동 다치게 하다	▶ a knee **injury** 무릎 부상
★★★ 974	**serious**	형 심각한, 진지한	▶ a **serious** injury 심각한 부상 ▶ a **serious** drought 심각한 가뭄
★★★ 975	**safety**	명 안전 → safe 형 안전한	▶ **safety** training 안전 교육 ▶ a **safety** helmet 안전모
★★ 976	**occur**	동 일어나다, 발생하다 = happen 동 발생하다	▶ Earthquakes **occur**. 지진이 일어난다. ▶ **occur** at any time 언제든 발생하다

★★★ 교과서 10회 이상 수록   ★★ 교과서 5~9회 수록   ★ 교과서 1~4회 수록

★★★ 977	**avoid**	图 방지하다, 피하다	▶ **avoid** injuries 부상을 방지하다 ▶ **avoid** the sun 해를 피하다
★ 978	**emergency**	图 비상(사태), 응급	▶ an **emergency** room 응급실 ▶ an **emergency** kit 구급상자
★★ 979	**exit**	图 출구 图 나가다, 종료하다	▶ a fire **exit** 화재 대피구 ▶ **exit** number 3 3번 출구
★★★ 980	**get out of**	~ 밖으로 나가다	▶ **get out of** the building 건물 밖으로 나가다

971 > 980

[**스토리**] 공부한 단어들을 하나의 스토리 안에서 확인해 보세요.

▶ **Earthquakes** can **damage** our properties. ▶ They can also cause **serious injuries**. ▶ You should follow the **safety** rules when earthquakes **occur**. ▶ Cover your head to **avoid** getting hurt. ▶ Use the stairs to **get out of** the building. ▶ Carefully look at the escape plan to find the **emergency exit**.

▶ 지진은 우리의 재산을 손상시킬 수 있습니다. ▶ 그것은 또한 심각한 부상을 일으킬 수도 있습니다. ▶ 지진이 일어나면 여러분은 안전 규칙을 따라야 합니다. ▶ 다치는 것을 방지하기 위해 머리를 가리세요. ▶ 건물 밖으로 나가기 위해 계단을 사용하세요. ▶ 비상구를 찾기 위해 대피도를 유심히 보세요.

| ★★★ 981 | **impossible** | 형 불가능한 ↔ possible 형 가능한 | ▶ **impossible** to control 통제하는 것이 불가능한 |

| ★★★ 982 | **prevent** | 동 막다, 예방하다 | ▶ **prevent** a disaster 재해를 예방하다
 ▶ **prevent** an accident 사고를 예방하다 |

| ★★ 983 | **predict** | 동 예측하다, 예견하다 | ▶ **predict** the future 미래를 예측하다 |

| ★★★ 984 | **forecast** forecast - forecast | 명 예측, 예보
 동 예측하다, 예보하다
 = predict 동 예측하다 | ▶ the weather **forecast** 날씨 예보 |

| 985 | **examine** | 동 조사하다, 검사하다
 → exam 명 시험, 검사 | ▶ **examine** the records 기록을 살펴보다
 ▶ **examine** the teeth 치아를 검사하다 |

| ★★★ 986 | **surface** | 명 표면, 지면 | ▶ the Earth's **surface** 지구의 표면
 ▶ below the **surface** 표면 아래에 |

★★★ 교과서 10회 이상 수록 ★★ 교과서 5~9회 수록 ★ 교과서 1~4회 수록

★★★ 987	**sense**	통 감지하다 명 감각	▸ **sense** a fire 화재를 감지하다 ▸ the five **senses** 오감
★★★ 988	**rise** rose - risen	통 올라가다, 오르다 명 증가, 상승	▸ Smoke **rises**. 연기가 피어오른다. ▸ a **rise** in prices 물가 상승
★★ 989	**warn**	통 경고하다, 주의를 주다	▸ **warn** us about the fire 우리에게 화재에 대해 경고하다 ▸ a typhoon **warning** 태풍 경보
★ 990	**in advance**	미리, 사전에	▸ predict disasters **in advance** 재난을 미리 예측하다

981 > 990

[**스토리**] 공부한 단어들을 하나의 스토리 안에서 확인해 보세요.

▸ Most natural disasters are **impossible** to **prevent**. ▸ However, we can **predict** them **in advance**. ▸ We **forecast** the weather to predict floods. ▸ We **examine** the shaking of the Earth's **surface** to predict earthquakes. ▸ We can also **sense** a fire. ▸ When smoke **rises**, emergency alarms **warn** us.

▸ 대부분의 자연재해는 예방하는 것이 불가능합니다. ▸ 하지만 우리는 미리 그것들을 예측할 수 있습니다. ▸ 우리는 날씨를 예측하여 홍수를 예견합니다. ▸ 우리는 지구 표면의 흔들림을 조사하여 지진을 예측합니다. ▸ 우리는 또한 화재도 감지할 수 있습니다. ▸ 연기가 피어오르면, 비상 경보가 우리에게 경고합니다.

1. disaster ....
2. drought ....
3. flood ....
4. hurricane ....
5. factor ....

6. cause ....
7. violent ....
8. control ....
9. severe ....
10. suffer from ....

11. earthquake ....
12. damage ....
13. injury ....
14. serious ....
15. safety ....

16. occur ....
17. avoid ....
18. emergency ....
19. exit ....
20. get out of ....

21. impossible ....
22. prevent ....
23. predict ....
24. forecast ....
25. examine ....

26. surface ....
27. sense ....
28. rise ....
29. warn ....
30. in advance ....

1. 재해, 재난 ....

2. 가뭄 ....

3. 홍수 ....

4. 허리케인 ....

5. 요인 ....

6. 야기하다, 원인 ....

7. 난폭한 ....

8. 통제하다 ....

9. 심각한 ....

10. ~로부터 고통받다 ....

11. 지진 ....

12. 손상시키다, 손상 ....

13. 부상, 상처 ....

14. 심각한 ....

15. 안전 ....

16. 일어나다, 발생하다 ....

17. 방지하다, 피하다 ....

18. 비상(사태) ....

19. 출구 ....

20. ~ 밖으로 나가다 ....

21. 불가능한 ....

22. 막다, 예방하다 ....

23. 예측하다, 예견하다 ....

24. 예보, 예보하다 ....

25. 조사하다 ....

26. 표면 ....

27. 감지하다, 감각 ....

28. 오르다, 상승 ....

29. 경고하다 ....

30. 미리, 사전에 ....

교통

 MP3

★★ 991	**traffic**	몡 교통(량)	▶ a **traffic** light 신호등 ▶ heavy **traffic** 많은 교통량(교통 체증)
★ 992	**motorcycle**	몡 오토바이	▶ ride a **motorcycle** 오토바이를 타다
★★★ 993	**street**	몡 거리, 도로, 길 = way 몡 길 = road 몡 도로	▶ along the **street** 길을 따라 ▶ a **street** cat 길고양이
★★★ 994	**block**	동 막다, 차단하다 몡 블록, (건물) 단지	▶ **block** the street 도로를 막다 ▶ Go straight one **block**. 한 블록을 곧장 가세요.
★★★ 995	**accident**	몡 사고, 우연	▶ a car **accident** 차 사고
★★★ 996	**subway**	몡 지하철, 지하도	▶ take the **subway** 지하철을 타다 ▶ a **subway** line 지하철 노선

★★★ 교과서 10회 이상 수록 ★★ 교과서 5~9회 수록 ★ 교과서 1~4회 수록

★ 997	**tap**	통 가볍게 두드리다 명 두드리기, 수도꼭지	▶ **tap** a card 카드를 찍다(가볍게 대다) ▶ **tap** water 수돗물
★★ 998	**transportation**	명 교통, 운송	▶ a **transportation** card 교통 카드
★ 999	**due to**	~ 때문에	▶ **due to** an accident 사고 때문에 ▶ **due to** rain 비 때문에
★★★ 1000	**get off**	~에서 내리다 ↔ **get on** ~에 타다	▶ **get off** the bus 버스에서 내리다

991 > 1000

[**스토리**] 공부한 단어들을 하나의 스토리 안에서 확인해 보세요.

▶ I am on the bus to school, but the **traffic** is heavy today. ▶ The road is full of cars, trucks, **motorcycles**, and bicycles. ▶ Oh, no! Some **streets** are even **blocked due to** an **accident**. ▶ I decide to take the **subway** instead. ▶ I **tap** my **transportation** card to **get off**.

▶ 나는 학교 가는 버스에 탔는데, 오늘은 교통량이 많다. ▶ 도로는 차, 트럭, 오토바이, 그리고 자전거로 가득찼다. ▶ 아, 이런! 몇몇 도로는 심지어 사고로 막혔다. ▶ 나는 대신 지하철을 타기로 한다. ▶ 나는 내리려고 교통 카드를 찍는다.

MP3

| ★★★ 1001 | **station** | 명 역, 정거장 | ▶ a subway **station**
 지하철역 |

| ★★★ 1002 | **near** | 형 가까운
 부 가까이
 전 ~ 근처에 | ▶ the **nearest** station
 가장 가까운 역
 ▶ in the **near** future
 가까운 미래에 |

| ★★★ 1003 | **map** | 명 지도
 동 지도를 그리다 | ▶ a world **map**
 세계 지도
 ▶ look at a **map**
 지도를 보다 |

| ★★★ 1004 | **cross** | 동 건너다, 교차시키다
 명 십자가, 교차
 → across 부 가로질러 | ▶ **cross** the street
 길을 건너다
 ▶ **Cross** your fingers.
 행운을 빌어줘. |

| ★ 1005 | **horn** | 명 경적, 뿔(피리) | ▶ car **horns**
 자동차 경적
 ▶ a rhino **horn**
 코뿔소 뿔 |

| ★ 1006 | **shortcut** | 명 지름길 | ▶ take a **shortcut**
 지름길로 가다 |

★★★ 교과서 10회 이상 수록   ★★ 교과서 5~9회 수록   ★ 교과서 1~4회 수록

★ 1007	**destination**	명 목적지	▸ the final **destination** 최종 목적지(종착지)

★★★ 1008	**reach**	동 ~에 도달하다, 이르다 명 (팔이 닿는) 거리	▸ **reach** a destination 목적지에 도달하다 ▸ within my **reach** 내 팔이 닿는 거리에

★ 1009	**turn around**	방향을 바꾸다, 뒤돌아보다 → turn 동 돌다, 돌리다	▸ Don't **turn around**. 뒤돌아보지 마.

★★★ 1010	**get on**	~에 타다 ↔ **get off** ~에서 내리다	▸ **get on** the subway 지하철을 타다

1001 > 1010

[**스토리**] 공부한 단어들을 하나의 스토리 안에서 확인해 보세요.

▸ I find the **nearest** subway **station**. ▸ Looking at the **map**, I **cross** the street. ▸ Honk! Honk! It's the sound of car **horns**. ▸ I **turn around** and take a **shortcut**. ▸ Finally, I **reach** my **destination** and **get on** the subway.

▸ 나는 가장 가까운 지하철역을 찾는다. ▸ 지도를 보며 나는 길을 건넌다. ▸ 빵! 빵! 이건 자동차 경적 소리이다. ▸ 나는 방향을 바꾸어 지름길로 간다. ▸ 마침내 나는 목적지에 도착해서 지하철을 탄다.

| ★★★ 1011 **boat** | 명 보트, 배 | ▸ be on a **boat** 보트를 타다 ▸ a fishing **boat** 낚싯배 |

| ★ 1012 **ferry** | 명 여객선[수송선], 페리 | ▸ take a **ferry** 여객선을 타다 |

| ★ 1013 **port** | 명 항구, 포트 | ▸ a **port** town 항구 도시 ▸ a USB **port** USB (연결) 포트 |

| ★ 1014 **passenger** | 명 승객, 여객 | ▸ a **passenger** seat 조수석 ▸ a **passenger** plane 여객기 |

| ★ 1015 **captain** | 명 선장, 주장, 캡틴 | ▸ become a **captain** 선장이 되다 ▸ the team's **captain** 팀의 주장 |

| ★★ 1016 **crew** | 명 선원, 승무원, (함께 일을 하는) 팀 | ▸ my **crew** members 우리 팀 구성원 ▸ a flight **crew** 비행기 승무원 |

★★★ 교과서 10회 이상 수록   ★★ 교과서 5~9회 수록   ★ 교과서 1~4회 수록

★ 1017	**sail**	명 돛, 항해 동 항해하다 → **sailor** 명 선원	▶ set **sail** 돛을 올리다(출항하다) ▶ a **sailing** boat 돛단배
★ 1018	**announce**	동 알리다, 발표하다 → **announcement** 명 알림, 발표	▶ **announce** the result 결과를 발표하다 ▶ be officially **announced** 공식적으로 알려지다
1019	**delay**	명 지연, 연기 동 미루다, 지연시키다	▶ a ten-minute **delay** 10분 연기
1020	**on board**	탑승한, 승선한 → **board** 동 탑승하다, 승선하다	▶ people **on board** 탑승한 사람들

1011 > 1020

[스토리] 공부한 단어들을 하나의 스토리 안에서 확인해 보세요.

▶ Have you ever been on a **boat** or ship? ▶ I have taken a **ferry** once. ▶ At the **port**, there were many **passengers**. ▶ Soon, the **captain** and **crew** arrived. ▶ However, the ferry could not set **sail** because of heavy rain. ▶ The captain **announced** the **delay**. ▶ When the sun came out, we were finally able to get **on board**.

▶ 여러분은 보트나 배를 타 본 적이 있나요? ▶ 저는 여객선을 한 번 타 봤어요. ▶ 항구에는 많은 승객들이 있었어요. ▶ 곧 선장과 선원들이 도착했어요. ▶ 그러나 여객선은 폭우 때문에 돛을 올릴 수 없었어요. ▶ 선장이 지연을 알렸어요. ▶ 해가 나오자 우리는 마침내 배에 탈 수 있었어요.

[단어]-[뜻] 확인하기
다음 영어 단어에 맞는 우리말 뜻을 써 보세요.

1. traffic ....

2. motorcycle ....

3. street ....

4. block ....

5. accident ....

6. subway ....

7. tap ....

8. transportation ....

9. due to ....

10. get off ....

11. station ....

12. near ....

13. map ....

14. cross ....

15. horn ....

16. shortcut ....

17. destination ....

18. reach ....

19. turn around ....

20. get on ....

21. boat ....

22. ferry ....

23. port ....

24. passenger ....

25. captain ....

26. crew ....

27. sail ....

28. announce ....

29. delay ....

30. on board ....

1. 교통(량) ....

2. 오토바이 ....

3. 거리, 도로 ....

4. 막다, 블록 ....

5. 사고 ....

6. 지하철 ....

7. 가볍게 두드리다 ....

8. 교통, 운송 ....

9. ~ 때문에 ....

10. ~에서 내리다 ....

11. 역 ....

12. 가까운 ....

13. 지도 ....

14. 건너다 ....

15. 경적, 뿔 ....

16. 지름길 ....

17. 목적지 ....

18. ~에 도달하다 ....

19. 방향을 바꾸다 ....

20. ~에 타다 ....

21. 보트 ....

22. 여객선 ....

23. 항구 ....

24. 승객 ....

25. 선장, 주장 ....

26. 선원 ....

27. 돛, 항해 ....

28. 알리다 ....

29. 지연, 미루다 ....

30. 탑승한 ....

★★ 1021 hometown | 명 고향 | ▶ miss my **hometown**
내 고향을 그리워하다

★ 1022 countryside | 명 시골 지역, 전원 | ▶ live in the **countryside**
시골에 살다
▶ green **countryside**
푸르른 전원 풍경

★★★ 1023 born | 동 탄생하다, 태어나다
형 타고난 | ▶ be **born** in 2010
2010년에 태어나다
▶ a **born** artist
타고난 예술가

★★★ 1024 village | 명 마을 | ▶ a small **village**
작은 마을
▶ a folk **village**
민속 마을

★★★ 1025 strange | 형 이상한, 낯선 | ▶ a **strange** city
낯선 도시
▶ a **strange** sound
이상한 소리

★ 1026 complex | 형 복잡한
명 복합 건물, (건물) 단지 | ▶ **complex** issues
복잡한 문제들
▶ an office **complex**
사무실 단지

★★★ 교과서 10회 이상 수록 ★★ 교과서 5~9회 수록 ★ 교과서 1~4회 수록

★★★ 1027	**closely**	📖 가까이, 밀접하게 → close 📖 가까운	▸ live **closely** together 함께 가까이 살다
★★ 1028	**modern**	📖 현대의, 근대의, 최신의	▸ a **modern** city 현대[근대] 도시 ▸ **modern** life 현대인의 생활
★★ 1029	**convenient**	📖 편리한, 편한 ↔ inconvenient 📖 불편한	▸ **convenient** to live 살기에 편리한 ▸ at a **convenient** time 편한 시간에
★ 1030	**be used to -ing**	~하는 것에 익숙하다	▸ **be used to** liv**ing** in the city 도시에 사는 것에 익숙하다

1021 > 1030

[**스토리**] 공부한 단어들을 하나의 스토리 안에서 확인해 보세요.

▸ My **hometown** is in the **countryside**. ▸ I was **born** and raised in a small **village**. ▸ When I came to the city for the first time, everything felt **strange**. ▸ The city was busy and **complex**, and people lived **closely** together. ▸ Now I **am used to** liv**ing** in a **modern** city. ▸ I think it is **convenient**.

▸ 나의 고향은 시골 지역에 있다. ▸ 나는 작은 마을에서 태어나고 길러졌다. ▸ 내가 처음으로 도시에 왔을 때, 모든 것이 낯설게 느껴졌다. ▸ 도시는 바쁘고 복잡했고, 사람들은 함께 가까이 살았다. ▸ 이제 나는 현대 도시에 사는 것에 익숙하다. ▸ 나는 그것이 편리하다고 생각한다.

도시·문명

MP3

★★
1031
capital

명 수도, 자금, 대문자
형 대문자의

▶ the **capital** of Korea
한국의 수도

▶ a **capital** letter
대문자

★★
1032
government

명 정부, 통치

→ **govern** 동 통치하다

▶ the U.S. **government**
미국 정부

★★★
1033
center

명 중심, 중앙
동 중심에 두다

▶ the city **center**
도심

▶ the **center** of culture
문화의 중심

★
1034
central

형 중앙의, 중심이 되는

→ center 명 중심

▶ the **central** government
중앙 정부

▶ **Central** America
중앙 아메리카

★
1035
industry

명 산업, 공업

▶ the music **industry**
음악 산업

1036
link

동 연결하다, 관련짓다
명 연결, 관련, 링크

= connect 동 연결하다

▶ be **linked** together
서로 연결되다

▶ click the **link**
링크를 누르다

★★★ 교과서 10회 이상 수록   ★★ 교과서 5~9회 수록   ★ 교과서 1~4회 수록

| ★
1037 **downtown** | 명 번화가, 시내, 도심
부 시내에서 | ▶ the capital's **downtown**
수도의 번화가
▶ work **downtown**
시내에서 일하다 |

| ★★★
1038 **tourist** | 명 관광객

→ **tour** 동 관광하다 | ▶ a foreign **tourist**
외국인 관광객
▶ a **tourist** guide
관광객 안내서 |

| ★★
1039 **attract** | 동 마음을 끌다,
끌어들이다 | ▶ **attract** tourists
관광객들의 마음을 끌다 |

| ★
1040 **be known
for** | ~로 알려지다 | ▶ **be known for**
its unique look
그것의 독특한 모습으로 알려지다 |

1031 > 1040

[**스토리**] 공부한 단어들을 하나의 스토리 안에서 확인해 보세요.

▶ A **capital** is a large city, and the **central government** is in the capital. ▶ It is the **center** of culture and business. ▶ Here, different **industries** are **linked** together. ▶ Most capitals **are known for** their unique look and feel. ▶ The capital's **downtown attracts** many **tourists**.

▶ 수도는 큰 도시이며, 수도에는 중앙 정부가 있다. ▶ 그곳은 문화와 비즈니스의 중심이다. ▶ 이곳에서는 다양한 산업들이 서로 연결되어 있다. ▶ 대부분의 수도는 그들의 독특한 모습과 분위기로 알려져 있다. ▶ 수도의 번화가는 많은 관광객들의 마음을 끈다.

★
1041 **ancient**

형 고대의, 아주 오래된

↔ modern 형 현대의

▶ an **ancient** city
고대 도시

▶ in **ancient** times
고대 시대에

★
1042 **found**

동 설립하다,
세우다[만들다]

▶ **found** a company
회사를 설립하다

★★
1043 **society**

명 사회, 집단

▶ modern **society**
현대 사회

1044 **advanced**

형 선진의, 발달된

→ advance 동 나아가다
명 발전

▶ an **advanced** society
선진 사회

▶ **advanced** technology
발달된[선진] 기술

★★★
1045 **level**

명 수준, 정도, 높이
동 평평하게 하다

▶ a high-**level** course
고급 과정

▶ sea **level**
해수면

★
1046 **civilization**

명 문명

▶ the Mayan **civilization**
마야 문명

★★★ 교과서 10회 이상 수록 ★★ 교과서 5~9회 수록 ★ 교과서 1~4회 수록

1047	**monument**	명 기념물, (역사적인) 건축물	▶ an ancient **monument** 고대 건축물
★★★ 1048	**area**	명 지역, 영역	▶ desert **areas** 사막 지역 ▶ a sunny **area** 해가 드는 곳
★ 1049	**landmark**	명 명소, 랜드마크, 획기적인 사건	▶ a national **landmark** 국가적 명소
★★ 1050	**a way of**	~의 방식, 방법 → way 명 방법	▶ **a way of** life 삶의 방식

1041 > 1050

[**스토리**] 공부한 단어들을 하나의 스토리 안에서 확인해 보세요.

▶ In **ancient** times, people **founded** cities, and some developed into **advanced societies**. ▶ They had a high **level** of culture and **an** advanced **way of** life. ▶ We call them **civilizations**. ▶ These civilizations have left great **monuments** in many **areas**. ▶ For example, the pyramids of Egypt are **landmarks** in the present day.

▶ 고대 시대에 사람들은 도시를 세웠고, 몇몇은 선진 사회로 발전했다. ▶ 그것들은 높은 수준의 문화와 선진화된 삶의 방식을 가지고 있었다. ▶ 우리는 그것들을 문명이라고 부른다. ▶ 이러한 문명은 여러 지역에 훌륭한 건축물들을 남겼다. ▶ 예를 들어, 이집트의 피라미드는 오늘날의 명소이다.

1. hometown

2. countryside

3. born

4. village

5. strange

6. complex

7. closely

8. modern

9. convenient

10. be used to -ing

11. capital

12. government

13. center

14. central

15. industry

16. link

17. downtown

18. tourist

19. attract

20. be known for

21. ancient

22. found

23. society

24. advanced

25. level

26. civilization

27. monument

28. area

29. landmark

30. a way of

[뜻]-[단어] 확인하기
다음 우리말 뜻에 맞는 영어 단어를 써 보세요.

1. 고향 ....

2. 시골 지역 ....

3. 태어나다, 타고난 ....

4. 마을 ....

5. 이상한, 낯선 ....

6. 복잡한 ....

7. 가까이 ....

8. 현대의, 근대의 ....

9. 편리한 ....

10. ~하는 것에 익숙하다 ....

11. 수도, 대문자 ....

12. 정부 ....

13. 중심, 중앙 ....

14. 중앙의 ....

15. 산업 ....

16. 연결하다 ....

17. 번화가, 시내 ....

18. 관광객 ....

19. 마음을 끌다 ....

20. ~로 알려지다 ....

21. 고대의 ....

22. 설립하다 ....

23. 사회 ....

24. 선진의 ....

25. 수준 ....

26. 문명 ....

27. 기념물, (역사적인) 건축물 ....

28. 지역 ....

29. 명소, 랜드마크 ....

30. ~의 방식 ....

MP3

★★ 1051 **amusement**
- 몡 놀이, 재미, 즐거움
  - → amuse 통 즐겁게 하다
- ▶ an **amusement** park
  놀이공원

★★★ 1052 **noise**
- 몡 소음, 잡음
- ▶ make **noise**
  시끄럽게 하다(소음을 내다)
- ▶ the engine **noise**
  엔진 소음

★★★ 1053 **loud**
- 혱 시끄러운, (소리가) 큰
  - ↔ quiet 혱 조용한
- ▶ a **loud** noise
  시끄러운 소음

★★★ 1054 **scream**
- 통 소리치다, 비명을 지르다
- 몡 비명, 환호
- ▶ a **screaming** baby
  소리치는(심하게 우는) 아기
- ▶ hear a **scream**
  비명을 듣다

1055 **steep**
- 혱 가파른, 급격한
  - = sharp 혱 가파른
- ▶ the **steepest** roller coaster
  가장 가파른 롤러코스터

★★ 1056 **degree**
- 몡 정도, (온도·각도의) 도, 학위
- ▶ a 90-**degree** angle
  90도의 각도
- ▶ rise by six **degrees**
  (온도가) 6도 오르다

★★★ 교과서 10회 이상 수록 ★★ 교과서 5~9회 수록 ★ 교과서 1~4회 수록

| ★ 1057 | **spin** spun - spun | 몡 회전, 스핀
 동 (빠르게) 돌다, 돌리다 | ▶ a 360-degree **spin**
 360도 회전
 ▶ **spin** a top
 팽이를 돌리다 |

| ★ 1058 | **extremely** | 뵘 극도로, 매우
 → extreme 혱 극도의 | ▶ **extremely** dangerous
 극도로 위험한
 ▶ **extremely** hot
 (날씨가) 아주 더운 |

| ★ 1059 | **thrill** | 몡 흥분, 짜릿함, 스릴
 동 열광시키다
 → thrilled 혱 아주 흥분한 | ▶ extremely **thrilling**
 매우 짜릿한 |

| ★★ 1060 | **upside down** | 거꾸로, 뒤집혀서 | ▶ turn you **upside down**
 당신을 거꾸로 뒤집다 |

1051 > 1060

[스토리] 공부한 단어들을 하나의 스토리 안에서 확인해 보세요.

▶ Welcome to the **amusement** park! ▶ Let me introduce our rides.
▶ Can you hear the **loud noise**? ▶ It's the people's **scream** from our
steepest roller coaster. ▶ The tracks turn you **upside down**. ▶ And
the powerful 360-**degree spins** are **extremely thrilling**!

▶ 놀이공원에 오신 것을 환영합니다! ▶ 저희의 놀이기구를 소개해 드릴게요. ▶ 큰 소리가 들리시나
요? ▶ 저희의 가장 가파른 롤러코스터에서 나는 사람들의 비명 소리예요. ▶ 그 트랙은 당신을 거꾸
로 뒤집을 거예요. ▶ 그리고 강력한 360도 회전은 매우 짜릿합니다!

놀이공원

롤러코스터 범퍼카 워터슬라이드
1061 > 1070

MP3

★
1061 **attraction**

몡 명물[명소], 끌림, 매력

→ **attract** 동 (마음을) 끌다

▶ a popular **attraction**
인기 있는 어트랙션(명물)

▶ a tourist **attraction**
여행자들의 명소

1062 **license**

몡 면허, 자격증

▶ get a **license**
면허를(자격증을) 따다

▶ a driver's **license**
운전면허증

1063 **vehicle**

몡 탈것, 차량, 운송 수단

▶ choose a **vehicle**
차량을 고르다

▶ an electric **vehicle**
전기 자동차

★★★
1064 **seat**

몡 좌석, 자리
동 앉히다, 앉다

▶ a driver's **seat**
운전석

▶ Take a **seat**.
자리에 앉으세요.

★
1065 **fasten**

동 매다, 묶다, 잠그다

▶ **Fasten** your seat belt.
안전벨트를 매세요.

★★★
1066 **drive**

drove - driven

동 운전하다, 몰다
몡 자동차 여행, 드라이브

→ **driver** 몡 운전자

▶ **drive** slowly
천천히 운전하다

▶ a two-hour **drive**
두 시간의 자동차 여행

★★★ 교과서 10회 이상 수록   ★★ 교과서 5~9회 수록   ★ 교과서 1~4회 수록

★★★ 1067	**flat**	형 평평한, 납작한	▶ a **flat** bread 납작한 빵 ▶ **flat**land 평지
★★ 1068	**slippery**	형 미끄러운 → slip 동 미끄러지다	▶ a **slippery** floor 미끄러운 바닥
 1069	**hop into**	~에 뛰어올라 타다 → hop 동 깡충 뛰다, 타다	▶ **hop into** the train 기차에 뛰어올라 타다
★ 1070	**blow away**	~을 날려버리다 → blow 동 불다	▶ **blow** my stress **away** 내 스트레스를 날려버리다

1061 > 1070

[**스토리**] 공부한 단어들을 하나의 스토리 안에서 확인해 보세요.

▶ Bumper cars are another one of our popular **attractions**. ▶ You don't need a **license**. ▶ Just choose a **vehicle**, **hop into** the driver's **seat**, and **fasten** your seat belt. ▶ Then **drive** around on the **flat**, **slippery** floor. ▶ It will **blow** your stress **away**.

▶ 범퍼카는 저희의 또 하나의 인기 있는 어트랙션입니다. ▶ 당신은 면허증이 필요 없습니다. ▶ 그저 차량을 고르고, 운전석에 올라타 안전벨트를 매세요. ▶ 그런 다음 평평하고 미끄러운 바닥에서 운전하여 돌아다니세요. ▶ 이것은 당신의 스트레스를 날려버릴 거예요.

MP3

★ 1071	**glide**	동 미끄러지듯 가다, 활공하다	▶ **glide** quickly 빠르게 미끄러지듯 가다 ▶ hang-**gliding** 행글라이더 타기
1072	**valley**	명 계곡, 골짜기	▶ a steep **valley** 가파른 계곡
★★ 1073	**jungle**	명 밀림, 정글	▶ explore the **jungle** 밀림을 탐험하다
★★★ 1074	**fall** fell - fallen	동 떨어지다, 넘어지다 명 추락, 폭포, 가을 ↔ rise 동 오르다	▶ **fall** down a hill 언덕에서 떨어지다 ▶ rain**fall** 비가 내림, 강우량
★★ 1075	**slide** slid - slid	동 미끄러지다, 떨어지다 명 미끄럼틀	▶ **slide** down 미끄러져 내려가다 ▶ ride a **slide** 미끄럼틀을 타다
★★ 1076	**pool**	명 웅덩이, 수영장	▶ a swimming **pool** 수영장 ▶ a **pool** of water 물 웅덩이

★★★ 교과서 10회 이상 수록 ★★ 교과서 5~9회 수록 ★ 교과서 1~4회 수록

★★★ 1077	**screen**	몡 화면, 스크린, 가리개 동 가리다, 차단하다	▸ a phone **screen** 휴대폰 화면 ▸ wear sun**screen** 자외선 차단제를 바르다
1078	**platform**	몡 승강장, 플랫폼	▸ a train **platform** 기차 승강장 ▸ next to the **platform** 승강장 옆에
★★ 1079	**hold on**	잡고 있다, 기다리다	▸ **hold on** tight 꽉 잡고 있다 ▸ **Hold on** a minute. 잠시 기다려 주세요.
★ 1080	**miss out**	(기회를) 놓치다, 실패하다	▸ Don't **miss out**! 놓치지 마세요!

1071 > 1080

[스토리] 공부한 단어들을 하나의 스토리 안에서 확인해 보세요.

▸ The boat **glides** quickly through the **valley** and the **jungle**. ▸ **Hold on** tight! ▸ The boat is **falling** down a steep hill! ▸ As it **slides** down into a **pool**, a camera will take your picture. ▸ Don't **miss out**! ▸ You can find your photo on the **screen** next to the **platform**.

▸ 보트는 계곡과 밀림을 재빠르게 미끄러지듯 지나가요. ▸ 꽉 잡으세요! ▸ 보트가 가파른 언덕에서 떨어지고 있어요! ▸ 보트가 웅덩이로 미끄러져 내려갈 때 카메라가 당신의 사진을 찍을 거예요. ▸ 놓치지 마세요! ▸ 승강장 옆의 화면에서 당신의 사진을 찾을 수 있습니다.

1. amusement
2. noise
3. loud
4. scream
5. steep

6. degree
7. spin
8. extremely
9. thrill
10. upside down

11. attraction
12. license
13. vehicle
14. seat
15. fasten

16. drive
17. flat
18. slippery
19. hop into
20. blow away

21. glide
22. valley
23. jungle
24. fall
25. slide

26. pool
27. screen
28. platform
29. hold on
30. miss out

[뜻]-[단어] 확인하기

다음 우리말 뜻에 맞는 영어 단어를 써 보세요.

1. 놀이, 재미 ....

2. 소음 ....

3. 시끄러운, (소리가) 큰 ....

4. 비명을 지르다, 비명 ....

5. 가파른 ....

6. 정도, 도 ....

7. 회전, (빠르게) 돌다 ....

8. 극도로, 매우 ....

9. 짜릿함 ....

10. 거꾸로 ....

11. 명물, 끌림 ....

12. 면허, 자격증 ....

13. 탈것, 차량 ....

14. 좌석, 앉히다 ....

15. 매다 ....

16. 운전하다 ....

17. 평평한 ....

18. 미끄러운 ....

19. ~에 뛰어올라 타다 ....

20. ~을 날려버리다 ....

21. 미끄러지듯 가다 ....

22. 계곡 ....

23. 밀림 ....

24. 떨어지다, 추락 ....

25. 미끄러지다, 미끄럼틀 ....

26. 웅덩이, 수영장 ....

27. 화면, 차단하다 ....

28. 승강장 ....

29. 잡고 있다, 기다리다 ....

30. (기회를) 놓치다 ....

★★★
1081 **puzzle**

명 퍼즐, 수수께끼
동 어리둥절하게 하다

▶ a 1000-piece **puzzle**
1,000조각 퍼즐
▶ I was **puzzled**.
나는 어리둥절했다.

★
1082 **shooting**

명 발사, 사격, 촬영
→ shoot 동 쏘다, 촬영하다

▶ a **shooting** game
사격 게임

★
1083 **survival**

명 생존
→ survive 동 생존하다

▶ a chance of **survival**
생존 가능성

1084 **strategy**

명 전략, 계획

▶ a successful **strategy**
성공적인 전략

★★
1085 **download**

동 다운로드하다,
(데이터를) 내려받다
↔ upload 동 업로드하다

▶ **download** files
파일을 다운로드하다
▶ **download** pictures
사진을 다운로드하다

★★★
1086 **smartphone**

명 스마트폰

▶ a **smartphone** user
스마트폰 사용자

★★★ 교과서 10회 이상 수록   ★★ 교과서 5~9회 수록   ★ 교과서 1~4회 수록

★★★ 1087	**break** broke - broken	동 깨다, 부수다, 쉬다 명 휴식, 중단	▶ take a **break** 휴식을 취하다 ▶ **break** my arm 팔이 부러지다
★ 1088	**addicted**	형 (오락 등에) 중독된	▶ get[be] **addicted** 중독되다 ▶ **addicted** to games 게임에 중독된
★★ 1089	**for fun**	재미로 → fun 명 재미	▶ play games **for fun** 재미로 게임을 하다
★★★ 1090	**for free**	무료로 → free 형 무료인	▶ download it **for free** 그것을 무료로 다운로드하다

1081 > 1090

[**스토리**] 공부한 단어들을 하나의 스토리 안에서 확인해 보세요.

▶ Many people play online games **for fun**. ▶ Some enjoy **puzzles**, and others play **shooting**, **survival**, or **strategy** games. ▶ You can easily **download** them on your computer or **smartphone for free**. ▶ Playing games can be a good way to take a **break**. ▶ However, be careful not to get **addicted**.

▶ 많은 사람들은 재미로 온라인 게임을 합니다. ▶ 몇몇 사람들은 퍼즐을 즐기고, 다른 사람들은 사격 게임, 생존 게임 또는 전략 게임을 합니다. ▶ 당신은 컴퓨터나 스마트폰에 그것들을 쉽게 무료로 다운로드할 수 있습니다. ▶ 게임을 하는 것은 휴식을 갖는 좋은 방법일 수 있습니다. ▶ 하지만, 중독되지 않도록 조심하세요.

★★★ 1091	**audition**	명 오디션, 심사 동 오디션을 보다, 오디션을 실시하다	▶ an **audition** program 오디션 프로그램 ▶ **audition** for a play 연극 오디션을 보다
★★ 1092	**participant**	명 참가자 → participate 동 참가하다	▶ a **participant** of an audition 오디션 참가자
★★★ 1093	**dance**	동 춤을 추다 명 춤[댄스]	▶ **dance** to music 음악에 맞춰 춤추다 ▶ a **dance** team 댄스 팀
★★ 1094	**acting**	명 연기	▶ an **acting** class 연기 수업 ▶ show her **acting** 그녀의 연기를 보여주다
★★ 1095	**talented**	형 재능 있는 → talent 명 재능	▶ **talented** participants 재능 있는 참가자들
1096	**vocal**	형 목소리의, 발성의 명 가창, (음악의) 보컬	▶ amazing **vocal** skills 뛰어난 가창력 ▶ **vocal** training 발성 연습

★★★ 1097	**contest**	명 대회, 시합 동 경쟁을 벌이다	▶ a singing **contest** 노래 대회
★★★ 1098	**fan**	명 팬, 선풍기, 부채 동 부채질을 하다	▶ a big **fan** 열렬한 팬 ▶ an electric **fan** 선풍기
1099	**debut**	명 데뷔, 첫 출연	▶ make a successful **debut** 성공적인 데뷔를 하다
★ 1100	**on air**	방송에서, 방송 중인	▶ sing **on air** 방송에서 노래하다

1091 > 1100

[**스토리**] 공부한 단어들을 하나의 스토리 안에서 확인해 보세요.

▶ I like watching **audition** programs on TV. ▶ The **participants** sing, **dance**, and show their **acting** skills **on air**. ▶ They are all very **talented**. ▶ Viewers enjoy their amazing **vocals** and performances. ▶ Thanks to these **contests**, they have many **fans** even before their **debuts**.

▶ 저는 TV에서 오디션 프로그램 보는 것을 좋아해요. ▶ 참가자들은 방송에서 노래하고 춤추며 연기 실력을 보여줘요. ▶ 그들은 모두 매우 재능이 있어요. ▶ 시청자들은 그들의 굉장한 보컬과 공연을 즐겨요. ▶ 이러한 대회 덕분에 그들은 데뷔 전인데도 많은 팬들이 있어요.

| ★★★
1101 | **cartoon** | 몡 만화 | ▶ a **cartoon** character
만화 캐릭터 |

| ★★★
1102 | **comic** | 혱 웃기는, 재미있는
몡 만화, 만화책 | ▶ a **comic** book
만화책
▶ a **comic** story
재미있는 이야기 |

| ★
1103 | **strip** | 몡 (가느다란) 조각
동 옷을 벗다, 벗기다 | ▶ a comic **strip**
(신문 등의) 연재 만화
▶ **strip** paint
페인트를 벗겨내다 |

| ★★★
1104 | **animation** | 몡 만화 영화, 애니메이션 | ▶ an **animation** artist
만화 영화 작가
▶ an **animation** series
만화 영화 시리즈 |

| ★
1105 | **humor** | 몡 유머, 익살 | ▶ a sense of **humor**
유머 감각 |

| ★★
1106 | **imagination** | 몡 상상력, 상상
→ imagine 동 상상하다 | ▶ a big **imagination**
풍부한 상상력
▶ use my **imagination**
내 상상력을 이용하다 |

| ★ 1107 | **reality** | 몡 사실, 현실 | ▶ based on **reality** |
| | | → **real** 혱 진짜의 | 사실을 기반으로 한 |

| ★ 1108 | **silly** | 혱 어리석은, 바보 같은, 우스꽝스러운 | ▶ a **silly** character |
| | | | 우스꽝스러운 캐릭터 |

| ★ 1109 | **well-known** | 혱 유명한, 잘 알려진, 친숙한 | ▶ a **well-known** actor |
| | | = **famous** 혱 유명한 | 유명한 배우 |

| ★ 1110 | **make fun of** | ~을 놀리다 | ▶ **make fun of** friends |
| | | | 친구들을 놀리다 |

1101 > 1110

[**스토리**] 공부한 단어들을 하나의 스토리 안에서 확인해 보세요.

▶ **Cartoons**, **comic strips**, and **animations** are not just for kids. ▶ The stories have a sense of **humor**. ▶ Some are created by the artists' **imagination**, and others are based on **reality**. ▶ Sometimes, cartoons **make fun of well-known** people. ▶ They are shown as funny and **silly** characters.

▶ 만화와 연재 만화, 애니메이션은 아이들만을 위한 것이 아닙니다. ▶ 그 이야기들에는 유머 감각이 있습니다. ▶ 몇몇은 예술가들의 상상력으로 만들어졌고, 다른 몇몇은 사실을 기반으로 합니다. ▶ 가끔 만화는 유명한 사람들을 놀리기도 합니다. ▶ 그들은 웃기고 우스꽝스러운 캐릭터로 보여집니다.

DAY 37

1. puzzle
2. shooting
3. survival
4. strategy
5. download

6. smartphone
7. break
8. addicted
9. for fun
10. for free

11. audition
12. participant
13. dance
14. acting
15. talented

16. vocal
17. contest
18. fan
19. debut
20. on air

21. cartoon
22. comic
23. strip
24. animation
25. humor

26. imagination
27. reality
28. silly
29. well-known
30. make fun of

1. 퍼즐 ....
2. 사격 ....
3. 생존 ....
4. 전략 ....
5. 다운로드하다 ....

6. 스마트폰 ....
7. 휴식, 부수다 ....
8. 중독된 ....
9. 재미로 ....
10. 무료로 ....

11. 오디션 ....
12. 참가자 ....
13. 춤을 추다, 춤 ....
14. 연기 ....
15. 재능 있는 ....

16. 보컬, 목소리의 ....
17. 대회 ....
18. 팬, 선풍기 ....
19. 데뷔 ....
20. 방송에서 ....

21. 만화 ....
22. 재미있는, 만화책 ....
23. (가느다란) 조각 ....
24. 만화 영화 ....
25. 유머 ....

26. 상상력 ....
27. 사실, 현실 ....
28. 우스꽝스러운 ....
29. 유명한, 잘 알려진 ....
30. ~을 놀리다 ....

★★ 1111	**tongue**	몡 혀, 언어	▶ mother **tongue** 모국어 ▶ bite my **tongue** 혀를 깨물다

★★ 1112	**native**	혱 태어난 곳의, 원주민의, 토종의	▶ a **native** language 토착어(모국어) ▶ a **Native** American 아메리카 원주민

1113	**naturally**	붜 자연스럽게, 선천적으로, 당연히 → natural 혱 자연의	▶ **naturally** curly 선천적으로 곱슬머리인

★★★ 1114	**hear** heard - heard	똥 듣다	▶ **hear** a voice 목소리를 듣다 ▶ Sorry to **hear** that. (그 말을 들어) 유감이야.

★★★ 1115	**sound**	몡 소리 똥 ~처럼 들리다 혱 믿을 만한, 건강한	▶ **Sounds** good. 좋은 것 같아. ▶ **sound** effects 음향 효과

★★ 1116	**familiar**	혱 익숙한, 친숙한	▶ a **familiar** voice 친숙한 목소리

★★★ 교과서 10회 이상 수록　★★ 교과서 5~9회 수록　★ 교과서 1~4회 수록

★ 1117 **tone**	명 말투, 어조, 색조	▶ a bright **tone** 밝은 색조 ▶ a **tone** of voice 목소리의 어조
★ 1118 **vocabulary**	명 어휘, 용어	▶ build **vocabulary** 어휘력을 쌓다 ▶ soccer **vocabulary** 축구 용어
★ 1119 **phrase**	명 구절, 어구	▶ a short **phrase** 짧은 구절 ▶ a noun **phrase** 명사구
1120 **refer to**	~을 나타내다, 참고하다 → refer 동 나타내다	▶ **refer to** that meaning 그 의미를 나타내다

1111 > 1120

[**스토리**] 공부한 단어들을 하나의 스토리 안에서 확인해 보세요.

▶ Do you know what "mother **tongue**" means? ▶ It **refers to** a **native** language. ▶ People learn their mother tongue **naturally** when they are young. ▶ Babies **hear** the **sounds** around them and copy the **familiar tones**. ▶ Soon they build their **vocabulary** and can speak in short **phrases**.

▶ "mother tongue"이 무엇을 의미하는지 아시나요? ▶ 그것은 모국어를 나타내요. ▶ 사람들은 어릴 때 그들의 모국어를 자연스럽게 배워요. ▶ 아기들은 그들 주변의 소리를 듣고 익숙한 말투를 따라해요. ▶ 그들은 곧 어휘를 형성하고 짧은 구절로 말할 수 있어요.

MP3

| 1121 | **spelling** | 명 철자, 맞춤법
→ spell
　동 철자를 말하다[쓰다] | ▶ difficult **spelling**
어려운 철자
▶ a **spelling** mistake
철자 실수 |

| 1122 | **grammar** | 명 문법 | ▶ English **grammar**
영문법 |

| ★
1123 | **basic** | 형 기본적인, 기초적인 | ▶ **basic** rules
기본 규칙
▶ **basic** cooking skills
기초 요리 기술 |

| ★★★
1124 | **written** | 형 글로 써진, 문어체의
→ write 동 쓰다 | ▶ **written** language
글(글로 표현된 언어)
▶ a **written** test
필기 시험 |

| 1125 | **spoken** | 형 입으로 말하는,
구어체의
→ speak 동 말하다 | ▶ **spoken** language
말(입으로 말하는 언어) |

| ★★
1126 | **pronounce** | 동 발음하다, 표명하다,
선언하다
= declare 동 선언하다 | ▶ **pronounce** a word
단어를 발음하다
▶ **pronounce** them
husband and wife
그들을 부부로 선언하다 |

| ★
1127 | **properly** | 男 적절히, 제대로

→ **proper** 형 적절한 | ▶ behave **properly**
적절히 행동하다 |

| ★
1128 | **correct** | 형 맞는, 정확한
동 고치다, 바로잡다 | ▶ **correct** an error
오류를 고치다

▶ the **correct** number
정확한 숫자 |

| ★
1129 | **sentence** | 명 문장, 형벌, 선고
동 (형을) 선고하다 | ▶ errors in a **sentence**
문장의 오류

▶ a prison **sentence**
징역형 |

| ★★★
1130 | **make sure** | 확실하게 하다,
반드시 ~하다 | ▶ **Make sure** to follow
the rules.
반드시 규칙을 따르도록 해라. |

1121 > 1130

[**스토리**] 공부한 단어들을 하나의 스토리 안에서 확인해 보세요.

▶ There are many rules in a language. ▶ **Spelling** and **grammar** are **basic** rules for **written** language. ▶ **Pronouncing** words is a part of **spoken** language. ▶ To use a language **properly**, **make sure** to follow the rules and **correct** the errors in your **sentences**.

▶ 언어에는 많은 규칙이 있습니다. ▶ 철자와 문법은 글을 위한 기본 규칙입니다. ▶ 단어를 발음하는 것은 말의 일부입니다. ▶ 언어를 올바르게 사용하려면, 반드시 규칙을 따르고 문장의 오류를 고치도록 하세요.

★★★ 1131	**novel**	몡 (장편) 소설 혱 새로운, 신기한	▶ a fantasy **novel** 환상[판타지] 소설 ▶ a **novel** idea 참신한 아이디어

| ★★★
1132 | **story** | 몡 이야기 | ▶ read a **story**
이야기를 읽다 |

| ★★★
1133 | **character** | 몡 등장인물, 캐릭터,
글자 | ▶ a main **character**
주인공
▶ Chinese **characters**
중국 글자(한자) |

| ★
1134 | **fiction** | 몡 소설, 허구,
꾸며낸 이야기
= novel 몡 소설 | ▶ science **fiction**
공상 과학 소설 |

| ★★
1135 | **realistic** | 혱 현실적인,
현실성 있는
→ real 혱 실제의, 진짜의 | ▶ a **realistic** story
현실적인 이야기
▶ **realistic** goals
현실적인 목표 |

| ★★★
1136 | **translate** | 동 번역[통역]하다
→ translator
몡 번역가[통역가] | ▶ **translate** English
into Korean
영어를 한국어로 번역하다 |

★★ 1137 **publish**	동 출판하다, (기사 등을) 게재하다	▶ **publish** an article 기사를 게재하다 ▶ be **published** worldwide 전 세계에서 출간되다
★★ 1138 **poet**	명 시인	▶ a famous **poet** 유명한 시인
★★★ 1139 **poem**	명 시	▶ write a **poem** 시를 쓰다 ▶ a children's **poem** 동시
★ 1140 **a series of**	시리즈의, 일련의 → series 명 연속(물)	▶ **a series of** books 시리즈(로 된) 책

1131 > 1140

[**스토리**] 공부한 단어들을 하나의 스토리 안에서 확인해 보세요.

▶ **Novels** are **stories** about **characters**. ▶ Recently, I have been reading **a series of** books about a wizard. ▶ The story is **fiction**, so it is not very **realistic**. ▶ It has been **translated** into many languages and **published** worldwide. ▶ The writer is also a **poet** and has written many **poems**, too.

▶ 소설은 등장인물들에 관한 이야기예요. ▶ 최근 저는 마법사에 대한 시리즈 책을 읽고 있어요. ▶ 그 이야기는 꾸며낸 이야기라서 아주 현실적이지는 않아요. ▶ 그것은 여러 언어로 번역되고 전 세계에서 출간되었어요. ▶ 그 작가는 시인이기도 해서 많은 시도 썼어요.

[단어]-[뜻] 확인하기
다음 영어 단어에 맞는 우리말 뜻을 써 보세요.

1. tongue ....
2. native ....
3. naturally ....
4. hear ....
5. sound ....

6. familiar ....
7. tone ....
8. vocabulary ....
9. phrase ....
10. refer to ....

11. spelling ....
12. grammar ....
13. basic ....
14. written ....
15. spoken ....

16. pronounce ....
17. properly ....
18. correct ....
19. sentence ....
20. make sure ....

21. novel ....
22. story ....
23. character ....
24. fiction ....
25. realistic ....

26. translate ....
27. publish ....
28. poet ....
29. poem ....
30. a series of ....

1. 언어, 혀 ....
2. 태어난 곳의 ....
3. 자연스럽게 ....
4. 듣다 ....
5. 소리 ....

6. 익숙한 ....
7. 말투 ....
8. 어휘, 용어 ....
9. 구절, 어구 ....
10. ~을 나타내다 ....

11. 철자 ....
12. 문법 ....
13. 기본적인 ....
14. 글로 써진 ....
15. 입으로 말하는 ....

16. 발음하다 ....
17. 적절히 ....
18. 고치다, 정확한 ....
19. 문장 ....
20. 확실하게 하다 ....

21. (장편) 소설 ....
22. 이야기 ....
23. 등장인물, 글자 ....
24. 소설 ....
25. 현실적인 ....

26. 번역[통역]하다 ....
27. 출판하다 ....
28. 시인 ....
29. 시 ....
30. 시리즈의, 일련의 ....

★★★ 1141	**traditional**	휑 전통의, 전통적인	▶ a **traditional** market 전통 시장
★★★ 1142	**snack**	명 간식 동 간식을 먹다	▶ a variety of **snacks** 다양한 간식 ▶ a **snack** machine 과자[간식] 자판기
★★ 1143	**greet**	동 맞이하다, 환영하다 = welcome 동 환영하다	▶ **greet** guests 손님들을 맞이하다
★ 1144	**afford**	동 (금전적) 여유가 되다, 살 수 있다	▶ **afford** a new car 새 차를 살 여유가 되다
★★★ 1145	**spicy**	휑 매운, 양념 맛이 강한 = hot 휑 (맛이) 강렬한	▶ **spicy** rice cakes 매운 떡(떡볶이) ▶ **spicy** sauce 매운 소스
★★ 1146	**shaped**	휑 ~ 모양인 → shape 동 모양을 만들다	▶ fish-**shaped** bread 물고기 모양 빵(붕어빵) ▶ cone-**shaped** 고깔 모양의

★★ 1147	**classic**	형 전형적인, 대표적인 명 고전, 명작	▶ a **classic** movie 클래식(고전) 영화
★ 1148	**crispy**	형 바삭한	▶ **crispy** potato chips 바삭한 감자칩
★ 1149	**stuff**	명 물건, 채우는 것 동 (속을) 채우다	▶ find my **stuff** 내 물건을 찾다 ▶ be **stuffed** with sugar 설탕으로 채워지다
★ 1150	**stop by**	~에 잠시 들르다	▶ **stop by** the market 시장에 잠시 들르다

1141 > 1150

[**스토리**] 공부한 단어들을 하나의 스토리 안에서 확인해 보세요.

▶ When you visit Korea, **stop by** the **traditional** market and try street food. ▶ A variety of **snacks** will **greet** you. ▶ You will be able to **afford** most of them. ▶ **Spicy** rice cakes and fish-**shaped** bread are **classic** snacks. ▶ **Crispy** fried chicken and Korean sweet pancakes are also popular. ▶ The pancakes are **stuffed** with sugar.

▶ 당신이 한국에 방문한다면, 전통 시장에 잠시 들러 길거리 음식을 먹어보세요. ▶ 다양한 간식이 당신을 맞이할 것입니다. ▶ 당신은 대부분의 음식을 살 수 있을 거예요. ▶ 매운 떡볶이와 붕어 모양의 빵이 대표적인 간식입니다. ▶ 바삭한 프라이드 치킨과 호떡도 인기가 있습니다. ▶ 호떡은 설탕으로 채워져 있어요.

한국 문화

MP3

★
1151
lunar

형 달의, 음력의

▶ **Lunar** New Year
음력 설(구정)

1152
reunion

명 모임, 재회

▶ a family **reunion**
가족 모임

▶ a school **reunion**
동창회

★★
1153
folk

형 민속의, 전통적인
명 사람들

▶ **folk** games
민속놀이

▶ **folk** music
민요

1154
bow

동 머리를 숙이다, 절하다
명 절, 활

▶ **bow** on New Year's Day
설날에 절하다

▶ a **bow** and arrow
활과 화살

★★★
1155
tradition

명 전통

→ traditional 형 전통적인

▶ carry on a **tradition**
전통을 이어나가다

▶ a long **tradition**
오랜 전통

1156
politely

부 예의 바르게

→ polite 형 예의 바른

▶ bow **politely**
예의 바르게 절하다

★★★ 교과서 10회 이상 수록   ★★ 교과서 5~9회 수록   ★ 교과서 1~4회 수록

★★ 1157	**elderly**	형 연세가 드신 → elder 형 나이가 더 많은	▶ **elderly** people 어르신들
★★★ 1158	**wisdom**	명 지혜	▶ words of **wisdom** 지혜의 말(조언) ▶ a **wisdom** tooth 사랑니
★★ 1159	**fortune**	명 운[운수], 부, 재산	▶ have good **fortune** 행운이 있다 ▶ a **fortune** teller 점쟁이(운명을 말해주는 사람)
1160	**kneel down**	무릎을 꿇어앉다 → kneel 동 무릎을 꿇다	▶ **kneel down** on the floor 바닥에 무릎을 꿇어앉다

1151 > 1160

[**스토리**] 공부한 단어들을 하나의 스토리 안에서 확인해 보세요.

▶ **Lunar** New Year is a big holiday in Korea. ▶ This holiday is a time for family **reunions**. ▶ People play **folk** games and eat special food together. ▶ **Bowing** is another important **tradition**. ▶ We bow **politely** to **elderly** people and **kneel down** on the floor. ▶ They give us money with words of **wisdom** and wish us good **fortune**.

▶ 한국에서 음력 설은 큰 명절이다. ▶ 이 명절은 가족 모임을 하는 때이다. ▶ 사람들은 함께 민속놀이를 하고 특별한 음식을 먹는다. ▶ 절하는 것은 또 하나의 중요한 전통이다. ▶ 우리는 어르신들께 예의 바르게 절하고 바닥에 무릎을 꿇어앉는다. ▶ 그들은 우리에게 지혜의 말과 함께 돈을 주고 행운을 빌어준다.

★★★ 1161	**people**	몡 사람들, 민족	▶ the Korean **people** 한국 사람들 ▶ one united **people** 단결된 하나의 민족
1162	**custom**	몡 풍습, 관습, 관세	▶ food **customs** 음식 풍습 ▶ local **customs** 지역 관습
★★ 1163	**clothing**	몡 옷, 의상, 의복	▶ traditional **clothing** 전통 의상
★★ 1164	**architecture**	몡 건축(물), 건축 양식 → architect 몡 건축가	▶ the Roman **architecture** 로마의 건축 양식
★ 1165	**belief**	몡 믿음, 신념 → believe 동 믿다	▶ a common **belief** 일반적인 믿음(통념) ▶ follow my **belief** 나의 소신을 따르다
★★★ 1166	**luck**	몡 행운	▶ bring **luck** 행운을 가져오다 ▶ Good **luck**. 행운을 빌어.

★ 1167	**wealth**	명 부, 재산 → **wealthy** 형 부유한	▶ share the **wealth** 재산을 나누다
★ 1168	**guard**	명 지킴이, 경비 동 지키다, 보호하다	▶ a security **guard** 경호원
★★ 1169	**valuable**	형 귀중한, 가치가 큰 명 귀중품 → **value** 명 가치	▶ store **valuables** 귀중품을 보관하다 ▶ a **valuable** lesson 귀중한 교훈
★ 1170	**watch over**	~을 지키다	▶ **watch over** valuable things 귀중한 것들을 지키다

1161 > 1170

[**스토리**] 공부한 단어들을 하나의 스토리 안에서 확인해 보세요.

▶ Each country's **people** have their own unique **customs** in food, **clothing**, and **architecture**. ▶ They have different **beliefs** and ideas as well. ▶ For example, Koreans believe that having dreams about pigs brings them **luck** and **wealth**. ▶ Fish are also considered good **guards** that **watch over valuable** things.

▶ 각국의 민족은 음식, 의상, 그리고 건축에서 그들만의 독특한 풍습을 가진다. ▶ 그들은 또한 서로 다른 믿음과 생각을 가진다. ▶ 예를 들어, 한국인들은 돼지에 관한 꿈을 꾸는 것이 그들에게 행운과 부를 가져올 것이라고 믿는다. ▶ 물고기도 귀중한 것들을 지키는 좋은 지킴이로 여겨진다.

1. traditional ....

2. snack ....

3. greet ....

4. afford ....

5. spicy ....

6. shaped ....

7. classic ....

8. crispy ....

9. stuff ....

10. stop by ....

11. lunar ....

12. reunion ....

13. folk ....

14. bow ....

15. tradition ....

16. politely ....

17. elderly ....

18. wisdom ....

19. fortune ....

20. kneel down ....

21. people ....

22. custom ....

23. clothing ....

24. architecture ....

25. belief ....

26. luck ....

27. wealth ....

28. guard ....

29. valuable ....

30. watch over ....

1. 전통의 ....

2. 간식 ....

3. 맞이하다 ....

4. (금전적) 여유가 되다 ....

5. 매운 ....

6. ~ 모양인 ....

7. 대표적인, 고전 ....

8. 바삭한 ....

9. (속을) 채우다, 물건 ....

10. ~에 잠시 들르다 ....

11. 음력의 ....

12. 모임 ....

13. 민속의 ....

14. 절하다 ....

15. 전통 ....

16. 예의 바르게 ....

17. 연세가 드신 ....

18. 지혜 ....

19. 운, 재산 ....

20. 무릎을 꿇어앉다 ....

21. 사람들, 민족 ....

22. 풍습, 관습 ....

23. 의상, 의복 ....

24. 건축(물), 건축 양식 ....

25. 믿음, 신념 ....

26. 행운 ....

27. 부, 재산 ....

28. 지킴이, 지키다 ....

29. 귀중한, 귀중품 ....

30. ~을 지키다 ....

★★★ 1171	**Christmas**	명 크리스마스	▸ the **Christmas** season 크리스마스 시기[시즌]
★★ 1172	**decorate**	동 장식하다 → decoration 명 장식	▸ **decorate** a Christmas tree 크리스마스 트리를 장식하다
★ 1173	**eve**	명 (명절 등의) 전날, 이브	▸ Christmas **Eve** 크리스마스 이브 ▸ New Year's **Eve** 새해 전날
1174	**stocking**	명 긴 양말, 스타킹	▸ hang **stockings** 긴 양말을 걸다
★★ 1175	**fireplace**	명 벽난로	▸ by the **fireplace** 벽난로 옆에(근처에)
★★★ 1176	**chimney**	명 굴뚝	▸ a smoking **chimney** 연기가 나는 굴뚝 ▸ clean a **chimney** 굴뚝을 청소하다

★★★ 교과서 10회 이상 수록 ★★ 교과서 5~9회 수록 ★ 교과서 1~4회 수록

★★★ 1177 **gift**	몡 선물, 재능 = **present** 몡 선물	▶ wrap a **gift** 선물을 포장하다 ▶ a **gift** for music 음악적 재능
★★ 1178 **church**	몡 교회, 성당	▶ go to **church** 교회에 가다
★★ 1179 **celebrate**	동 축하하다, 기념하다	▶ **celebrate** Christmas 크리스마스를 축하하다
★★ 1180 **believe in**	~을 믿다, ~의 존재를 믿다	▶ **believe in** God 신을 믿다 ▶ **believe in** Santa Claus 산타클로스의 존재를 믿다

1171 > 1180

[**스토리**] 공부한 단어들을 하나의 스토리 안에서 확인해 보세요.

▶ During the **Christmas** season, people **decorate** trees and spend time with their families. ▶ On Christmas **Eve**, kids hang **stockings** by the **fireplace**. ▶ They **believe in** Santa Claus, and they believe that he will come down the **chimney** with **gifts**. ▶ Some people go to **church** and **celebrate** Christmas.

▶ 크리스마스 시즌에 사람들은 트리를 장식하고 가족과 시간을 보내요. ▶ 크리스마스 전날에 아이들은 벽난로 옆에 긴 양말을 걸어요. ▶ 그들은 산타클로스의 존재를 믿고, 그가 선물을 가지고 굴뚝으로 내려올 것이라 믿어요. ▶ 어떤 사람들은 교회에 가서 크리스마스를 축하해요.

MP3

★ 1181 **Halloween** | 명 할로윈 | ▸ celebrate **Halloween**
할로윈을 기념하다

★ 1182 **carve** | 동 조각하다, 새기다 | ▸ **carve** a pumpkin
호박을 조각하다

★ 1183 **lantern** | 명 등, 랜턴 | ▸ make pumpkins into **lanterns**
호박을 등으로 만들다

★ 1184 **glow** | 동 빛나다, 타다
명 광, 불빛

= shine 동 빛나다 | ▸ **glow** in the streets
거리에서 빛나다

★★★ 1185 **sweet** | 명 단 것, 사탕
형 달콤한 | ▸ get **sweets**
사탕을 얻다
▸ **sweet** fruits
달콤한 과일

★★ 1186 **costume** | 명 의상, 분장 | ▸ a colorful **costume**
여러 색깔의 의상

*** 1187 **witch**	명 마녀	▶ a scary **witch** 무서운 마녀
** 1188 **evil**	형 사악한, 나쁜 명 악, 나쁨	▶ an **evil** character 악역 ▶ good and **evil** 선과 악
1189 **ghost**	명 유령, 귀신	▶ a **ghost** story 유령 이야기
* 1190 **dress up**	변장을 하다, 차려 입다 → dress 동 옷을 입다	▶ **dress up** in scary costumes 무서운 의상으로 변장을 하다

1181 > 1190

[**스토리**] 공부한 단어들을 하나의 스토리 안에서 확인해 보세요.

▶ **Halloween** is on October 31st. ▶ People **carve** pumpkins and make them into **lanterns**. ▶ These pumpkins **glow** in the streets. ▶ Kids visit houses and say, "Trick or treat?" to get **sweets**. ▶ They also **dress up** in scary **costumes**. ▶ **Evil witches** and **ghosts** are popular Halloween costumes.

▶ 할로윈은 10월 31일이에요. ▶ 사람들은 호박을 조각하고 그것을 등으로 만들어요. ▶ 이 호박들은 거리에서 빛나요. ▶ 아이들은 집들을 방문해서 사탕을 얻기 위해 "Trick or treat?(과자를 안 주면 장난칠 거예요)"이라고 말해요. ▶ 그들은 또한 무서운 의상으로 변장을 해요. ▶ 나쁜 마녀와 유령은 인기 있는 할로윈 의상이에요.

MP3

| ★★
1191 | **midnight** | 명 자정, 밤 열두 시,
한밤중 | ▶ go to bed
after **midnight**
자정 이후에 자러 가다 |

| ★★
1192 | **bell** | 명 종[벨], 종소리 | ▶ church **bells**
교회 종(소리)
▶ a door**bell**
초인종 |

| ★★★
1193 | **ring**

rang - rung | 동 울리다, 종을 치다
명 (울리는) 소리, 반지 | ▶ The bell **rings**.
종이 울린다.
▶ a diamond **ring**
다이아몬드 반지 |

| ★
1194 | **firework** | 명 폭죽, 불꽃놀이 | ▶ go see the **fireworks**
불꽃놀이를 보러 가다 |

| ★
1195 | **delight** | 명 기쁨[즐거움]
동 기쁘게 하다 | ▶ laugh with **delight**
기뻐서 웃다 |

| ★
1196 | **mood** | 명 분위기, 기분 | ▶ a joyful **mood**
즐거운 분위기 |

** 1197	**sunrise**	명 해돋이, 일출 ↔ sunset 명 해넘이, 일몰	▶ the year's first **sunrise** 그 해의 첫 해돋이
** 1198	**stay up**	깨어 있다, 안 자다 → stay 동 계속 ~하다	▶ **stay up** all night 밤을 새워 깨어 있다
1199	**count down**	카운트다운하다, (수를) 거꾸로 세다 → count 동 (수를) 세다	▶ **count down** to midnight 자정까지 카운트다운하다
* 1200	**make a wish**	소원을 빌다	▶ **make a wish** while watching the sunrise 해돋이를 보며 소원을 빌다

1191 > 1200

[**스토리**] 공부한 단어들을 하나의 스토리 안에서 확인해 보세요.

▶ On what day do most people **stay up** late? ▶ That would be New Year's Eve! ▶ People **count down** the seconds to **midnight**. ▶ When midnight finally comes, the **bell rings**, and **fireworks** light up the sky. ▶ People laugh with **delight**, and everyone is in a joyful **mood**. ▶ Some people **make their wishes** while watching the year's first **sunrise**.

▶ 어떤 날에 대부분의 사람들이 늦게까지 깨어 있을까요? ▶ 그것은 새해 전날일 거예요! ▶ 사람들은 자정까지 초를 카운트다운해요. ▶ 마침내 자정이 되면 종이 울리고 폭죽이 하늘을 밝혀요. ▶ 사람들은 기뻐서 웃고, 모두 즐거운 분위기예요. ▶ 어떤 사람들은 그 해의 첫 해돋이를 보며 소원을 빌어요.

1. Christmas

2. decorate

3. eve

4. stocking

5. fireplace

6. chimney

7. gift

8. church

9. celebrate

10. believe in

11. Halloween

12. carve

13. lantern

14. glow

15. sweet

16. costume

17. witch

18. evil

19. ghost

20. dress up

21. midnight

22. bell

23. ring

24. firework

25. delight

26. mood

27. sunrise

28. stay up

29. count down

30. make a wish

1. 크리스마스 ....
2. 장식하다 ....
3. 전날 ....
4. 긴 양말, 스타킹 ....
5. 벽난로 ....

6. 굴뚝 ....
7. 선물 ....
8. 교회 ....
9. 축하하다 ....
10. ~의 존재를 믿다 ....

11. 할로윈 ....
12. 조각하다 ....
13. 등, 랜턴 ....
14. 빛나다 ....
15. 사탕, 달콤한 ....

16. 의상, 분장 ....
17. 마녀 ....
18. 나쁜, 사악한 ....
19. 유령 ....
20. 변장을 하다 ....

21. 자정 ....
22. 종[벨] ....
23. 울리다, 반지 ....
24. 폭죽 ....
25. 기쁨 ....

26. 분위기 ....
27. 해돋이 ....
28. 깨어 있다 ....
29. 카운트다운하다 ....
30. 소원을 빌다 ....

중학 내신
실전 문제 4

DAY 31~40에서 배운 단어를
중학교 내신 실전 문제로 풀어봐요.

정답 346쪽

맞은 개수   / 10

1. **밑줄 친** 단어와 반대되는 뜻을 가진 단어로 알맞은 것은?

> The boat **falls** down a steep hill.

① spin   ② rise   ③ cross

④ reuse   ⑤ reach

2. **밑줄 친** 단어와 비슷한 뜻을 가진 단어로 알맞은 것은?

> Sometimes, cartoons make fun of **well-known** people.

① silly   ② strange   ③ talented

④ famous   ⑤ mysterious

3. 동사의 기본형과 과거형이 **잘못** 연결된 것은?

① rise : rose   ② fall : fell   ③ break : broke

④ ring : rang   ⑤ hear : heared

4. 빈칸에 들어갈 말로 가장 적절한 것은?

> "Mother _____" means a native language.

① story   ② nature   ③ custom
④ planet   ⑤ tongue

5. 빈칸에 공통으로 들어갈 말로 알맞은 것은?

> - _____ on the subway 지하철을 타다
> - _____ off the bus 버스에서 내리다
> - _____ out of the building 건물 밖으로 나가다

① turn   ② miss   ③ get
④ make   ⑤ take

6. 우리말에 맞게 빈칸에 들어갈 말이 순서대로 짝 지어진 것은?

> 나는 현대 도시에 사는 것이 익숙하다.
> I'm _____ to living in a(n) _____ city.

① referred - ancient   ② referred - modern
③ used - ancient   ④ used - modern
⑤ used - complex

7. 다음 단어들과 관계가 있는 단어로 알맞은 것은?

> • drought　　• flood　　• earthquake

① galaxy　　　　② audition　　　　③ disaster
④ vocabulary　　⑤ transportation

8. 빈칸에 공통으로 들어갈 말로 가장 알맞은 것은?

> • The hall is _____ fans.
> • Space is _____ mysterious things.

① full of　　　　② a way of　　　③ a type of
④ one of　　　　⑤ a series of

9. 짝 지어진 단어의 관계가 나머지와 다른 것은?

① close : closely　　② proper : properly　　③ polite : politely
④ elder : elderly　　⑤ natural : naturally

10. 짝 지어진 단어의 관계가 나머지와 다른 것은?

① spell : spelling　　　　② weak : weaken
③ believe : belief　　　　④ survive : survival
⑤ imagine : imagination

중학 내신 실전 문제 〈 정답 〉

1

1. ①
2. ③
3. ④
   (begin : began)
4. ③
5. ⑤
6. ②
7. ⑤
8. ②
9. ⑤
10. ⑤

2

1. ③
2. ④
3. ④
4. ②
5. ⑤
   (bite : bit)
6. ①
7. ③
8. ④
9. ⑤
10. ②

3

1. ④
2. ③
3. ③
4. ③
5. ④
6. ②
7. ③
   (draw : drew)
8. ⑤
9. ②
10. ①

4

1. ②
2. ④
3. ⑤
   (hear : heard)
4. ⑤
5. ③
6. ④
7. ③
8. ①
9. ④
10. ②

INDEX

cold 120
collect 213
come across 254
come with 130
comet 264
comfortable 103
comic 315
comment 87
communication 83
community 219
companion 143
company 95
compare 189
compass 159
compete with 30
competition 113
complete 115
complex 295
concentrate 23
condition 151
confident 215
congratulate 36
connect 139
connection 268
consider 172
consume 123
consumer 208
contact 87
contest 314
continue to 206
control 280
convenient 296
conversation 69
cooperate with 238
copy 146
corn 153
correct 322
cost 247
costume 337
cough 119
counselor 85
count 188
count down 340

counter 63
countless 239
country 167
countryside 295
couple 37
court 183
cover 55
crack 52
crash 135
crawl 164
create 255
creative 212
creature 274
credit 244
crew 291
crime 180
criminal 184
crispy 328
crop 153
cross 289
crowd 112
culture 230
curious 253
curtain 48
custom 331
customer 59
cut down 154
cut into 52
cyber 199
cycle 152

D
daily 13
damage 281
dance 313
danger 144
dangerous 199
dark 161
data 267
date 13
death 239
debate 75
debt 244

debut 314
decision 79
declare 35
decorate 335
degree 303
delay 292
delicious 131
delight 339
deliver 84
demand 205
depend on 204
desert 138
designer 222
dessert 130
destination 290
destroy 271
develop 213
development 236
device 255
diet 123
different from 80
difficulty 216
dinner 127
direction 160
director 221
disagree 237
disappear 274
disappointed 71
disaster 279
discount 61
discover 211
discovery 268
discuss 75
dish 128
display 59
distance 264
divide into 192
download 311
downtown 298
draw 245
drawer 46
dream of 212
dress up 338

drive 305
drought 279
dry 45
due to 288
dust 43
duty 169
dynasty 227

E
early 11
earn 245
earthquake 281
east 159
eat out 128
economic 236
economy 246
education 168
elderly 330
electricity 203
elementary 19
emergency 282
encourage 30
enemy 239
energy 203
engineer 223
enough 129
enter 19
environment 273
equal 187
equipment 113
erupt 251
escape 147
etiquette 171
eve 335
even if 80
event 231
evidence 179
evil 338
exam 23
examine 283
exchange 64
excited 21
exciting 99

exercise 106
exit 282
expect 97
expensive 61
experience 100
experiment 255
explain 77
explore 98
explorer 159
express 75
expression 83
extremely 304

F
face 216
facial 84
fact 77
factor 279
factory 205
fail 255
fair 113
fake 197
fall 307
false 197
familiar 319
famous 127
fan 314
fantasy 108
farm 153
fashion 221
fasten 305
fat 123
favorite 105
fear 240
feather 189
fee 170
feed on 148
feeling 70
ferry 291
festival 27
fever 119
few 120
fiction 323

stop by 328
store 59
storm 163
story 323
strange 295
stranger 199
strategy 311
stream 139
street 287
stressed 121
stretch 104
strike 252
strip 315
student 19
stuff 328
subject 21
subway 287
succeed 29
successful 111
such as 196
sudden 39
suffer from 280
suggest 127
sunlight 136
sunrise 340
supply 206
support 219
surface 283
surprise 38
surround 140
survival 311
suspect 181
sweat 111
sweet 337
symbol 231
symptom 119
system 255

T
table 127
tag 63
tail 143
take 95

take a picture 32
take action 276
take away from 274
take care of 122
take out 46
take part in 114
take place 112
take time 216
talent 214
talented 313
tap 288
taste 131
tasty 129
tax 170
tea 55
tear 39
technology 223
teenager 85
telescope 263
temperature 271
term 15
theater 107
thick 137
thief 179
think of 76
think up 256
thought 79
thrill 304
throat 119
throughout 239
throw 37
throw away 276
thunder 135
tidy 47
tight 248
tip 132
tired 121
toilet 47
ton 272
tone 320
tongue 319
tool 145
tooth 161

topic 75
tour 97
tourist 298
towel 47
town 167
toxic 273
trader 207
tradition 329
traditional 327
traffic 287
train 111
translate 323
transportation 288
trash 47
travel 99
treasure 229
treat 37
trend 222
trick 27
trip 95
trophy 116
trouble 85
trust 215
trustworthy 198
truth 200
try 15
try on 62
turn around 290
turn into 252
turn off 172

U
understand 77
uniform 111
unique 229
universe 265
upload 199
upset 71
upside down 304
up-to-date 198

V
vacation 21

vacuum 43
valley 307
valuable 332
value 232
vast 268
vegetable 129
vehicle 305
victory 116
view 98
village 295
violent 280
visit 97
visitor 40
vocabulary 320
vocal 313
volcano 251
volume 191
volunteer 211
vote 168

W
wag 143
wake up 12
warn 284
waste 275
watch out 200
watch over 332
wave 163
way 76
way out 164
weaken 265
weakness 24
wealth 332
wealthy 248
wear 112
web 156
wedding 35
weekend 103
weekly 13
weigh 190
weight 189
welcome 37
well-known 316

wet 47
wheat 153
whether 197
whistle 114
whole 191
wide 123
wife 36
wild 147
wing 161
wipe 44
wisdom 330
wisely 14
witch 338
within 64
witness 179
wonder 263
wooden 154
word 83
work out 106
worry about 86
wound 121
written 321

키학중 영단어

암기북 쉬운

서면서 읽히는

1권 / 중학 1·2학년

교육 R&D에 앞서가는
키출판사

안단테

기초하 영단어

1권 / 중학 1·2학년

단어 듣기

기상

1	**awake**	형 깨어 있는
2	**asleep**	형 잠이 든, 자고 있는
3	**hurry**	동 서두르다, 급히 가다 / 명 서두름
4	**late**	형 늦은, 지각한 / 부 늦게
5	**early**	형 빠른, 이른 / 부 일찍
6	**alarm**	명 알람, 경보음
7	**set**	동 설정하다, 맞추다 / 명 (함께 모아 놓은) 세트
8	**routine**	명 (규칙적인) 일상
9	**wake up**	(잠에서) 깨다, 깨우다
10	**on time**	제시간에

시간관리

11	**forget**	동 잊다, 잊어버리다
12	**appointment**	명 약속, 예약
13	**date**	명 날짜, 데이트
14	**daily**	형 매일의 / 부 매일, 날마다
15	**weekly**	형 매주의, 주 1회의 / 부 매주
16	**monthly**	형 매월의, 월 1회의 / 부 매월, 다달이
17	**schedule**	명 일정, 스케줄 / 동 일정을 잡다
18	**remember**	동 기억하다, 명심하다
19	**wisely**	부 현명하게
20	**manage time**	시간을 관리하다

계획

21	**lazy**	형 게으른, 나른한
22	**try**	동 노력하다, 시도하다 / 명 시도
23	**term**	명 기간, 용어, 학기
24	**focus**	동 집중하다 / 명 초점
25	**goal**	명 목표, (스포츠에서) 골
26	**plan**	동 계획하다 / 명 계획
27	**forward**	부 앞으로 / 형 앞으로 가는
28	**step**	명 걸음, 단계 / 동 발을 디디다
29	**put off**	(시간, 날짜를) 미루다
30	**at a time**	한 번에

DAY 1 계획적인 하루

기상

1 >
10

This morning, my dad _____ me _____, but I _____. I tried to stay _____. I fell _____ again. I _____ to school, but I was too _____. Tomorrow, I will go to school _____. I'm going to _____ an _____ to wake me up _____. It's going to be my new bedtime _____.

오늘 아침, 우리 아빠가 나를 **깨웠다**. 나는 **깨어 있으려고** 했지만, 다시 **잠들었다**. 나는 학교로 서둘러 갔지만 너무 **늦었다**. 내일, 나는 학교에 **일찍** 갈 것이다. 나는 **제시간**에 나를 깨워줄 **알람**을 **맞출** 것이다. 이것은 나의 새로운 취침 시간 **일과**가 될 것이다.

시간관리

11 >
20

I often _____ to do my homework. I often forget _____, and _____ plan. I write a _____ too. I started to make a _____, _____, and _____. It helps me _____ my _____. It helps me _____.

나는 나의 숙제를 하는 것을 자주 **잊는다**. 나는 **약속 날짜**도 자주 잊어버린다. 나는 **일간, 주간, 월간** 계획을 세우기 시작했다. 나는 내가 기억하게 도와줄 **스케줄**을 작는다. 그것은 내가 시간을 **현명하게 관리하도록** 도와준다.

계획

21 >
30

Are you _____ work? Do you think you're _____? _____ to make short- _____ on your daily _____. Stop saying "later." Move one _____.

당신은 일을 **미루고** 있나요? 자신이 **게으르다**고 생각하나요? 단기간의 **계획**을 세우려고 **노력해** 보세요. 매일매일의 **목표**에 **집중하세요**. "나중에"라는 말은 그만하세요. **한 번에** 한 단계씩 **앞으로** 나아가세요.

새학년

31	begin	동 시작하다, 시작되다
32	student	명 학생
33	elementary	형 초등의, 초보의, 기본적인
34	enter	동 들어가다, 입학하다
35	middle	형 가운데의, 중앙의 명 중앙, 중간
36	gather	동 모이다, 모으다
37	class	명 학급, 수업
38	attend	동 참석하다, 졸업하다
39	classmate	명 반 친구
40	introduce oneself	자신을 소개하다

목표

41	vacation	명 방학, 휴가
42	semester	명 학기
43	subject	명 과목, 주제
44	learn	동 배우다, 학습하다
45	nervous	형 불안해하는, 긴장하는
46	excited	형 신이 난, 들뜬
47	grade	명 성적, 학년, 등급 동 등급을 매기다
48	friendship	명 우정, 교우관계
49	build	동 (건물을) 짓다, 쌓다
50	get along with	~와 잘 지내다

성취

51	achieve	동 성취하다, 이루다
52	improve	동 향상시키다, 개선하다
53	concentrate	동 집중하다
54	hard	형 딱딱한, 어려운, 힘든 부 열심히, 세게
55	exam	명 시험
56	absent	형 결석한, 부재인
57	challenging	형 도전적인, 어려운
58	weakness	명 약점, 결점
59	overcome	동 극복하다
60	put effort into	~에 노력을 기울이다

D AY 2

학교 생활

MP3를 듣고,
알맞은 단어를 써 빈칸을 채우세요.
정답은 본책 19~24쪽을 참고하세요.

스토리

받아쓰기

새학년

31 >
40

A new school year _____ . _____ from _____ school _____ in _____ school. It's their first year in middle school. They _____ to their classrooms to _____ . They _____ . _____ .

새로운 학년이 **시작된다**. **초등학교**에서 온 **학생들**이 **중**학교에 **입학한다**. 그들의 중학 교에서의 첫 해이다. 그들은 **수업**에 **출석하** 기 위해 교실에 **모인다**. 그들은 그들의 반 친구들에게 **자신을 소개한다**.

목표

41 >
50

After a long _____ , a new _____ begins. I meet my friends and study many _____ . I _____ new things. I feel _____ but _____ . This year, my goal is to get good _____ . I also want to _____ other students. I want to _____ at school.

긴 **방학**이 끝나고, 새로운 **학기**가 시작된 다. 나는 친구들을 만나고 많은 **과목들**을 공부한다. 나는 새로운 것들을 **배운다**. 나는 **긴장되지만 들뜬다**. 올해 나의 목표는 좋은 성적을 받는 것이다. 나는 다른 학생들**과 잘 지내고도** 싶다. 나는 학교에서 **우정**을 **쌓고** 싶다.

성취

51 >
60

To _____ my goal, I will _____ my school life. To _____ my grades, I will _____ on my schoolwork and study _____ for _____ . I won't be _____ from class. It will be _____ . However, I will _____ my _____ .

나의 목표를 **이루기** 위해서, 나는 학교 생 활에 **노력을 기울일** 것이다. 성적을 **향상 시키기** 위해, 나는 학업에 **집중하고 열심히** 공부를 할 것이다. 나는 수업에 **결석** 하지 않을 것이다. 그건 **어려울** 것이다. 하 지만, 나는 나의 **약점을 극복할** 것이다.

5

학교 행사

축제

61	club	명 클럽, 동호회, 동아리
62	join	동 가입하다, 연결하다
63	trick	명 속임수, 묘기 동 속임수를 쓰다, 속이다
64	festival	명 축제
65	stage	명 무대, 단계
66	member	명 회원, 구성원
67	hall	명 홀, 큰 방, 복도
68	audience	명 관중, 청중
69	performance	명 공연, 연주, 수행
70	be filled with	~로 가득 차다

운동회

71	sport	명 스포츠, 운동
72	match	명 경기, 시합, 성냥 동 어울리다, 일치하다
73	chance	명 기회, 가능성
74	score	명 점수 동 득점하다
75	succeed	동 성공하다, 이어지다
76	lose	동 잃어버리다, 지다
77	result	명 결과 동 (~의 결과로) 발생하다
78	leader	명 지도자, 주장
79	encourage	동 격려하다, 용기를 북돋우다
80	compete with	~와 경쟁하다, 겨루다

졸업식

81	graduate	동 졸업하다 명 졸업자
82	ceremony	명 의식, 식
83	last	동 계속되다 형 마지막의, 지난, 최근의
84	principal	명 교장, 학장 형 주요한
85	speech	명 연설, 담화, 말
86	award	명 상 동 수여하다
87	receive	동 받다, 받아들이다
88	president	명 회장, 대통령
89	take a picture	사진을 찍다
90	be proud of	~을 자랑스러워하다

MP3를 듣고,
알맞은 단어를 써 넣거나 채우세요.
정답은 본책 27~32쪽을 참고하세요.

스토리　　　받아쓰기

축제
61 >
70

I ＿＿＿ the school magic ＿＿＿. I learned magic ＿＿＿ there. At the school ＿＿＿, I will be on ＿＿＿. The ＿＿＿ with the other club ＿＿＿. The ＿＿＿ will ＿＿＿ a large ＿＿＿. They will watch our ＿＿＿.

나는 학교 마술 동아리에 **가입했다**. 나는 그곳에서 마술 **묘기**를 배웠다. 학교 **축제**에서 나는 다른 동아리 **회원들**과 **무대**에 설 것이다. **홀**은 많은 관중으로 **가득 찰** 것이다. 그들은 우리의 **공연**을 관람할 것이다.

운동회
71 >
80

We had ＿＿＿ Day. My soccer team had a ＿＿＿. We ＿＿＿ another school. We had a few ＿＿＿ to ＿＿＿ goals but didn't ＿＿＿. We ＿＿＿ the game. I was sad about the ＿＿＿. But our team ＿＿＿ us.

우리는 **운동회**를 했다. 우리 축구팀은 **경기**를 했다. 우리는 다른 학교**와 겨뤘다**. 우리는 골을 **득점할** 몇 번의 **기회**가 있었지만 **성공하지** 못했다. 우리는 경기를 **졌다**. 나는 그 결과에 속상했다. 하지만 우리 팀 **주장**이 우리를 **격려했다**.

졸업식
81 >
90

Last month, I ＿＿＿ from elementary school. All my classmates attended the graduation. We ＿＿＿ together. The ＿＿＿ gave a ＿＿＿. I was the class ＿＿＿ for an hour. The ＿＿＿, so I ＿＿＿ an ＿＿＿. I ＿＿＿ myself.

지난달에 나는 초등학교를 **졸업했다**. 모든 반 친구들이 졸업식에 참석했다. 우리는 같이 **사진을 찍었다**. 졸업식은 한 시간 동안 **계속됐다**. **교장 선생님**이 연설을 하셨다. 나는 **반장**이었고, 그래서 **상**을 **받았다**. 나는 내 자신이 **자랑스러웠다**.

DAY 4 가족 행사

결혼

91	**wedding**	[명] 결혼식
92	**bride**	[명] 신부
93	**groom**	[명] 신랑 [동] 다듬다, 손질하다
94	**guest**	[명] 손님, 하객
95	**declare**	[동] 선언하다, 선포하다
96	**husband**	[명] 남편
97	**wife**	[명] 아내, 부인
98	**congratulate**	[동] 축하하다, 기뻐하다
99	**marriage**	[명] 결혼, 결혼 생활
100	**in front of**	~의 앞에

집들이

101	**married**	[형] 결혼한
102	**couple**	[명] 두어 개, 두 사람, 부부 [동] 연결하다, 짝을 짓다
103	**throw**	[동] 던지다, (파티를) 벌이다
104	**welcome**	[동] 환영하다, 맞이하다 [형] 반가운, 환영받는 [명] 환영
105	**treat**	[동] 대하다, 대접하다 [명] 대접, 선물
106	**joyful**	[형] 아주 즐거운, 기쁜
107	**surprise**	[명] 놀라움, 뜻밖의 소식 [동] 놀라게 하다
108	**announcement**	[명] 발표, 소식
109	**parent**	[명] 부모
110	**invite to**	~에 초대하다, 초청하다

장례

111	**sudden**	[형] 갑작스러운 [명] 갑작스러움
112	**shocked**	[형] 충격 받은
113	**raise**	[동] 들어 올리다, 키우다, 모금하다
114	**tear**	[명] 눈물 [동] 찢다, 뜯다
115	**lonely**	[형] 외로운, 쓸쓸한
116	**arrange**	[동] 마련하다, 정리하다
117	**funeral**	[명] 장례(식)
118	**visitor**	[명] 방문객, 손님
119	**loss**	[명] 상실, 손실
120	**pass away**	돌아가시다, 사라지다

DAY 4 가족행사

MP3를 듣고,
알맞은 단어를 써 빈칸을 채우세요.
정답은 본책 35~40쪽을 참고하세요.

스토리
받아쓰기

결혼
91 >
100

I went to my cousin's _____. The _____ and _____ entered the _____ hall. They stood _____ the _____. Soon, they _____ were _____ and _____. All of the guests _____ them on their _____.

나는 사촌의 결혼식에 갔다. 신부와 신랑은 홀로 들어왔다. 그들은 **하객들의** 앞에 섰다. 곧, 그들은 **남편과 아내로 선포되었다.** 모든 하객들은 그들의 결혼을 **축하해 주었다.**

집들이
101 >
110

The _____ _____ us _____ their house. They _____ us. They _____ us to _____ dinner. It was a _____ evening. The best part was the _____. The wife said, "We are having a baby. We are going to be _____!"

결혼한 부부가 우리를 그들의 집으로 **초대했다.** 그들은 집들이 파티를 **벌였다.** 그 부부는 우리를 **환영했다.** 그들은 우리에게 저녁 식사를 **대접했다.** 아주 즐거운 저녁이었다. 가장 좋았던 것은 **깜짝 발표**였다. 부인은 "아기가 생겼어요. 우리는 부모가 될 거예요!"라고 말했다.

장례
111 >
120

My grandfather _____ _____ last week. It was very _____, so I was _____ _____. He had _____ to hear the news. He had _____ me, so I was really sad. I cried many _____ and felt _____. My family _____ the _____. Many _____ came and said, "I'm sorry for your _____."

지난주에 우리 할아버지가 **돌아가셨다.** 너무 갑작스러워서 나는 그 소식을 듣고 **충격을 받았다.** 할아버지는 나를 **키워 주셨기** 때문에 나는 정말 슬펐다. 나는 많은 **눈물을 흘렸고** 많고 **외로웠다.** 우리 가족은 **장례식을 준비했다.** 많은 **조문객들이** 와서 "(**돌아가셔서**) 상심이 크시겠어요."라고 말했다.

청소

121	**vacuum**	명 진공, 진공청소기 통 진공청소기로 청소하다 형 진공의
122	**floor**	명 바닥, (건물의) 층
123	**mop**	통 대걸레로 닦다 명 대걸레
124	**dust**	명 먼지, 가루 통 먼지를 털다
125	**remove**	통 치우다, 없애다, 제거하다
126	**shelf**	명 선반
127	**wipe**	통 (먼지 등을) 닦다 명 물수건
128	**rag**	명 걸레, 행주
129	**housework**	명 집안일
130	**clean up**	~을 치우다[청소하다]

빨래

131	**laundry**	명 빨래, 세탁물
132	**hang**	통 걸다, 매달다
133	**hanger**	명 옷걸이
134	**dry**	통 마르다, 말리다 형 건조한
135	**iron**	명 철, 다리미 통 다림질하다
136	**fold**	통 접다, (옷을) 개다
137	**drawer**	명 서랍, 보관함
138	**take out**	꺼내다, 가지고 나가다
139	**pick up**	집어 들다, 줍다
140	**put in**	~ 안에 넣다

화장실

141	**tidy**	형 깔끔한, 잘 정돈된
142	**towel**	명 수건, 타월
143	**wet**	형 젖은, 비가 오는
144	**trash**	명 쓰레기
145	**toilet**	명 변기, 화장실
146	**bathtub**	명 욕조
147	**rinse**	통 헹구다, (물에) 씻어내다 명 헹구기
148	**shower**	명 샤워, 소나기 통 샤워하다
149	**curtain**	명 커튼
150	**keep clean**	깨끗하게 유지하다

D AY 5
집안일

MP3를 듣고,
앞에서 배운 단어를 써 빈칸을 채우세요.
정답은 본책 43~48쪽을 참고하세요.

스토리 / 받아쓰기

청소
121 >
130

My family _____ the house every Sunday. My father _____ the _____ and _____ the _____ with a _____. We do most of the _____ together.

> 우리 가족은 일요일마다 집을 **청소한다**. 우리 아빠는 **바닥**을 **진공청소기**로 **청소하고** 대**걸레**로 바닥을 **닦는다**. 우리 엄마는 선반에서 **먼지**를 **제거한다**. 나는 **걸레**로 창문을 **닦는다**. 우리는 대부분의 **집안일**을 함께 한다.

빨래
131 >
140

My family does the _____ together. My dad _____ the clothes from the washing machine. My mom _____ them _____ and _____ them on a _____ to _____. When they are dry, my dad _____ the clothes. Then, I _____ them and _____ them _____ a _____.

> 우리 가족은 **빨래**를 **함께** 한다. 아빠가 세탁기에서 **옷들**을 **꺼낸다**. 엄마는 그것들을 **집어 들어서** 옷걸이에 넣어 **말린다**. 빨래가 마르면, 아빠는 옷들을 **다림질한다**. 그다음에 나는 옷들을 **개서 서랍 안에 넣는다**.

화장실
141 >
150

Do you want to _____ your bathroom _____ and _____? Change the _____ when they are _____. Place a _____ can next to the _____. _____ the _____ with clean water after taking a _____. Using a _____ can also be helpful.

> 화장실을 **깨끗하고 깔끔하게 유지하고** 싶은가요? **수건**이 **젖었을** 때 바꿔주세요. **변기** 옆에 **쓰레기통**을 두세요. **샤워**를 한 후에는 **욕조**를 깨끗한 물로 **씻어 내세요**. 샤워 **카드**을 사용하는 것도 도움이 될 수 있습니다.

DAY 6 요리

재료준비

151	**breakfast**	명 아침 식사
152	**prepare**	동 준비하다
153	**recipe**	명 조리법, 레시피
154	**check**	동 확인하다, 점검하다 · 명 확인, 계산서, 수표
155	**ingredient**	명 재료, 성분
156	**refrigerator**	명 냉장고
157	**piece**	명 조각, 부분
158	**crack**	명 금, 갈라진 틈 · 동 갈라지다, 깨다
159	**bowl**	명 그릇, 사발
160	**cut into**	~으로 (작게) 자르다

요리

161	**beat**	동 때리다, 휘젓다 · 명 비트, 박자
162	**add**	동 더하다, 추가하다
163	**mix**	동 섞다, 혼합하다
164	**pan**	명 팬, 얕은 냄비
165	**heat**	명 열, 더위 · 동 뜨겁게 하다, 가열하다
166	**low**	형 낮은 · 부 낮게
167	**melt**	동 녹이다, 녹다
168	**stir**	동 젓다, 섞다
169	**slowly**	부 천천히, 느리게
170	**pour into**	~에 붓다, 따르다

간식

171	**tea**	명 (음료) 차
172	**boil**	동 끓이다, 끓다
173	**kettle**	명 주전자
174	**lid**	명 뚜껑, 덮개
175	**cover**	동 덮다, 가리다 · 명 덮개, 표지
176	**plate**	명 접시, 그릇
177	**slice**	명 (얇게 썬) 조각 · 동 (얇게) 썰다
178	**jar**	명 병, 단지
179	**spread**	동 바르다, 펼치다
180	**on top**	맨 위에, 꼭대기에

DAY 6
요리

재료준비
151 >
160

My mom and I are _____. She _____ the
_____. I take the _____ out of the _____. My mom
_____ butter _____ small. I _____ some eggs into a
_____.

> 엄마와 나는 아침 식사를 준비하고 있다. 그녀는 **조리법을 확인한다.** 나는 **냉장고**에서 **재료들**을 꺼낸다. 엄마는 버터를 작은 **조각으로 자른다.** 나는 계란을 **깨뜨려서** 그릇에 넣는다.

요리
161 >
170

I _____ the eggs. My mom _____ some milk, and I _____ them. My
mom _____ the _____ over _____ heat. Then, she _____ the
butter in the pan. I _____ the eggs _____ the pan and _____ them
_____.

> 나는 계란을 **푼다.** 엄마는 우유를 **추가하고,** 나는 그것들을 **섞는다.** 엄마는 팬을 **약불로 달군다.** 그런 다음, 그녀는 버터를 팬에 **녹인다.** 나는 계란을 팬에 **붓고** 그것들을 **천천히** 젓는다.

간식
171 >
180

I will make a sandwich and hot _____. I _____ the water first. I fill a
_____ with water. And I _____ it with a _____. I put a piece of
bread on a _____. I open a jam _____ and _____ jam on the bread.
Then, I put a _____ of cheese _____.

> 나는 샌드위치와 뜨거운 차를 만들 것이다. 나는 먼저 물을 **끓인다.** 나는 **주전자**에 물을 채운다. 그리고 나는 그것을 **무엇으로 닮는다.** 나는 빵 한 조각을 **접시** 위에 놓는다. 나는 잼 **병**을 열어서 빵 위에 잼을 **바른다.** 그런 다음, 나는 맨 **위에** 치즈 한 **조각을** 얹는다.

13

가게

181	**store**	명 상점, 가게 동 저장하다, 보관하다
182	**shop**	명 상점, 가게 동 (물건을) 쇼핑하다
183	**goods**	명 상품, 물품
184	**display**	동 진열하다, 전시하다 명 진열, 전시
185	**customer**	명 손님, 고객
186	**salesperson**	명 판매원
187	**busy**	형 바쁜
188	**sell**	동 팔다, 판매하다
189	**go shopping**	쇼핑하러 가다
190	**look around**	~을 둘러보다

사이즈

191	**size**	명 사이즈[치수], 크기
192	**bring**	동 가져오다, 야기하다
193	**fit**	동 (모양·크기가) 맞다 형 건강한, 튼튼한
194	**price**	명 가격, 값, 대가
195	**expensive**	형 비싼
196	**discount**	명 할인 동 할인하다
197	**try on**	~을 입어[신어]보다
198	**ask for**	~을 요청하다
199	**sold out**	다 팔린, 매진된, 품절의
200	**on sale**	할인 중인, 판매되는

계산

201	**counter**	명 계산대, 접수대
202	**cashier**	명 계산원
203	**tag**	명 꼬리표, 태그 동 태그를 달다
204	**scan**	동 스캔하다, 정밀 검사하다 명 정밀 검사
205	**receipt**	명 영수증
206	**item**	명 물품, 항목
207	**exchange**	동 교환하다, 맞바꾸다
208	**refund**	명 환불 동 환불하다
209	**within**	전 ~ 안에, ~ 이내에
210	**pay for**	~에 값을 지불하다 [계산하다]

가게
181 >
190

I _____ _____ at a shoe _____. I _____ _____ the new _____ _____ in the window. There were many _____, so the _____ were _____. They were _____ a lot of goods.

나는 신발 가게에 쇼핑하러 갔다. 나는 상점을 둘러보았다. 그들은 진열창에 새로운 상품들을 진열하고 있었다. 많은 손님들이 있어서 판매원들은 바빴다. 그들은 많은 상품들을 팔고 있었다.

사이즈
191 >
200

I wanted to _____ _____ my _____ boots, so I _____. The salesperson _____ _____ them in a different color. The boots _____ me well, and the _____ was good. They weren't _____. They were _____, so I got a _____.

나는 부츠를 신어 보고 싶어서, 내 사이즈를 요청했다. 그러나 그것은 품절이었다. 판매원이 그것을 다른 색으로 가져왔다. 그 부츠는 나에게 잘 맞았고, 가격도 괜찮았다. 그것은 비싸지 않았다. 그것은 할인 중이어서 나는 할인을 받았다.

계산
201 >
210

I took the shoes to the _____. I _____ _____ the price _____. The _____, and the cashier gave me the _____. He said, "You can _____ _____ the item _____ or _____ fourteen days."

나는 그 신발을 카운터로 가져갔다. 계산원은 가격표를 스캔했다. 나는 그 물품을 결제했고, 계산원은 나에게 영수증을 주었다. 그는 "당신은 14일 안에 그 물품을 교환하거나 환불하실 수 있어요."라고 말했다.

친구

211	**outgoing**	형	외향적인, 사교적인
212	**friendly**	형	다정한, 친절한
213	**funny**	형	재미있는, 웃기는
214	**laugh**	동	웃다
		명	웃음 (소리)
215	**cheerful**	형	쾌활한, 발랄한
216	**behave**	동	(바르게) 행동하다, 처신하다
217	**kindly**	부	친절하게
218	**personality**	명	성격, 개성
219	**get to know**		~을 알게 되다
220	**have in common**		~을 공통적으로 가지다

대화

221	**listener**	명	듣는 사람, 청취자
222	**conversation**	명	대화, 회화
223	**nod**	동	(고개를) 끄덕이다
224	**carefully**	부	주의 깊게, 신중히
225	**honest**	형	정직한, 솔직한
226	**generous**	형	관대한, 너그러운
227	**feeling**	명	감정, 느낌, 기분
228	**hurt**	동	다치게 하다, 상처 주다
		형	다친, 상처받은
229	**pay attention to**		~에 주의를 기울이다
230	**look into**		~을 들여다보다, 조사하다

화해

231	**upset**	형	속상한, 화가 난
		동	속상하게 하다
232	**disappointed**	형	실망한, 낙담한
233	**regret**	동	후회하다
234	**apologize**	동	사과하다
235	**sincerely**	부	진심으로
236	**selfish**	형	이기적인
237	**hope**	동	바라다, 희망하다
		명	희망
238	**relationship**	명	관계, 관련성
239	**recover**	동	회복하다, 되찾다
240	**make up with**		~와 화해하다

D AY 8

대인 관계

받아쓰기
스토리

MP3를 듣고,
앞말은 단어를 써 빈칸을 채우세요.
정답은 본책 67~72쪽을 참고하세요.

친구
211 >
220

A new student came to my school. She is _____ and _____. She is
_____ and _____ a lot. She is _____ in class and _____. I want to
_____ to classmates. I think she has a good _____. I want to _____
_____ her. It seems like we _____ many things
_____ .

새로운 학생이 우리 학교에 왔다. 그녀는 <u>외향적이고 다정하다</u>. 그녀는 <u>재미있고</u> 많이 <u>웃는다</u>. 그녀는 수업 중에 <u>쾌활하고</u> 반 친구들에게 <u>친절하게 행동한다</u>. 나는 그녀가 좋은 성격을 가졌다고 생각한다. 나는 그녀에 대해 <u>알아가고</u> 싶다. 우리는 많은 <u>공통점이</u> 있는 것 같다.

대화
221 >
230

My friend is a good _____ . When we have a _____, she always
_____ me. She _____ my eyes and
_____ her head. She listens _____ to what I say. She is _____ and
_____ . She never _____ my
_____ .

내 친구는 잘 <u>들어주는</u> 사람이다. 우리가 <u>대화</u>를 할 때, 그녀는 항상 나에게 <u>주의를 기울인다</u>. 그녀는 내 눈을 <u>들여다보고</u> 고개를 <u>끄덕인다</u>. 그녀는 내가 말하는 것을 <u>주의 깊게</u> 듣는다. 그녀는 <u>정직하고</u> 관대하다. 그녀는 결코 나의 <u>감정을 상하게 하지</u> 않는다.

화해
231 >
240

Yesterday, I _____ my friend. He was _____, and I _____ that
_____ . I said bad things. I want to _____ him. I will
_____ . I will tell him that I was _____ . I
_____ our _____ that we can
_____ .

어제 나는 친구를 <u>속상하게 했다</u>. 그는 <u>실망했</u>고, 나는 내가 나쁜 말을 한 것을 <u>후회한다</u>. 나는 <u>그와 화해하고</u> 싶다. 나는 <u>진심으로 사과할</u> 것이다. 나는 그에게 내가 <u>이기적이었다고</u> 말할 것이다. 나는 우리가 <u>관계를 회복할</u> 수 있길 바란다.

토론

241	**debate**	명 토론, 논쟁 / 동 논의하다
242	**topic**	명 주제, 화제
243	**discuss**	동 논의하다, 상의하다
244	**opinion**	명 의견, 견해
245	**express**	동 표현하다, 나타내다
246	**idea**	명 생각, 아이디어
247	**share**	동 공유하다, 함께 나누다 / 명 몫, 지분
248	**way**	명 길, 방법
249	**solution**	명 해결책, 방안
250	**think of**	~을 생각하다, 떠올리다

주장

251	**prove**	동 증명하다, 입증하다
252	**fact**	명 사실
253	**issue**	명 쟁점, 문제, 발행(물) / 동 발행[발표]하다
254	**explain**	동 설명하다
255	**clearly**	부 분명히, 또렷하게
256	**understand**	동 이해하다, 알다
257	**question**	명 질문, 문제
258	**answer**	동 대답하다 / 명 대답, (해)답
259	**based on**	~에 근거한, 근거하여
260	**be able to**	~할 수 있다

동의

261	**same**	형 같은
262	**thought**	명 생각, 사고
263	**decision**	명 결정, 판단
264	**accept**	동 받아들이다, 수용하다
265	**advice**	명 조언, 충고
266	**follow**	동 따라가다, 따르다
267	**respect**	동 존중하다, 존경하다 / 명 존중, 존경
268	**agree with**	~에 동의하다
269	**different from**	~와 다른
270	**even if**	비록 ~일지라도

MP3를 듣고,
알맞은 단어를 써 빈칸을 채우세요.
정답은 본책 75~80쪽을 참고하세요.

토론

241 >
250

I take _____ class. We _____ many different _____ in the class.

Everyone can _____ their _____. We _____ our _____. We

_____ to solve a problem and talk about the _____.

나는 **토론** 수업을 듣는다. 우리는 수업에서 수많은 다른 **주제들을 논의한다.** 모두가 그들의 **의견을 표현할** 수 있다. 우리는 우리의 **생각을 공유한다.** 우리는 문제를 해결하기 위한 **방법들을 생각하고 해결책들에** 대해 이야기한다.

주장

251 >
260

When you discuss an _____, you should give an opinion. You should

_____ your opinion _____. You should _____ the issue _____, so others can _____.

During the discussion, you should listen to _____ and _____

carefully.

어떤 **문제를 논의할** 때, 당신의 의견을 내야 한다. 당신은 **사실에 근거하여** 당신의 의견을 **증명해야** 한다. 당신은 다른 사람들이 **이해할** 수 있도록 그 문제를 **분명하게 설명할 수 있어야** 한다. 논의 중에, 당신은 질문들을 듣고 주의 깊게 **대답해야** 한다.

동의

261 >
270

People might have the _____ opinion and _____ each other.

However, sometimes their _____ can be _____ yours. It isn't

_____ easy to _____ their _____. It can be hard to _____ their _____.

_____ you disagree with someone, try to _____ their opinions.

사람들은 **같은** 의견을 가지며 서로에게 **동의**하지도 **모른다.** 그러나 때때로 그들의 **생각은** 당신의 것과 **다를** 수 있다. 그들의 **결정을 받아들이는** 것은 쉽지 않다. 그들이 **조언을 따르는** 것은 어려울 수 있다. **비록** 당신이 누군가에게 동의하지 **않더라도,** 그들의 의견을 **존중하려고** 노력해라.

소통

271	communication	명 의사소통
272	key	명 열쇠, 핵심 / 형 중요한, 주요한
273	social	형 사회적인, 사교적인
274	language	명 언어, 말
275	word	명 말, 단어
276	expression	명 표현
277	facial	형 얼굴의, 안면의
278	gesture	명 몸짓, 제스처
279	deliver	동 전달하다, 배달하다
280	play a role	역할을 하다

상담

281	teenager	명 십 대, 청소년
282	problem	명 문제, 고민
283	trouble	명 문제, 곤란 / 동 난처하게 하다
284	appearance	명 외모, 출현
285	counselor	명 상담자, 조언자
286	secret	명 비밀, 비결 / 형 비밀의
287	privacy	명 사생활
288	solve	동 해결하다, 풀다
289	worry about	~에 대해 걱정하다
290	and so on	그리고 (기타) 등등

연락

291	contact	동 연락하다, 접촉하다 / 명 연락(처), 접촉
292	network	명 네트워크, 통신망
293	post	명 게시글, 우편(물) / 동 게시하다, 발송하다
294	article	명 글, 기사, 논문
295	comment	명 의견, 논평, 댓글
296	miss	동 그리워하다, 놓치다 / 명 실수, 통침
297	memory	명 기억(력), 추억
298	chat	동 수다를 떨다, 채팅하다 / 명 수다, 대화
299	call up	~을 불러일으키다, 상기시키다
300	catch up	밀린 이야기를 나누다, 따라잡다

DAY 10 의사소통

MP3를 듣고,
알맞은 단어를 써 빈칸을 채우세요.
정답은 문제 83~88쪽을 참고하세요.

스토리   받아쓰기

소통
271 > 280

_____ _____ in _____ relationships. We communicate through _____. But sometimes, we do it _____ and _____ also _____ our _____ without _____. _____ feelings and thoughts.

의사소통은 사회적 관계에서 **중요한 역할**을 한다. 우리는 **언어**를 통해 의사소통한다. 그러나 때때로 우리는 그것을 **말없이** 하기도 한다. **얼굴 표정**과 **몸짓** 또한 우리의 감정과 생각을 **전달한다.**

상담
281 > 290

_____ _____ lots of things — friendship _____, family _____, _____. They also worry about their _____ and their grades. If you have these problems, visit your _____ school _____. They will keep your _____ and respect your _____. And they will help you _____ your problems.

십 대들은 많은 것들에 대해 **걱정하는데,** 우정 **문제,** 가족 **문제 등등**이다. 그들은 또한 그들의 **외모**와 성적에 대해 걱정한다. 만일 당신에게 이런 문제들이 있다면, 당신의 학교 **상담 선생님**을 방문해라. 그들은 당신의 **비밀**을 지켜주고, **사생활**을 존중해줄 것이다. 그리고 그들은 당신이 문제를 **해결하도록** 도울 것이다.

연락
291 > 300

I _____ my friends through social _____ and _____. I enjoy checking their _____. When I _____ them, I _____ good _____ look at their pictures. They _____ good _____. Sometimes, we _____ online to _____ with each other.

나는 소셜 **네트워크**를 통해 친구들에게 **연락해요.** 나는 그들의 **게시물**과 **글**을 읽어요. 나는 그들이 확인하는 것을 즐겨요. 그림이 **그려올** 때, 나는 그들이 사진을 봐요. 그것들은 좋은 **기억을 불러일으켜요.** 때때로 우리는 온라인 **채팅을 하며** 서로 **밀린 이야기를 나눠요.**

DAY 11 여행

여행준비

301	**pack**	통 짐을 싸다, 포장하다 / 명 한 패[묶음]
302	**trip**	명 (짧은) 여행
303	**take**	통 가지고 가다, 데리고 가다, 타다
304	**alone**	부 홀로, 혼자서
305	**solo**	형 혼자의, 독주의 / 명 독주, 솔로
306	**company**	명 친구, 동료, 일행, 회사[기업]
307	**journey**	명 (긴) 여행, 여정
308	**flight**	명 비행, 항공편
309	**finish**	통 마치다, 끝내다
310	**ready for**	~을 위한 준비가 된

여행

311	**leave**	통 떠나다, 남기다
312	**visit**	통 방문하다, 찾아가다 / 명 방문
313	**tour**	명 여행, 관광 / 통 관광하다, 둘러보다
314	**ride**	통 타다 / 명 (차 등을) 타기, 놀이 기구
315	**along**	전 ~을 따라서 / 부 계속, 쭉, 함께
316	**expect**	통 기대하다, 예측하다
317	**view**	명 전망, 광경, 관점 / 통 바라보다
318	**place**	명 장소, 위치 / 통 위치시키다, 두다
319	**explore**	통 탐험하다
320	**arrive at**	~에 도착하다

추억

321	**travel**	명 여행 / 통 여행하다, 이동하다
322	**scenery**	명 풍경, 경치
323	**amazing**	형 놀라운
324	**moment**	명 순간, 잠깐
325	**capture**	통 잡다, 포획하다, (사진 등으로) 담다
326	**exciting**	형 신나는, 흥미진진한
327	**experience**	명 경험, 체험 / 통 경험하다, 겪다
328	**life**	명 삶, 생활, 생명
329	**stay**	통 머물다 / 명 머무름, 방문
330	**remind of**	~을 생각나게 하다, 떠오르게 하다

여행

MP3를 듣고,
알맞은 단어를 써 빈칸을 채우세요.
정답은 본책 95~100쪽을 참고하세요.

스토리 받아쓰기

여행준비 301 > 310

I'm _____ my bag for a _____. I'll _____ a hat. I'm not going _____, so it's not a _____ trip. I have _____ for my _____.

It's a family trip! We will take a _____ to Jeju. I have _____ packing _____ my bag now. I'm _____ the trip.

나는 여행을 위해 가방을 싸고 있다. 나는 모자를 가져갈 것이다. 나는 혼자 가지 않으니 이것은 나홀로 여행이 아니다. 나는 여행을 함께 가는 사람들이 있다. 이것은 가족 여행이다! 우리는 비행기를 타고 제주도에 갈 것이다. 나는 이제 가방을 싸는 것을 마쳤다. 나는 여행을 위한 준비가 됐다.

여행 311 > 320

My family _____ home early in the morning. We took a flight and _____ Jeju Airport. We planned to _____ the beautiful island. We _____ the beach. We _____ our bikes _____ the _____ was beautiful. As I _____, the _____ new _____ was so much fun.

우리 가족은 아침 일찍 집을 나섰다. 우리는 비행기를 타고 제주 공항에 도착했다. 우리는 그 아름다운 섬을 관광하기로 계획했다. 우리는 해변을 방문했다. 우리는 해변을 따라 자전거를 탔다. 내가 기대했던 대로, 전망이 아름다웠다. 새로운 장소를 탐험하는 것은 매우 재미있었다.

추억 321 > 330

I like to look at my _____ photos. This photo _____ me _____ my trip to Jeju. I rode a bike along the beach, and the _____ was _____. I _____ the _____ with my camera. Riding a bike _____ . It was one of the best _____ of my _____ . Next time, I will _____ longer.

나는 나의 여행 사진을 보는 것을 좋아한다. 이 사진은 나의 제주 여행을 떠오르게 한다. 나는 해변을 따라 자전거를 탔고, 풍경은 놀라웠다. 나는 내 카메라로 그 순간을 담았다. 자전거를 타는 것은 신났다. 그것은 내 생의 최고의 경험 중 하나였다. 나는 제주로 또 여행을 갈 것이다. 다음 번에 나는 더 오래 머물 것이다.

DAY 12 여가

휴식

331	**weekend**	명 주말
332	**relax**	동 휴식을 취하다, 긴장을 풀다
333	**comfortable**	형 편한, 편안한
334	**peaceful**	형 평화로운
335	**calm**	형 차분한, 고요한 / 동 진정시키다, 진정하다
336	**rest**	명 휴식, 나머지 / 동 쉬다, 쉬게 하다
337	**nap**	명 낮잠 / 동 낮잠을 자다
338	**stretch**	동 늘이다, 뻗다 / 명 스트레칭, 신축성
339	**spend time**	시간을 보내다
340	**lie down**	(편히) 눕다[누워 있다]

운동

341	**activity**	명 활동, 행동
342	**outdoor**	형 야외의, 실외의
343	**climb**	동 오르다, 등반하다
344	**fish**	명 물고기, 어류 / 동 낚시하다
345	**camp**	명 캠프, 야영지 / 동 야영하다, 캠핑하다
346	**favorite**	형 매우 좋아하는 / 명 좋아하는 것
347	**exercise**	동 운동하다 / 명 운동, 훈련
348	**regularly**	부 규칙적으로, 정기적으로
349	**gym**	명 체육관, 헬스장
350	**work out**	운동하다, 단련하다

취미

351	**leisure**	명 여가, 한가한 때
352	**hobby**	명 취미
353	**spare**	형 남는, 여분의
354	**theater**	명 극장, 영화관
355	**pleasure**	명 기쁨, 즐거움
356	**genre**	명 (예술의) 장르, 유형
357	**film**	명 영화, 필름 / 동 촬영하다, 찍다
358	**fantasy**	명 환상[판타지], 공상
359	**scary**	형 무서운, 겁나는
360	**be interested in**	~에 관심[흥미]이 있다

받아쓰기

스토리

MP3를 듣고,
알맞은 단어를 써 빈칸을 채우세요.
정답은 본책 103~108쪽을 참고하세요.

휴식
331 >
340

On _____, I _____ most of my _____ at home. I _____ in _____ clothes. It feels _____ and _____. Sometimes, I _____ on my sofa and get some _____. After a short _____, I _____ myself.

주말에, 나는 집에서 대부분의 시간을 보낸다. 나는 편한 옷차림으로 휴식을 취한다. 그럴 때면 평화롭고 차분한 기분이 든다. 때때로 나는 소파에 누워 휴식을 좀 취한다. 짧은 낮잠 후에, 나는 기지개를 켠다.

운동
341 >
350

I enjoy many _____. _____, _____, mountains, _____, and _____ are my _____. Also, I love to _____. I visit the _____ three times a week.

나는 많은 야외 활동을 즐긴다. 등산하는 것, 낚시하는 것, 그리고 캠핑하는 것은 내가 좋아하는 것들이다. 또한, 나는 자유 시간에 운동하는 것을 좋아한다. 나는 규칙적으로 운동하려고 노력한다. 나는 일주일에 세 번 체육관을 방문한다.

취미
351 >
360

What do you do in your _____ time? Do you have any _____? I usually spend my _____ watching movies. I _____ watching movies. It's a great _____ to watch good _____ movies. I like all _____ of _____, from _____ movies to _____ movies.

여러분은 여가 시간에 무엇을 하나요? 여러분은 취미가 있나요? 저는 보통 영화관에서 남는 시간을 보내요. 좋은 영화를 보는 것은 큰 즐거움이에요. 저는 판타지 영화에서 무서운 영화까지 모든 장르의 영화를 좋아해요.

DAY 13 스포츠

올림픽

361	**host**	명 주최자	
		동 주최하다[열다], 진행하다	
362	**successful**	형 성공한, 성공적인	
363	**athlete**	명 운동 선수	
364	**train**	동 훈련하다, 훈련시키다	
		명 기차	
365	**sweat**	명 땀	
		동 땀을 흘리다	
366	**uniform**	명 유니폼, 단체복	
367	**wear**	동 (옷 등을) 입다, 쓰다	
368	**crowd**	명 군중	
		동 가득 메우다	
369	**cheer**	명 환호성	
		동 환호하다, 응원하다	
370	**take place**	개최되다	

경기

371	**competition**	명 경쟁, 대회	
372	**fair**	형 공정한, 공평한	
		명 박람회	
373	**equipment**	명 장비, 용품	
374	**require**	동 필요로 하다, 요구하다	
375	**racket**	명 (테니스 등의) 라켓	
376	**referee**	명 심판, 심사 위원	
377	**grab**	동 움켜잡다, 급히[잠깐] ~하다	
378	**whistle**	명 호루라기, 휘파람	
		동 호루라기[휘파람]를 불다	
379	**blow**	동 (세게) 불다, 코를 풀다	
380	**take part in**	~에 참가[참여]하다	

결과

381	**marathon**	명 마라톤	
382	**race**	명 경주, 달리기, 인종[민족]	
		동 경주[경쟁]하다	
383	**complete**	동 완료하다, 끝마치다	
		형 완전한	
384	**champion**	명 챔피언, 우승자	
385	**name**	명 이름	
		동 이름을 부르다, 호명하다	
386	**record**	명 기록, 음반	
		동 기록하다, 녹음하다	
387	**trophy**	명 트로피	
388	**medal**	명 메달, 훈장	
		동 메달을 따다	
389	**victory**	명 승리	
390	**be satisfied with**	~에 만족하다	

DAY 13 스포츠

올림픽
361 > 370

The Olympics _____ every four years. _____ prepare for a _____ event. _____ _____ hard for the games. During the games, they _____ and _____ a lot. The _____ for _____ them.

올림픽은 4년마다 **개최된다. 주최자는** 성 **공적인** 행사를 위해 준비한다. **운동 선수들** 은 경기를 위해 열심히 **훈련한다.** 경기 중 에 그들은 **유니폼을** 입고 **팀을** 많이 **응원한** 다. **군중은** 그들을 **응원한다.**

경기
371 > 380

Players _____ the games. They have _____ _____ to play. For example, _____ . Some sports _____ _____ , balls, and shoes to play. When the tennis players need _____ the _____ and _____ it, the game begins.

선수들은 경기에 **참가한다.** 그들은 **공정한 경쟁을** 한다. 몇몇 스포츠는 경기를 하려면 **장비가 필요하다.** 예를 들어, 테니스 선수들 은 경기를 하려면 **라켓과** 공, 신발이 필요 하다. **심판이** 호루라기를 **잡고 불** 때, 경기 가 시작된다.

결과
381 > 390

_____ runners _____ the _____ . The _____ is _____ . Some players set new _____ . The top three runners receive a _____ and a _____ . The players _____ the results and enjoy their _____ .

마라톤 주자들이 **경주를 끝마친다. 우승자** 가 **호명된다.** 몇몇 선수들은 신기록을 세운 다. 상위 세 명의 주자들이 **트로피와 메달** 을 받는다. 선수들은 결과에 **만족하고** 그들 의 **승리를** 즐긴다.

DAY 14 건강

감기

391	**fever**	명 열, 열기, 흥분
392	**throat**	명 목, 목구멍
393	**sore**	형 아픈, 따가운
394	**sneeze**	동 재채기하다 / 명 재채기
395	**cough**	동 기침하다 / 명 기침
396	**symptom**	명 증상, 증세
397	**cold**	형 추운, 차가운 / 명 추위, 감기
398	**flu**	명 독감, 유행성 감기
399	**few**	형 몇몇의, (수가) 적은 / 명 몇몇, 소수
400	**get over**	~을 넘다, 극복하다, (병에서) 회복되다

치료

401	**burn**	동 (불에) 타다, 데다 / 명 화상, 덴 상처
402	**wound**	명 상처, 부상 / 동 부상을 입히다
403	**bruise**	명 멍, 타박상
404	**tired**	형 피곤한, 지친, 지겨운, 싫증난
405	**stressed**	형 스트레스 받는
406	**mind**	명 마음, 정신 / 동 신경 쓰다, 꺼리다
407	**health**	명 건강, 보건
408	**mental**	형 정신의, 마음의
409	**aid**	명 도움, 지원, 처치 / 동 돕다
410	**take care of**	~을 돌보다, ~을 주의하다

식습관

411	**balanced**	형 균형 잡힌, 안정된
412	**diet**	명 식단, 음식, 다이어트
413	**consume**	동 먹다[마시다], 소비하다
414	**wide**	형 (폭이) 넓은
415	**range**	명 범위, 영역 / 동 (범위가) 이르다
416	**fat**	형 뚱뚱한, 살찐 / 명 지방, 기름
417	**overeat**	동 과식하다
418	**skip**	동 건너뛰다, 생략하다
419	**maintain**	동 유지하다, 주장하다
420	**keep away from**	~을 멀리하다, ~에 가까이 가지 않다

DAY 14 건강

감기
391 > 400

Do you have a _____ and a _____? Are you _____ and _____ a lot? Don't worry about it! They are common _____ of a _____ or _____. You can _____ them in just a _____ days.

당신은 열이 있고 목이 아픈가요? 당신은 재채기를 하고 기침을 많이 하고 있나요? 걱정하지 마세요! 그것들은 감기나 독감의 일반적인 증상입니다. 당신은 단 며칠 안에 그것들로부터 회복될 수 있어요.

치료
401 > 410

Did you cut or _____ yourself? Did you get a small _____ or _____? Give yourself first _____ and _____ your body. Are you _____ and _____? Take a rest and clear your _____. _____ is also important for living a healthy life.

당신은 베거나 데었나요? 작은 상처나 멍이 생겼나요? 스스로 응급 조치를 하고 당신의 몸을 돌보세요. 당신은 피곤하고 스트레스를 받나요? 휴식을 취하고 마음을 비우세요. 건강한 삶을 살기 위해서는 정신 건강 또한 중요합니다.

식습관
411 > 420

Eating a _____ is important for your health. Try to _____ a _____ of food. Do not _____ sugar and _____, and do not _____ breakfast. These will help you to _____ a healthy body.

균형 잡힌 식단을 먹는 것은 당신의 건강에 중요합니다. 폭넓은 범위의 식품을 먹기 위해 노력하세요. 설탕과 지방을 멀리하세요. 과식하지 말고, 아침 식사를 거르지 마세요. 이는 당신이 건강한 신체를 유지하도록 도울 것입니다.

식당

421	dinner	명 저녁 식사
422	famous	형 유명한
423	restaurant	명 식당, 레스토랑
424	table	명 식탁, 테이블
425	server	명 서빙하는 사람, 종업원
426	suggest	동 제안하다, 추천하다
427	dish	명 접시, 요리
428	main	형 주요한, 주된
429	next to	~ 옆에
430	eat out	외식하다

음식

431	order	동 명령하다, 주문하다 명 명령, 주문, 순서
432	smell	동 냄새가 나다, 냄새를 맡다 명 냄새, 향
433	tasty	형 맛있는
434	vegetable	명 야채
435	fresh	형 신선한
436	enough	형 충분한 부 충분하게
437	dessert	명 디저트, 후식
438	choice	명 선택, 선택 가능한 수
439	bill	명 계산서, 지폐
440	come with	~와 함께 나오다, ~이 딸려 있다

맛

441	meal	명 식사
442	delicious	형 맛있는, (음식) 냄새가 좋은
443	roast	동 굽다 명 구이 요리 형 (불, 오븐에) 구운
444	taste	명 맛, 미각 동 ~한 맛이 나다, 맛을 보다
445	fried	형 (기름에) 튀긴, 볶은
446	sour	형 (맛이) 신, 시큼한
447	rich	형 부유한, 풍부한
448	flavor	명 풍미, 맛
449	tip	명 (뾰족한) 끝, 조언, 팁
450	go well with	~와 잘 어울리다

DAY 15 외식

식당 421 > 430

어제 나는 우리 가족과 저녁을 먹으러 나갔다. 우리는 **유명한 식당**에 갔다. 우리는 세 명이 앉을 **테이블**을 요청했다. 우리는 창문 옆에 있는 테이블에 앉았다. **종업원은 주요 리**로 닭 요리를 **추천했다**.

Yesterday, I ＿＿＿ ＿＿ ＿＿ with my family for ＿＿＿＿. We went to a ＿＿＿＿ ＿＿＿＿＿. We asked for a ＿＿＿＿ for three. We had a table ＿＿ ＿＿ the window. The ＿＿＿＿ ＿＿＿＿ ＿＿ chicken for the ＿＿＿ ＿＿＿＿.

음식 431 > 440

우리가 **주문한** 요리가 나왔다. 그것은 좋은 **냄새가 났고**, **맛있어 보였다**. 닭 요리는 **신 선한 야채와 함께 나왔다**. 음식은 세 명이 먹기에 **충분했다**. 그 식당은 많은 **디저트를** 다양하게 **선택할** 수 있었다. 우리가 디저트를 다 먹었을 때, 종업원이 **계산서를** 가져왔다.

The dish that we ＿＿＿＿ ＿＿＿＿ was served. It ＿＿＿＿ good and looked ＿＿＿＿. The food was ＿＿＿＿. The chicken ＿＿＿＿ ＿＿＿＿ ＿＿＿＿ ＿＿＿＿ for three people. The restaurant had a good ＿＿＿＿ of ＿＿＿＿. When we finished the dessert, the server brought the ＿＿＿＿.

맛 441 > 450

우리는 **식사를** 즐겼다. 어땠을까? 그것은 **맛있었다! 구운** 통닭은 놀라웠다. **튀긴** 양 파는 과일 같은 맛이 **났다. 시큼한** 소스는 요리와 잘 어울렸다. 나는 음식의 **풍부한 맛**이 매우 좋았다. 모든 것이 완벽했고, 우 리는 후한 **팁**을 남겼다.

We enjoyed our ＿＿＿＿. How was it? It was ＿＿＿＿! The ＿＿＿＿ ＿＿＿＿ chicken was amazing. ＿＿＿＿ onions ＿＿＿＿ like fruit. The ＿＿＿＿ sauce ＿＿＿＿ ＿＿＿＿ the dish. I loved the ＿＿＿＿ ＿＿＿＿ of the food. Everything was perfect, and we left a generous ＿＿＿＿.

DAY 16 자연

하늘

451	season	명 계절, 철 / 동 양념하다
452	crash	명 (충돌) 사고, 쿵 소리 / 동 충돌하다, 부딪치다
453	thunder	명 천둥 / 동 천둥이 치다
454	lightning	명 번개
455	flash	동 번쩍이다 / 명 번쩍임, 플래시
456	bright	형 (빛, 색이) 밝은
457	clear	형 (날씨가) 맑은, 분명한 / 동 치우다, 비우다, (정신을) 맑게 하다
458	sunlight	명 햇빛, 햇살
459	appear	동 나타나다, 보이다
460	right after	직후에, ~ 바로 다음에

육지

461	land	명 육지, 땅 / 동 착륙하다
462	forest	명 숲
463	soil	명 흙, 토양
464	branch	명 나뭇가지, 지점, 분점
465	thick	형 두꺼운, 빽빽한
466	grassland	명 초원
467	landform	명 지형
468	desert	명 사막 / 동 버리다, 떠나다
469	sand	명 모래, 모래사장
470	instead of	~ 대신에, ~하지 않고

바다

471	river	명 강
472	stream	명 흐름, (물이) 줄기
473	narrow	형 좁은, 가느다란
474	ocean	명 바다, 대양
475	flow	명 흐름, 이동 / 동 흐르다
476	connect	동 연결하다, 연관 짓다
477	lake	명 호수
478	surround	동 둘러싸다
479	island	명 섬
480	in contrast	반대로, 대조적으로

MP3를 듣고,
알맞은 단어를 써 빈칸을 채우세요.
정답은 본책 135~140쪽을 참고하세요.

스토리

받아쓰기

하늘

451 >
460

It is the rainy _____. Rain poured, and _____. The sky became _____ for a second. _____. After the heavy rain, the sky became _____. Soon, _____, and a rainbow _____.

장마철이다. 비가 퍼붓고, **번개**가 **번쩍였다.** 하늘이 잠시 **밝아졌다.** 저 후에 천둥이 '쾅' 하고 **쳤다.** 폭우가 지나간 뒤에는 하늘이 **맑아졌다.** 곧, 햇빛과 무지개가 **나타났다.**

육지

461 >
470

There are many different _____. In _____, trees grow roots in the _____ grow high, and they make a _____ forest. In _____, grass grows and covers the _____. In _____, _____ covers the land _____ grass.

다양한 **지형**이 있다. **숲**에서는 나무가 **흙** 속에 뿌리를 내린다. **나뭇가지**는 높게 자라 서 **울창한** 숲을 만든다. **초원**에서는 풀이 자라 **땅**을 덮는다. **사막**에서는 풀 **대신 모** **래**가 땅을 덮는다.

바다

471 >
480

A _____ is a _____ of water. It can be _____ or wide. It can _____ into the _____. _____, a _____ is not _____ to other water. A lake is _____ by land. Land can also be surrounded by water. We call it an _____.

강은 하나의 **물줄기**이다. 강은 **좁거나** 넓을 수 있다. 강은 **바다**로 **흘러 들어갈** 수 있다. **반대로,** **호수**는 다른 물로 **연결되어 있지** 않다. 호수는 육지로 **둘러싸여 있다.** 육지도 물에 둘러싸일 수 있다. 우리는 그것을 **섬** 이라고 부른다.

DAY 17 동물

반려동물

481	**pet**	명 반려동물
482	**own**	통 소유하다 / 형 자기 자신의, 개인의
483	**companion**	명 동반자, 친구
484	**puppy**	명 강아지
485	**tail**	명 꼬리
486	**wag**	통 (꼬리를) 흔들다
487	**bark**	통 짖다 / 명 짖는 소리
488	**growl**	통 으르렁거리다, (요란하게) 울리다 / 명 으르렁 소리
489	**danger**	명 위험, 위기
490	**go for a walk**	산책 가다

똑똑한 동물

491	**intelligent**	형 똑똑한, 지능이 있는
492	**tool**	명 도구, 수단
493	**group**	명 무리, 집단, 그룹
494	**form**	통 형성하다, 만들다 / 명 형태, 모습, (서류) 양식
495	**human**	명 인간, 인류 / 형 인간의
496	**interact**	통 소통하다, 상호 작용하다
497	**mammal**	명 포유류, 포유동물
498	**parrot**	명 앵무새
499	**copy**	통 따라 하다, 복사하다 / 명 사본, (한) 부
500	**belong to**	~에 속하다, ~ 소속이다

야생동물

501	**wild**	형 야생의, 거친
502	**habitat**	명 서식지, 거주지
503	**meat**	명 고기, 육류
504	**hunt**	통 사냥하다 / 명 사냥, 수색
505	**kill**	통 죽이다, 살해하다
506	**escape**	통 피하다, 탈출하다 / 명 탈출, 대피
507	**hide**	통 숨다, 숨기다
508	**feed on**	~을 먹고 살다
509	**run away**	도망치다, 달아나다
510	**a variety of**	다양한

동물

MP3를 듣고,
알맞은 단어를 써 빈칸을 채우세요.
정답은 본책 143~148쪽을 참고하세요.

반려동물
481 > 490

Do you have a ___ animal? I ___ two dogs. They've been my good ___ since they were little ___. We ___ ___ every day. They ___ their ___ when I get home. They ___ and ___ when they think I'm in ___.

여러분은 **반려동물**이 있나요? 저는 개 두 마리가 **있어요.** 그들이 작은 **강아지**였을 때부터 그들은 나의 좋은 **친구**였어요. 우리는 매일 **산책 가요.** 제가 집에 도착하면 그들은 **꼬리를 흔들어요.** 그들은 제가 **위험**에 처했다고 생각하면 **짖고 으르렁거려요.**

똑똑한 동물
491 > 500

Some animals are ___ and social. Chimpanzees can use ___ and ___. They both ___. Dolphins can ___ with ___. Among the same animal group, which is ___ human speech. birds, ___ are the smartest. They can ___

몇몇 동물들은 **똑똑하고** 사회적이에요. 침팬지는 **도구를** 사용하고 **무리를 형성할** 수 있어요. 돌고래는 인간과 **소통할** 수 있어요. 그들은 모두 같은 동물군에 **속하는데,** 바로 **포유류예요.** 새들 중에서는 앵무새가 가장 **똑똑해요.** 그들은 인간의 말을 **따라 할** 수 있어요.

야생동물
501 > 510

___ animals live in ___ places. There are land ___ and sea habitats. They also ___ different types of food. Some eat plants, and others eat ___. Tigers eat meat, so they ___. To ___ being ___, weak animals ___ and ___.

야생 동물들은 **다양한** 장소에 살아요. **육지 서식지**와 바다 서식지가 있어요. 그들은 또한 다양한 종류의 식량을 **먹고 살아요.** 몇몇은 식물을 먹고, 다른 몇몇은 **고기를** 먹어요. 호랑이는 고기를 먹기 때문에 사냥을 위해 **사냥해요.** 그들의 사냥을 위해 약한 동물은 **죽는 것을 피** 하기 위해, 약한 동물은 **도망쳐서 숨어요.**

DAY 18 식물·곤충

식물

511	plant	명 식물, 공장 / 동 심다
512	light	명 빛, 전등 / 형 밝은, 가벼운 / 동 불을 붙이다
513	nutrient	명 영양분, 영양소
514	condition	명 상태, 환경, 조건 / 동 (상태를) 조절하다
515	seed	명 씨앗, 종자 / 동 씨앗을 뿌리다
516	root	명 뿌리 / 동 뿌리내리다
517	stem	명 (식물의) 줄기
518	produce	동 생산하다, (열매) 맺다 / 명 생산물
519	cycle	명 (순환) 주기, 자전거 / 동 자전거를 타다
520	in order to	~하기 위해

식물자원

521	corn	명 옥수수
522	wheat	명 밀
523	crop	명 (농)작물 / 동 경작하다, 깎다, 잘라내다
524	primary	형 주요한, 주된, (순서상) 최초의
525	farm	명 농장 / 동 농사를 짓다, 사육하다
526	harvest	동 수확하다 / 명 수확(물), 추수
527	wooden	형 나무로 된
528	furniture	명 가구
529	rely on	~에 의존하다, 기대다
530	cut down	(잘라서) 쓰러뜨리다

곤충

531	insect	명 곤충, 벌레
532	harmful	형 해로운, 유해한
533	bite	동 물다 / 명 물린 곳, 한 입
534	skin	명 피부, 가죽, 껍질
535	helpful	형 도움이 되는, 유익한
536	pollen	명 꽃가루
537	carry	동 옮기다, 가지고 다니다
538	web	명 그물, 거미줄, 웹
539	go bad	(음식이) 상하다, 썩다
540	be afraid of	~을 무서워하다, 두려워하다

스토리 받아쓰기

MP3를 듣고,
알맞은 단어를 써 빈칸을 채우세요.
정답은 본책 151~156쪽을 참고하세요.

식물 511 > 520

_____ need many things _____ grow. They need _____, water, heat, and _____. Under the right _____, a _____ grows _____ and _____ to become a young plant. Then it _____ flowers and fruits. This is the plant's life _____.

식물들은 자라기 **위해** 많은 것들을 필요로 해요. 그들은 **빛**, 물, 열, 그리고 **영양분이** 필요해요. 적절한 **환경에서는**, **씨앗이 뿌리**와 **줄기**를 키워 어린 식물이 돼요. 그 후 그것은 꽃과 열매를 **맺어요**. 이것이 식물의 생활 **주기**예요.

식물자원 521 > 530

We _____ plants in many ways. We eat them and use them in our daily lives. Rice, _____, and _____ are _____ food _____. Farmers grow these crops on _____ and _____ them. We also _____ trees to make paper and _____.

우리는 다양한 방식으로 식물에 **의존해요.** 우리는 일상생활에서 그것을 먹고 사용해요. 쌀, **옥수수**, 그리고 밀은 **주요** 식량 **작물**이에요. 농부들은 **농장**에서 이 작물들을 기르고 **수확해요.** 우리는 또한 나무를 베어 **쓰러뜨려서** 종이와 **원목 가구**를 만들어요.

곤충 531 > 540

Some _____ are _____. Mosquitos _____ our _____. Flies make _____. However, there are _____ insects, too. Bees _____ food _____ and make honey. Many people _____ spiders, but spiders catch harmful bugs in their _____.

몇몇 **곤충**은 **해로워요.** 모기는 우리의 **피부**를 **물어요.** 파리는 음식을 **상하게** 해요. 하지만 **도움이 되는** 곤충들도 있어요. 벌은 **꽃가루를 옮기고**, 꽃을 만들어요. 많은 사람들은 **거미**를 **무서워하지만**, 거미는 **거미줄**로 해로운 벌레들을 잡아요.

DAY 19 모험

단어 듣기

탐험

541	explorer	몡 탐험가
542	adventure	몡 모험
543	route	몡 길, 노선
544	east	몡 동쪽, 동부 / 뷔 동쪽으로
545	south	몡 남쪽, 남부 / 뷔 남쪽으로
546	compass	몡 나침반, (제도용) 컴퍼스
547	needle	몡 바늘, 침
548	point	통 가리키다 / 몡 점, 요점, 점수
549	direction	몡 방향, 지시
550	set off	출발하다, (길을) 떠나다

괴물

551	shadow	몡 그림자, 그늘 / 통 (그림자처럼) 따라가다
552	dark	혱 어두운, 짙은 / 몡 어둠
553	monster	몡 괴물, 괴수
554	wing	몡 날개
555	tooth	몡 이빨, 치아
556	sharp	혱 날카로운, 가파른
557	scared	혱 겁먹은, 무서워하는
558	claw	몡 발톱
559	cave	몡 동굴
560	ahead of	~ 앞에, ~보다 빨리

탈출

561	storm	몡 폭풍, 폭풍우
562	wave	몡 파도, 물결 / 통 흔들다, 손을 흔들다
563	quickly	뷔 빠르게, 재빨리
564	clever	혱 똑똑한, 영리한
565	return	통 돌아오다[가다], 반납하다 / 몡 보답, 돌아옴
566	hike	통 (장거리를) 걷다, 하이킹하다
567	shout	통 외치다, 소리치다 / 몡 외침, 함성
568	crawl	통 기어가다
569	way out	출구, 탈출구
570	make it	성공하다, 해내다, 시간 맞춰 가다

MP3를 듣고,
알맞은 단어를 써 빈칸을 채우세요.
정답은 본책 159~164쪽을 참고하세요.

스토리   받아쓰기

탐험
541 >
550

Two _____ on an _____. They followed
the _____ on the map. They had to go _____. They took out a
_____. However, the compass _____ in the wrong
_____. They went _____, not east!

두 명의 탐험가들은 **모험을 떠났다**. 그들은
지도의 **길을 따라갔다**. 그들은 **동쪽으로** 가야
했다. 그들은 **나침반**을 꺼내 들었다. 하지만,
나침반 **바늘**은 엉뚱한 **방향을 가리켰다**. 그
들은 동쪽으로가 아니라 **남쪽으로** 갔던 것이
다!

괴물
551 >
560

A big, _____ appeared _____ the explorers. It was a
_____! The monster had two _____, and _____.
The explorers were _____. They ran away and hid in a deep, dark
_____.

크고 **어두운 그림자**가 탐험가들 **앞에** 나타났
다. 그것은 **괴물**이었다! 괴물은 두 개의 **날개**
와 **날카로운 이빨**, 그리고 **발톱**을 가지고 있
었다. 탐험가들은 **겁에 질렸다**. 그들은 도망
쳐서 깊고 어두운 **동굴**에 숨었다.

탈출
561 >
570

There was a big _____. Huge _____ came into the cave.
However, the _____ explorers found a _____. They _____
into a small hole. They _____ to their route and _____ through
the forest. After the long walk, they _____, "We _____!"

큰 **폭풍**이 왔다. 거대한 **파도**가 **빠르게** 동굴
로 들어왔다. 그러나 **똑똑한** 탐험가들은 **탈출
구**를 발견했다. 그들은 작은 구멍으로 **기어
들어갔다**. 그들은 그들이 왔던 길로 **돌아가**
숲속을 **걸었다**. 오랜 시간 걸은 뒤 그들은 "우
리가 **해냈어!**"라고 **외쳤다**.

39

DAY 20 사회

시민

571	town	명 (소)도시, 시내, 마을
572	state	명 주, 국가, 상태 동 (정식으로) 말하다, 진술하다
573	country	명 나라, 국가, 시골, 지역
574	citizen	명 시민, 국민
575	civil	형 시민의, 민간의
576	right	명 권리, 권한, 오른쪽 형 옳은, 맞는, 오른쪽의 부 바로
577	education	명 교육, 훈련
578	vote	명 투표, 투표권 동 투표하다
579	serve	동 섬기다, 봉사하다, 음식을 제공하다
580	live in	~에 살다

질서

581	duty	명 의무, 관세
582	neighbor	명 이웃, 옆 사람
583	polite	형 공손한, 예의 바른
584	rule	명 규칙 동 통치하다, 지배하다
585	law	명 법, 법률, 법안
586	obey	동 따르다, 준수하다, 복종하다
587	legally	부 합법적으로, 법률상
588	tax	명 세금
589	fee	명 수수료, 요금, 금액
590	be responsible for	~에 책임이 있다

공공예절

591	public	형 대중의, 공공의 명 일반 사람들, 대중
592	etiquette	명 예절, 에티켓
593	quiet	형 조용한
594	hospital	명 병원
595	restroom	명 화장실
596	behavior	명 행동
597	bother	동 괴롭히다, 귀찮게 하다
598	consider	동 고려하다, 생각하다
599	turn off	(전원, 스위치 등을) 끄다
600	keep in mind	~을 명심하다, 기억하다

DAY 20 사회

MP3를 듣고,
알맞은 단어를 써 빈칸을 채우세요.
정답은 본책 167~172쪽을 참고하세요.

시민 571 > 580

We _____ a _____, _____, or _____. We are all _____. Citizens have _____. For example, children have the right to _____. Adults have the right to _____. They _____ choose who will _____ our community.

우리는 **마을, 주, 혹은 국가에 산다.** 우리는 모두 **시민**이다. 시민은 **시민권**을 가지고 있다. 예를 들어, 아이들은 **교육**을 받을 권리를 가진다. 성인은 **투표**할 권리를 가진다. 그들은 누가 우리 지역 사회에 **봉사할지** 선택한다.

질서 581 > 590

Citizens have _____. We should respect our _____ and be _____ to them. Also, we should follow the _____ and _____ the _____. We should make money _____, and we _____ paying _____ and _____.

시민들은 **의무**를 갖는다. 우리는 우리의 **이웃**을 공경해야 하고 그들에게 **예의 바르게** 행동해야 한다. 또한, 우리는 **규칙**을 따르고, 법을 **준수해야 한다.** 우리는 **합법적으로** 돈을 벌어야 하고, **세금**과 **요금**을 낼 **책임이 있다.**

공공예절 591 > 600

Here are some examples of _____. In a theater, you should be _____. _____ your phone, and don't talk. In _____ or public _____, don't take pictures. _____ that your _____ can _____ someone else. It's all about _____ other people's feelings.

여기 **공공 예절**의 몇 가지 예가 있습니다. 극장에서는 **조용히** 해야 합니다. 여러분의 전화를 **전원을 끄고,** 이야기하지 마세요. **병원**이나 공중 **화장실**에서는 사진을 찍지 마세요. 여러분의 **행동**이 다른 누군가를 **괴롭힐** 수도 있다는 것을 **명심하세요.** 그건 모두 다른 사람들의 기분을 **고려하는** 것에 관한 것입니다.

DAY 21

범죄·법

범죄

601	thief	명 도둑, 절도범
602	jewelry	명 보석류, 장신구
603	steal	통 훔치다, 도둑질하다
604	priceless	형 아주 귀중한, 값비싼
605	witness	명 목격자, 증인 / 통 목격하다
606	evidence	명 증거, 근거
607	clue	명 단서, 실마리
608	crime	명 범죄
609	fingerprint	명 지문
610	find out	~을 발견하다, 알아내다

용의자

611	suspect	명 용의자 / 통 의심하다
612	catch	통 잡다, 붙잡다
613	reward	명 보상, 현상금 / 통 보상하다
614	sketch	명 스케치, 밑그림 / 통 스케치하다
615	beard	명 (턱)수염
616	finally	부 마침내, 마지막으로
617	report	명 보도, 신고, 보고(서) / 통 알리다, 신고하다
618	arrest	통 체포하다, 구속하다 / 명 체포, 검거
619	investigate	통 수사하다, 조사하다
620	run after	~을 뒤쫓다, 추적하다

재판

621	court	명 법정, 법원, (테니스 등의) 코트
622	judge	명 심판, 판사 / 통 판단하다, 재판하다
623	case	명 경우, 사건, 통[상자]
624	lawyer	명 변호사, 법률가
625	statement	명 진술, 서술, 발표
626	guilty	형 죄책감이 드는, 유죄의
627	criminal	명 범인, 범죄자 / 형 범죄의, 형사상의
628	prison	명 감옥, 교도소
629	jail	명 감옥 / 통 감옥에 넣다
630	show up	나타나다, (모습을) 드러내다

DAY 21
범죄·법

MP3를 듣고,
알맞은 단어를 써 빈칸을 채우세요.
정답은 본책 179~184쪽을 참고하세요.

스토리

받아쓰기

범죄
601 > 610

A _____ went into a _____ store. The thief _____ called the police. The police officers gathered _____ and _____ from the _____ scene. The thief had left his _____ ! So, the police _____ who the thief was.

도둑이 보석상에 들어갔다. 도둑은 **값비싼** 보석을 **훔쳤다. 목격자가** 경찰을 불렀다. 경찰관들은 **범죄** 현장에서 **증거와 단서들**을 모았다. 도둑은 그의 **지문**을 남겨 놓았다! 그래서 경찰은 도둑이 누구였는지 **알아냈다.**

용의자
611 > 620

The police officers _____ the _____. They tried to _____ the suspect, but he ran away. The police set a _____ and _____ the _____ suspect. He is tall and has a _____. The police _____ got a _____. They _____ the suspect. Now they will _____ him.

경찰관들이 **용의자를 뒤쫓았다.** 그들은 용의자를 **잡기** 위해 노력했지만, 그는 도망쳤다. 경찰은 **현상금**을 걸었고, 용의자의 **모습**을 **그렸다.** 그는 키가 크고 **턱수염**이 있다. 경찰은 **마침내 신고**를 접수했다. 그들은 용의자를 **체포했다.** 이제 그들은 그를 **조사할** 것이다.

재판
621 > 630

The suspect _____ in _____. The _____ heard the _____. A witness attended and made a _____. The judge _____ declared the suspect _____. The _____ was sent to _____. He will spend several years in _____.

용의자가 법정에 **모습을 드러냈다.** 판사는 **변호사로부터 사건에** 관해 들었다. 증인이 출석해 **진술했다.** 판사는 용의자가 **유죄**라고 선고했다. **범죄자는 감옥**으로 보내졌다. 그는 **감옥**에서 몇 년을 보낼 것이다.

DAY 22 수·양

시간

631	**measure**	동 측정하다, 재다 명 (측정) 기준, 단위
632	**amount**	명 양, 액수, 총량 동 (수·양이) ~가 되다
633	**minute**	명 분, 잠깐
634	**second**	명 초, 잠깐 형 두 번째의
635	**hour**	명 1시간, 시간
636	**equal**	형 동일한, 동등한 동 (수가) 같다, 맞먹다
637	**calendar**	명 달력
638	**number**	명 수, 숫자, 번호 동 번호를 매기다
639	**count**	동 (수를) 세다, 계산하다 명 셈, 계산
640	**be made up of**	~로 구성되다

무게

641	**weight**	명 무게, 체중
642	**compare**	동 비교하다, 비유하다
643	**object**	명 물체, 대상, 목적 동 반대하다
644	**stone**	명 돌, 돌멩이
645	**heavy**	형 무거운, 심한
646	**feather**	명 깃털
647	**scale**	명 저울, 규모, 등급 동 오르다
648	**weigh**	동 무게를 재다, 무게가 나가다
649	**lift**	동 들어올리다 명 들어올리기, 리프트
650	**right away**	바로, 즉시

나누기

651	**portion**	명 부분, 몫, 1인분
652	**split**	동 나누다, 쪼개다, 찢어지다 명 분열, (갈라진) 틈
653	**whole**	형 온전한, 전체의, 모든 명 전체, 전부
654	**half**	명 (절)반, 2분의 1
655	**quarter**	명 4분의 1
656	**volume**	명 양, 부피, 음량
657	**height**	명 높이, 키
658	**length**	명 길이, 시간[기간]
659	**short**	형 (길이가) 짧은, 키가 작은 부족한
660	**divide into**	~으로 나누다, 가르다

시간
631 > 640

We can ____ the ____ of time with a clock. One ____ 60 ____. One ____ equals 60 minutes. A day ____ 24 hours. And we see days, weeks, and months on a ____. ____ the ____ of days in a month.

우리는 시계로 시간의 **양**을 **측정**할 수 있다. 1분은 60초와 **동일하다.** 1시간은 60분과 동일하다. 하루는 24시간**으로 구성되어 있다.** 그리고 우리는 **달력**에서 일, 주, 달을 본다. 한 달에 들어있는 날 **수를 세어보자.**

무게
641 > 650

We can ____ the ____ of ____ a big ____. Imagine ____ a big ____. It must be ____. In contrast, it would be easy to lift a ____ because it is light. We can use ____ to ____ objects. If you put an object on a scale, it shows the weight ____.

우리는 물체의 **무게를 비교할** 수 있다. 큰 돌을 **들어올리는** 것을 상상해 보아라. 그것은 틀림없이 **무거울** 것이다. 반대로, 깃털은 가볍기 때문에 그것을 들기는 쉬울 것이다. 우리는 물체의 **무게를 재기** 위해 **저울**을 사용할 수 있다. 당신이 저울에 물체를 올려놓으면, 그것은 **즉시** 무게를 보여준다.

나누기
651 > 660

We can ____ something large ____ smaller ____. For example, we can ____ a ____ apple into ____. We can also cut it into ____. Then, each portion will have a smaller ____ and ____ lighter weight. The ____ and ____ could be ____.

우리는 큰 무언가를 더 작은 **부분들로 나눌** 수 있다. 예를 들면, 우리는 한 개의 사과 **전체를 반으로 쪼갤** 수 있다. 우리는 그것을 **4분의 1조각들로** 자를 수도 있다. 그러면 각 부분은 더 작은 **부피**와 더 가벼운 무게를 가질 것이다. 그 **높이**와 **길이**가 **더 짧아질** 수 있다.

DAY 23 정보·미디어

미디어

661	**media**	몡 미디어, 매체
662	**print**	동 인쇄하다 / 몡 인쇄물
663	**newspaper**	몡 신문
664	**magazine**	몡 잡지
665	**broadcast**	몡 방송 / 동 방송[방영]하다
666	**Internet**	몡 인터넷
667	**mass**	혱 대량의, 대중의 / 몡 덩어리, 무리
668	**source**	몡 원천, (자료의) 출처, 공급원
669	**such as**	~와 같은
670	**in recent years**	최근 몇 년 동안, 최근에

정보

671	**information**	몡 정보
672	**reliable**	혱 신뢰할 만한, 의지할 수 있는
673	**fake**	혱 가짜의, 거짓의 / 동 위조하다, ~인 척하다
674	**real**	혱 진짜의, 실제의
675	**false**	혱 틀린, 사실이 아닌
676	**whether**	젭 ~인지 (아닌지)
677	**identify**	동 (신원 등을) 확인하다, 찾다, 발견하다
678	**trustworthy**	혱 신뢰할 만한, 믿을 수 있는
679	**up-to-date**	혱 (정보가) 최신의, 현대식의
680	**figure out**	~을 알아내다

개인정보

681	**stranger**	몡 낯선 사람, 모르는 사람
682	**cyber**	혱 가상의
683	**personal**	혱 개인의
684	**upload**	동 업로드하다, 올리다
685	**dangerous**	혱 위험한
686	**secure**	혱 안심하는, 안전한, 확실한 / 동 안전하게 지키다
687	**request**	몡 요청, 요구 / 동 요청[요구]하다
688	**online**	혱 온라인의 / 튀 온라인으로
689	**truth**	몡 진실
690	**watch out**	조심하다

스토리
받아쓰기

MP3를 듣고, 알맞은 단어를 써 빈칸을 채우세요.
정답은 본책 195~200쪽을 참고하세요.

미디어
661 > 670

What type of _____ do you use? In the old days, people mostly used _____ and _____. _____ and digital media like television, radio, and the _____ have become more popular. These types of _____ media are a powerful _____ of news.

여러분은 어떤 종류의 **매체**를 사용하나요? 옛날에는 사람들이 대개 **신문**이나 **잡지**와 같은 **인쇄** 매체를 이용했습니다. **최근에는** 텔레비전, 라디오, **인터넷**과 같은 **방송** 매체와 디지털 매체가 더 대중적입니다. 이러한 종류의 **대중** 매체는 영향력 있는 뉴스 **공급원**입니다.

정보
671 > 680

_____ on the Internet is free, but it is not always _____. Some people make _____ news and _____ information. You should _____ it _____ or not. To _____ it _____, check the date, the source, and the writer. Then you can see if the information is _____ and _____.

인터넷 상의 **정보**는 공짜이지만, 항상 **믿을 만한** 것은 아닙니다. 몇몇 사람들은 **가짜** 뉴스와 **잘못된** 정보를 만듭니다. 여러분은 그 정보가 **사실인지 아닌지 확인해야** 합니다. 그것을 **알아내기** 위해 날짜와 출처, 글쓴이를 확인하세요. 그러면, 여러분은 정보가 **신뢰할 만한** 것인지, **최신의** 것인지 알 수 있을 것입니다.

개인정보
681 > 690

Have you ever chatted with a _____ in _____ space? Have you ever been _____ to your _____ information? It might be _____! Not all websites are _____, and people you meet _____ don't always tell you the _____.

여러분은 **가상** 공간에서 **낯선 사람**과 대화해 본 적이 있나요? 여러분은 여러분의 **개인정보**를 **열로드해** 달라는 **요청을 받은 적이** 있나요? 그것은 **위험할** 수도 있습니다! 모든 웹사이트가 **안전한** 것은 아니며, 여러분이 **온라인**에서 만나는 사람들은 항상 **진실**만을 이야기하지는 않습니다.

47

DAY 24 산업

자원

691	electricity	명 전기
692	energy	명 에너지, 힘
693	resource	명 자원, 자산
694	natural	형 자연의, 천연의, 자연스러운
695	coal	명 석탄
696	fossil	명 화석
697	fuel	명 연료 / 동 연료를 넣다
698	solar	형 태양의, 태양열의
699	depend on	~에 의존하다, ~에 따라 다르다
700	make use of	~을 이용[활용]하다

공장

701	factory	명 공장
702	skilled	형 숙련된, 능숙한
703	demand	명 요구, 수요 / 동 요구하다, 필요로 하다
704	increasing	형 증가하는, 점점 많아지는
705	production	명 생산, 제작
706	machine	명 기계
707	run	동 달리다, 작동하다, 작동시키다
708	power	명 힘, 전력 / 동 전력을 공급하다
709	supply	명 공급 (장치) / 동 제공하다
710	continue to	계속 ~하다

유통

711	product	명 제품, 상품, 결과물
712	ship	명 선박, 배 / 동 운송하다, 보내다
713	market	명 시장
714	road	명 도로, 길
715	rail	명 난간, 레일, 철도
716	trader	명 상인, 거래인, 무역업자
717	consumer	명 소비자, 고객
718	abroad	부 해외에, 해외로
719	around the world	전 세계적으로, 전 세계의
720	as well as	~뿐만 아니라, 마찬가지로

스토리　　받아쓰기

MP3를 듣고,
알맞은 단어를 써 빈칸을 채우세요.
정답은 본책 203~208쪽을 참고하세요.

자원
691 >
700

우리는 일상 생활에서 **전기**에 **의존한다**. 우리
는 전기를 만들기 위한 **에너지를** 어디에서 얻
을까? 우리는 **천연자원을 활용한다**. 우리는
석탄과 **화석 연료**를 이용한다. 우리는 풍력 에
너지와 **태양열** 에너지도 이용한다.

We _____ in our daily lives. Where do we get
_____ to make electricity? We _____
_____. We use _____ and _____. We also use wind
and _____ energy.

공장
701 >
710

우리 마을에는 거대한 **공장**이 있다. **숙련된** 직
원들이 그 공장에서 일한다. 그들은 제품의 **증**
가하는 수요로 바쁘다. 그들은 더 많은 **생산**이
필요하다. 직원들은 밤낮으로 **계속 일한다**. 기
계는 24시간 **작동하고**, **전력 공급 장치**는 절
대 까지지 않는다.

There is a huge _____ in our town. _____ workers work in the factory.
They are busy because of the _____ for their goods. They
need more _____. The workers _____ work day and
night. _____ 24 hours a day, and the _____ is
never turned off.

유통
711 >
720

제품이 만들어지면 공장은 그것을 **시장으로**
운송한다. **도로**와 **철도**가 운송에 이용된다. **상**
인은 제품을 사고 그것을 **소비자**에게 판매한
다. 제품은 **전 세계적으로** 판매되는데, **해외**에
서뿐만 아니라 국내에서도 판매된다.

When _____ are made, factories _____ them to _____.
_____ and _____ are used for shipping. _____ buy the products and
sell them to _____. The goods are sold _____,
in the country _____.

49

꿈

721	**discover**	동 발견하다, 찾다
722	**future**	명 미래 형 미래의
723	**career**	명 직업, 직장 생활, 경력
724	**job**	명 일, 직업, 직장
725	**volunteer**	명 자원봉사자 동 자원봉사하다
726	**recommend**	동 추천하다
727	**artistic**	형 예술적인
728	**creative**	형 창의적인
729	**dream of**	~을 꿈꾸다
730	**be aware of**	~을 알고 있다

자기계발

731	**chase**	동 뒤쫓다, 추적하다, 추구하다
732	**collect**	동 모으다, 수집하다
733	**knowledge**	명 지식
734	**develop**	동 개발하다, 발달하다, 개발시키다
735	**skill**	명 기술, 실력
736	**necessary**	형 (반드시) 필요한
737	**talent**	명 재능, 장기, 재능 있는 사람
738	**ability**	명 능력
739	**process**	명 과정, 절차 동 진행하다, 처리하다
740	**participate in**	~에 참여하다

자신감

741	**pursue**	동 추구하다, 계속하다
742	**trust**	명 신뢰, 믿음 동 믿다, 신뢰하다
743	**confident**	형 자신감 있는, 확신하는
744	**positive**	형 긍정적인
745	**mistake**	명 실수 동 오해하다
746	**frustrating**	형 속상한, 좌절감을 주는
747	**difficulty**	명 어려움
748	**face**	명 얼굴 동 맞서다, 직면하다
749	**take time**	시간이 걸리다, 여유를 갖다
750	**give up**	포기하다

DAY 25 꿈·진로

꿈

721 >
730

Are you trying to ——— your ——— ? What ——— do you ——— having? Think about what you like to do. If you enjoy ———, your teacher might ——— social work. If you like making things, ——— or ——— jobs would be a good fit. It's important to ——— your interests.

당신은 미래 직업을 발견하기 위해 노력하고 있나요? 당신은 어떤 직업을 갖는 것을 꿈꾸나요? 당신이 무엇을 즐거하는지 생각해 보세요. 만약에 당신이 **자원봉사하는** 것을 좋아한다면, 당신의 선생님은 사회 복지 일을 **추천할지도** 몰라요. 당신이 만들기를 좋아한다면 **예술적**이거나 **창의적인** 직업이 잘 맞을 거예요. 당신의 관심사에 대해 알고 **있는** 것이 중요해요.

자기계발

731 >
740

Once you find your dream job, you should ——— it. First, ——— information and ——— about the job. Second, ——— a club or activity and practice the ———. Show your ——— and ——— to others. Lastly, enjoy the ———!

여러분이 꿈의 직업을 찾았다면, 여러분은 그것을 **따라가야** 합니다. 먼저, 직업에 대한 정보를 **수집**하고 지식을 개발하세요. 두 번째로, 동아리나 활동에 참여해 필요한 기술을 연습하세요. 여러분의 **재능**과 **능력**을 다른 사람들에게 보여주세요. 마지막으로, 그 과정을 즐기세요!

자신감

741 >
750

While you ——— your dreams, you should always ——— yourself. Be ——— and stay ———. You might make ———. But ——— to develop your skills. It can be ———, but that's okay. ——— the ———, and don't ———!

여러분은 자신의 꿈을 **추구하는** 동안에 항상 자신을 믿어야 합니다. **자신감**을 갖고 **긍정적인** 태도를 유지하세요. 여러분은 **실수**를 할 수도 있어요. 하지만 기억하세요, 여러분의 능력을 개발하는 데에는 **시간이 걸립니다.** 그것은 **속상할** 수도 있지만, 괜찮아요. 여러움에 맞서고 **포기하지** 마세요!

51

DAY 26 직업

사회

751	**community**	몡 지역 사회, 공동체
752	**nurse**	몡 간호사 · 됭 보살피다
753	**patient**	몡 환자 · 혱 참을성[인내심] 있는
754	**support**	됭 지지하다, 지원하다 · 몡 지지, 지원
755	**officer**	몡 관리자, 장교, 경찰관
756	**safe**	혱 안전한
757	**organize**	됭 조직화[체계화]하다, 정리하다
758	**fight**	됭 싸우다 · 몡 싸움, 전투
759	**rescue**	됭 구조하다 · 몡 구조
760	**look after**	~을 돌보다

예술

761	**artist**	몡 예술가, 화가
762	**musician**	몡 음악가, 뮤지션
763	**director**	몡 감독, 책임자, 연출가
764	**artwork**	몡 예술품, 미술품
765	**gallery**	몡 갤러리, 전시관
766	**fashion**	몡 이류림, 패션, 유행
767	**designer**	몡 디자이너, 설계자
768	**trend**	몡 유행, 트렌드
769	**make-up**	몡 화장, 분장, 메이크업
770	**put on**	~을 입다, 바르다, ~에 입히다

IT

771	**technology**	몡 (과학) 기술
772	**programmer**	몡 프로그래머
773	**software**	몡 소프트웨어, 프로그램
774	**engineer**	몡 엔지니어, 기술자 · 됭 (설계하여) 제작하다
775	**apply**	됭 적용[응용]하다, 지원하다
776	**program**	몡 프로그램 · 됭 프로그램을 짜다
777	**invent**	됭 발명하다
778	**mobile**	혱 이동식의, 모바일의
779	**application**	몡 애플리케이션, 앱(app), 응용 프로그램
780	**have to do with**	~와 관련이 있다

사회

751 >
760

Let's have a look at _____ jobs. Doctors and _____ work in hospitals. They _____ and _____ their health. On the streets, police _____ keep the community _____ and _____. When an emergency occurs, firefighters _____ fires and _____ people.

지역 사회를 위한 직업들을 살펴보자. 의사와 **간호사**는 병원에서 일한다. 그들은 **환자를 돌보고** 환자의 건강을 **지원한다**. 거리에서는 **경찰관**이 지역 사회를 **안전하고 질서 있게** 유지한다. 긴급 상황이 발생하면 소방관은 화재를 **진압하고 사람들을 구조한다**.

예술

761 >
770

_____ create new things. _____ make music, and painters make paintings. Art _____ choose _____ for _____. Many artists work in _____ as well. _____ make clothes to set the _____. _____ artists _____ make-up _____ models.

예술가는 새로운 것을 창작한다. **음악가**는 음악을 만들고 그림을 만든다. 예술 **감독**은 **갤러리**를 위한 **예술품**을 고른다. 많은 예술가들은 **의류업**에서도 일한다. **디자이너**는 옷을 만들어서 **유행**을 선도한다. **메이크업** 아티스트는 모델에게 화장을 한다.

IT

771 >
780

Jobs in information _____ are popular these days. For example, there are computer _____ and _____. They _____ their knowledge to develop new _____ and _____ new products. The _____ we use every day also _____ information technology.

오늘날에는 정보 **기술** 분야의 직업이 인기가 있다. 예를 들면, 컴퓨터 **프로그래머**와 **소프트웨어 엔지니어**가 있다. 그들은 자신의 지식을 **적용하여** 새로운 **프로그램**을 개발하고 새로운 제품을 **발명한다**. 우리가 매일 사용하는 **모바일 애플리케이션**에도 정보 기술과 관련이 있다.

DAY 27 역사·문화

단어 듣기

역사

781	history	명 역사, 과거의 기록
782	dynasty	명 왕조, 시대
783	century	명 세기(100년)
784	palace	명 궁전, 궁궐
785	royal	형 왕실의, 국왕의
786	govern	동 통치하다, 다스리다
787	present	명 현재, 선물 / 형 현재의 / 동 주다, 보여주다
788	origin	명 기원, 근원
789	in the past	과거에는, 과거의
790	no longer	더 이상 ~않다[아니다]

문화

791	national	형 국가의, 국립의, 전 국민의
792	treasure	명 보물, 귀중한 것
793	historical	형 역사에 관한
794	ancestor	명 조상, 선조
795	remain	동 남아 있다, 계속 ~한 상태이다
796	unique	형 독특한, 유일한
797	culture	명 문화
798	spirit	명 정신, 영혼, 마음
799	property	명 재산, 자산, 부동산
800	be worth -ing	~할 가치가 있다

국가

801	symbol	명 상징, 기호
802	flag	명 깃발 / 동 표시를 하다
803	include	동 포함하다, 담고 있다
804	nation	명 국가, 나라
805	memorial	형 기념의, 추도의 / 명 기념비
806	event	명 행사, 사건
807	meaning	명 의미, 뜻
808	value	명 가치, 값 / 동 가치를 매기다
809	recognize	동 알아보다, 인식[인정]하다
810	stand for	~을 상징하다, 대표하다

54

MP3를 듣고,
알맞은 단어를 써 빈칸을 채우세요.
정답은 본책 227~232쪽을 참고하세요.

역사
781 > 790

Korea was ruled by many _____. Until the early 20th _____, a _____ family lived in the _____ the country. In the _____, we _____ have a king. However, we have to learn about our _____ of our country.

한국은 과거에 여러 **왕조에** 의해 통치됐다. 20세기 초까지 **왕족이 궁궐에** 살았다. 왕이 국가를 **통치했다. 현재** 우리에게는 **더 이상** 왕이 **없다.** 그렇지만, 우리의 **역사와** 우리나라의 **기원에** 대해 배워야 한다.

문화
791 > 800

_____ are important. They are our _____. They were made by our _____ and _____ today. They show our _____ and _____. It _____ protecting our cultural properties.

문화는 중요하다. 그것들은 우리의 **역사적인 자산이다.** 그것들은 우리의 **조상들에** 의해 만들어졌으며, 오늘날까지 **남아 있다.** 그것들은 우리의 **독특한 문화와** 정신을 보여준다. 우리의 문화적 자산은 보호할 **가치가 있다.**

국가
801 > 810

There are many national _____, songs, and flowers. They _____ the _____ itself. We fly our country's flag on national _____ days. We sing the national song at special _____. By learning the _____ of national symbols, we _____ their _____.

국가의 다양한 **상징들이** 있다. 거기에는 **깃발**과 노래, 꽃이 **포함된다.** 그것들은 **국가** 그 자체를 **상징한다.** 우리는 국가의 **기념일에** 국기를 게양한다. 우리는 특별한 **행사에서** 국가를 부른다. 국가의 상징의 **의미를** 배움으로써 우리는 그것들의 **가치를 인식한다.**

DAY 28 국제 사회

국제기구

811	organization	명 기구, 조직, 단체
812	international	형 국제의, 국제적인
813	peace	명 평화
814	movement	명 움직임, (사회적) 운동
815	medical	형 의료의, 의학의
816	quality	명 품질, 자질, 특성
817	economic	형 경제의
818	development	명 발전, 발달, 개발
819	carry out	~을 수행하다
820	in need	어려움에 처한, 도움이 필요한

외교

821	ambassador	명 대사, 사절, 대표
822	represent	동 대표하다, 나타내다
823	promise	동 약속하다 명 약속
824	partner	명 협력자, 파트너, 동맹국
825	relation	명 관계, 관련(성)
826	disagree	동 의견이 다르다, 동의하지 않다
827	foreign	형 외국의
828	affair	명 문제, 사건
829	cooperate with	~와 협력[협동]하다
830	one another	서로

전쟁

831	throughout	전 ~ 내내, ~ 전체에 부 처음부터 끝까지
832	soldier	명 군인, 병사
833	enemy	명 적(군), 원수
834	battle	명 전투, 전쟁 동 싸우다, 투쟁하다
835	countless	형 무수한, 셀 수 없는
836	death	명 죽음, 사망
837	fear	명 공포, 두려움 동 두려워[무서워]하다
838	go through	~을 겪다
839	break out	발발하다, 발생하다
840	millions of	수백만의, 수많은

DAY 28 국제 사회

국제기구
811 >
820

___ work for ___ in the global community. They ___ different activities and lead ___. By improving ___ systems, they help people have a better ___ of life. They also support the ___ of countries ___.

국제기구는 국제 사회의 **평화**를 위해 일한다. 그들은 다양한 활동을 이끈다. 그들은 **수행하고 사회적** **운동**을 이끈다. **의료** 체계를 개선함으로써 그들은 사람들이 더 나은 삶의 **질**을 갖도록 돕는다. 그들은 또한 **어려움에 처한** 국가들의 **경제 발전**을 지원한다.

외교
821 >
830

Most countries around the world ___ each other. They ___ send ___ who ___ their nation to other countries. They ___ to support ___ and to be good ___. It helps ___ them have close ___. However, some ___ on ___.

전 세계 대부분의 국가들은 서로 **협력한다**. 그들은 다른 국가에 자신들의 국가를 **대표** **하는 대사들을** 보낸다. 그들은 **서로** 지원하고 좋은 **동맹국**이 될 것을 **약속한다**. 이는 그들이 가까운 **관계**를 갖도록 돕는다. 하지만 몇몇 국가들은 **외교** 문제에 대해 **의견을 달리한다**.

전쟁
831 >
840

We have ___ many wars ___ history. ___ fought their ___ in 2 ___, which caused ___ people were killed. After World War II, ___ ___. In some parts of the world, people still live in ___ of war.

우리는 역사 **전반에 걸쳐** 많은 전쟁들을 **겪어왔다**. **군인들**은 전투에서 그들의 **적과** 싸웠고, 이는 **무수한 죽음**을 초래했다. 세계 2차 대전이 **발발한** 후 **수백만** 명의 사람들이 죽음을 당했다. 세계의 일부 지역에서는 사람들이 여전히 전쟁의 **공포** 속에 산다.

DAY 29 돈·경제

단어 듣기

은행

841	**money**	명 돈
842	**account**	명 계좌, 계정, 설명 동 설명하다, 차지하다
843	**saving**	명 저축, 절약
844	**bank**	명 은행, 둑 동 (은행에) 예금하다, 거래하다
845	**interest**	명 이자, 흥미 동 흥미를 갖게 하다
846	**borrow**	동 빌리다, 대여하다
847	**credit**	명 신용 (거래), 학점
848	**debt**	명 빚, 부채
849	**lend**	동 빌려주다
850	**pay off**	~을 갚다, 성과가 나다

수입

851	**earn**	동 (돈을) 벌다, 얻다
852	**hire**	동 고용하다[뽑다]
853	**salary**	명 월급, 급여
854	**draw**	동 (그림을) 그리다, 끌어당기다, (급여를) 받다
855	**service**	명 서비스, 봉사
856	**provide**	동 제공하다, 공급하다
857	**profit**	명 이익, 수익
858	**income**	명 소득, 수입
859	**economy**	명 경제
860	**run a business**	사업을 운영하다

은퇴준비

861	**retirement**	명 은퇴
862	**ahead**	부 미리, 앞으로
863	**stable**	형 안정된, 안정적인
864	**guess**	동 추측[짐작]하다 명 추측, 짐작
865	**cost**	명 값, 비용 동 비용이 들다
866	**budget**	명 예산, 예상 지출
867	**tight**	형 빠듯한, (몸에) 꽉 끼는
868	**allow**	동 허락[허용]하다, ~을 할 수 있게 하다
869	**wealthy**	형 부유한, 풍족한
870	**plenty of**	많은, 충분한

DAY 29 돈·경제

스토리　　받아쓰기

MP3를 듣고,
알맞은 단어를 써 빈칸을 채우세요.
정답은 본책 243~248쪽을 참고하세요.

은행 841 > 850

When we have _____, we can open a _____ at a _____. We save money, and the bank pays us _____. When we need money, we _____ it from the bank. To borrow money, we need good _____. The bank judges whether we can _____ our _____ and _____ us money.

우리가 **돈**이 있을 때, 우리는 **은행**에서 **저축 계좌**를 만들 수 있다. 우리는 돈을 저축하고, 은행은 우리에게 **이자**를 지불한다. 우리가 돈이 필요할 때, 우리는 은행에서 돈을 **빌린다**. 돈을 빌리려면 우리는 좋은 우리가 **신용**이 필요하다. 은행은 우리가 **빚**을 **갚을** 수 있는지 없는지 판단하고, 우리에게 돈을 **빌려준다**.

수입 851 > 860

How do we _____ money? Some people get _____ by companies and _____ a _____. Others _____. They sell goods or _____ to make a _____. When we have _____, we can spend money to buy things. This is how the _____ works.

우리는 어떻게 돈을 **버는가**? 몇몇 사람들은 회사에 **고용되어 월급을 받는다**. 다른 사람들은 **사업을 운영한다**. 그들은 상품을 팔거나 **서비스를 제공**해 **수익**을 낸다. 우리가 **소득**이 있을 때, 우리는 돈을 써서 물건을 살 수 있다. 이것이 **경제**가 돌아가는 방식이다.

은퇴준비 861 > 870

Most people think that they have _____ time before their _____. However, if we prepare _____, our future will be more _____. _____ your future _____ of living. Then, make a _____. It could be _____, but it will _____ you to live a _____ life after retirement.

대부분의 사람들은 **은퇴**까지 **충분한** 시간이 있다고 생각합니다. 하지만 우리가 **미리** 준비한다면, 우리의 미래는 더 **안정적**일 것입니다. 미래의 생활비를 **점검해보세요**. 그리고, **예산**을 짜세요. 그것은 **빠듯할** 수도 있지만 당신이 은퇴 후에 **풍족**한 삶을 살 **수 있게 할** 것입니다.

DAY 30 과학

화산

871	**volcano**	명 화산
872	**erupt**	동 폭발하다, 분출하다
873	**smoke**	명 연기 동 연기를 내뿜다, 훈제하다
874	**gas**	명 가스, 기체
875	**ash**	명 화산재, 재
876	**liquid**	명 액체 형 액체의
877	**strike**	동 치다, (재난이) 덮치다 명 (야구, 볼링에서) 스트라이크
878	**solid**	명 고체 형 단단한, 고체의
879	**freeze**	동 얼게 하다, 얼다, 굳다
880	**turn into**	~이 되다, ~로 변하다

흥기심

881	**curious**	형 궁금한, 호기심이 많은
882	**matter**	명 문제, 사안, 물질 동 중요하다, 문제되다
883	**approach**	동 접근하다, 다가오다 명 접근(법)
884	**reason**	동 추론[추리]하다 명 이유, 이성
885	**sight**	명 보기, 시력
886	**obvious**	형 명백한, 분명한
887	**math**	명 수학, 계산
888	**science**	명 과학
889	**scientist**	명 과학자, 공학자
890	**come across**	우연히 마주치다[만나다]

발명

891	**device**	명 장치, 기기
892	**create**	동 만들다, 창조하다
893	**system**	명 시스템, 체계, 제도
894	**experiment**	명 실험 동 실험하다
895	**risk**	명 위험, 위기
896	**fail**	형 실패하다, 낙제하다
897	**analyze**	동 분석하다, 검토하다
898	**attempt**	명 시도 동 (힘든 일을) 시도하다
899	**invention**	명 발명(품)
900	**think up**	~을 생각해 내다, 고안하다

MP3를 듣고,
앞맞은 단어를 써 빈칸을 채우세요.
정답은 본책 251~256쪽을 참고하세요.

스토리   받아쓰기

화산
871 > 880

오래전에 이탈리아에서 **화산**이 **폭발했다**. **연기**, **가스**, 그리고 **화산재**가 화산에서 분출했다. 뜨거운 **액체**가 나와서 폼페이 시를 **덮쳤다**. 곧, 이 액체는 **고체**로 **변했다**. 그것은 딱딱한 암석 아래에 도시를 **묻게 했다**.

A long time ago, a _____ in Italy. _____, _____, and _____ erupted from the volcano. Hot _____ came out and _____ the city of Pompeii. Soon, the liquid _____ a _____. It _____ the city under a hard rock.

호기심
881 > 890

나는 모든 것이 **궁금하다**. 나는 어떤 문제를 **우연히 접하게 되면**, 그 **사안**을 들여다보느라 네 온종일을 보낸다. 나는 그 문제를 여러 방법으로 **접근한다**. 나는 또한 **추론하는** 것을 좋아하고, **보이는** 모든 것에 의문을 갖는다. 나는 심지어 가장 **명백한** 의문들에 대해서도 질문한다. 나는 **수학**과 **과학**을 좋아해서, 사람들은 나에게 **과학자**가 되라고 추천한다.

I'm _____ about everything. When I _____ a problem, I spend all day looking into the _____. I _____ the problem in many ways. I also love to _____, and I question everything in _____. I even ask the most _____ questions. I love _____ and _____, so people suggest that I become a _____.

발명
891 > 900

발명가는 새로운 **장치**나 **시스템**을 만드는 사람이다. 그들은 아이디어를 **생각해 내고** 그것들을 가지고 **실험한다**. 발명가들은 **위험**을 무릅쓰는 것을 두려워하지 않는다. 그들이 **실패를 하더라도**, 그들은 문제를 **분석하고** 그들의 **발명품**을 만들기 위해 시**도한다**.

An inventor is a person who _____ new _____ or _____. They _____ ideas and _____ with them. Inventors are not afraid of taking _____. Even if they _____, they _____ the problem and _____ to create their _____.

DAY 31 우주

단어 듣기

관측

901	**space**	몡 우주, 공간
902	**mysterious**	혱 신비한, 불가사의한
903	**wonder**	됭 궁금해하다, 놀라다 몡 경이로운 것, 놀람
904	**observe**	됭 관측하다, 관찰하다
905	**telescope**	몡 망원경
906	**planet**	몡 행성, 지구
907	**comet**	몡 혜성
908	**distance**	몡 (먼) 거리
909	**galaxy**	몡 은하, 은하수
910	**be full of**	~로 가득차다

탐험

911	**universe**	몡 우주, 은하계
912	**rocket**	몡 로켓, 발사체
913	**launch**	됭 발사하다, 출시하다 몡 출시, 개시
914	**gravity**	몡 중력, 중대함
915	**weaken**	됭 약해지다, 약하게 만들다
916	**astronaut**	몡 우주 비행사
917	**float**	됭 (공중에, 물 위에) 뜨다, 떠오르다
918	**oxygen**	몡 산소
919	**breathe**	됭 호흡하다, 숨쉬다
920	**search for**	~을 찾다, 수색하다

인공위성

921	**satellite**	몡 인공위성, (행성의) 위성
922	**spaceship**	몡 우주선
923	**orbit**	됭 궤도를 돌다, 공전하다 몡 궤도
924	**data**	몡 자료, 정보, 데이터
925	**scientific**	혱 과학의, 과학적인
926	**signal**	몡 신호 됭 신호를 보내다
927	**connection**	몡 연결, 접속
928	**vast**	혱 광대한, 어마어마한
929	**discovery**	몡 발견
930	**a type of**	~의 한 종류, 일종의 ~

62

스토리 받아쓰기

MP3를 듣고,
알맞은 단어를 써서 빈칸을 채우세요.
정답은 본책 263~268쪽을 참고하세요.

관측 901 > 910

우주는 **신비한** 것들로 **가득하다.** 많은 사람들은 우주에 무엇이 있는지 **궁금해한다.** 과학자들은 **망원경**으로 우주를 **관측한다.** 그들은 새로운 **행성**과 별, **혜성**을 발견한다. 그들은 또한 먼 거리에 있는 **은하**에 대해서도 더 알고 싶어 한다.

_____ _____ things. Many people _____ what is in space. Scientists _____ space with _____ . They discover new _____ , stars, and _____ . They also want to know more about _____ in the _____ .

탐험 911 > 920

많은 나라들은 **우주**의 비밀을 밝힐 **단서를 찾는** 다. 그들은 우주로 **로켓**을 **발사한다.** 우주에서 는 **중력**이 **약해져서** 우주 비행사들은 **공중을 떠** **다닌다.** 그들은 그들이 **호흡하는** 것을 도와주는 **산소통**을 가지고 다닌다.

Many countries _____ clues to discover the secrets of the _____ . They _____ _____ in _____ into space. _____ around. They carry _____ tanks to help them _____ .

인공위성 921 > 930

인공위성은 가장 훌륭한 발명 중 하나이다. 그 것은 **우주선**의 한 **종류**이다. 인공위성은 지구 주변의 **궤도를 돌며 과학적인 자료**를 수집한다. 그것은 지구와 소통하기 위해 **신호**를 보낸다. 그것은 지구가 **광대한** 우주와 **연결되도록** 돕는 다. 인공위성 덕분에 과학자들은 많은 **발견**을 했다.

The _____ is one of the greatest inventions. It is _____ . Satellites _____ the Earth and collect _____ . They send _____ to communicate with Earth. They help Earth _____ with the _____ universe. Thanks to satellites, scientists have made many _____ .

단어 듣기

기후변화

931	**destroy**	통 파괴하다, 부수다
932	**pollute**	통 오염시키다, 더럽히다
933	**nature**	명 자연, 본질, (인간의) 본성
934	**greenhouse**	명 온실
935	**temperature**	명 온도, 열
936	**glacier**	명 빙하
937	**climate**	명 기후
938	**global**	형 지구의, 세계적인
939	**ton**	명 (단위) 톤, 아주 많음
940	**care about**	~에 관심을 가지다, 신경 쓰다

환경오염

941	**environment**	명 환경
942	**pollution**	명 오염, 공해
943	**chemical**	명 화학 물질 형 화학적인
944	**overuse**	통 남용하다, 너무 많이 사용하다
945	**toxic**	형 유독한
946	**species**	명 (생물의) 종, 종류
947	**disappear**	통 사라지다
948	**harm**	명 피해, 손해, 손상 통 피해를 주다, 해치다
949	**creature**	명 생물, 생명체
950	**take away from**	~로부터 빼앗다

보호

951	**protect**	통 보호하다, 지키다
952	**waste**	명 쓰레기, 폐기물 통 낭비하다, 버리다
953	**reduce**	통 줄이다, 감소시키다
954	**reuse**	통 재사용하다
955	**less**	형 더 작은, 덜한 부 더 적게
956	**recycle**	통 재활용하다
957	**garbage**	명 쓰레기, 쓰레기장
958	**separate**	통 분리하다 형 서로 다른, 분리된
959	**take action**	조치를 취하다
960	**throw away**	~을 버리다

MP3를 듣고,
알맞은 단어를 써 빈칸을 채우세요.
정답은 본책 271~276쪽을 참고하세요.

기후변화
931 >
940

Humans _____ and _____ _____ of _____. We add _____ _____ is rising. _____ gas each year. Unfortunately, Earth's _____ melting, and the _____ is changing. We should _____ warming.

인간은 **자연을 파괴하고 오염시킨다**. 우리는 매년 **많은** 양의 **온실가스를** 더한다. 불행하게도, 지구의 **기온은** 오르고 있다. **빙하**는 녹고 있으며, **기후**는 변하고 있다. 우리는 **지구** 온난화에 **관심을 가져야** 한다.

환경오염
941 >
950

Environmental _____ is a serious problem. It _____ the _____. _____ that we _____ cause pollution because they are _____ to _____ nature. Land pollution makes many _____ on Earth. Water pollution _____ homes _____ sea _____.

환경 **오염**은 심각한 문제이다. 이것은 환경을 **해친다**. 우리가 **남용하는 화학 물질**은 자연에 **유독하기** 때문에 오염을 일으킨다. 토양 오염은 많은 **종들**을 지구에서 **사라지게** 한다. 수질 오염은 해양 **생물들로부터** 서식지를 **빼앗는다**.

보호
951 >
960

We should _____ _____ to _____ the environment. We can do it by _____. First, _____ paper. Using _____ plastic is also helpful. We can _____ cans and bottles. When you _____, _____ items for recycling.

우리는 환경을 **보호하기** 위해 **조치를 취해**야 한다. 우리는 **쓰레기를 줄임**으로써 그렇게 할 수 있다. 먼저, 종이를 **재사용해라**. 플라스틱을 **더 적게** 사용하는 것도 도움이 된다. 우리는 캔과 병을 **재활용할** 수 있다. 쓰레기를 버릴 때는 재활용을 위해 물품들을 **분리해라**.

DAY 33 자연재해

자연재해

961	disaster	명 재해, 재난
962	drought	명 가뭄
963	flood	명 홍수 / 동 물에 잠기다, 침수시키다
964	hurricane	명 허리케인
965	factor	명 요인[원인], 요소
966	cause	동 야기하다, 일으키다 / 명 원인
967	violent	형 폭력적인, 난폭한, 격렬한
968	control	동 조절하다, 통제하다 / 명 지배, 통제
969	severe	형 심각한, 혹독한
970	suffer from	~로부터 고통받다

안전

971	earthquake	명 지진
972	damage	동 손상시키다, 피해를 입히다 / 명 손상, 피해
973	injury	명 부상, 상처
974	serious	형 심각한, 진지한
975	safety	명 안전
976	occur	동 일어나다, 발생하다
977	avoid	동 방지하다, 피하다
978	emergency	명 비상(사태), 응급
979	exit	명 출구 / 동 나가다, 종료하다
980	get out of	~밖으로 나가다

위험예측

981	impossible	형 불가능한
982	prevent	동 막다, 예방하다
983	predict	동 예측하다, 예견하다
984	forecast	명 예측, 예보 / 동 예측하다, 예보하다
985	examine	동 조사하다, 검사하다
986	surface	명 표면, 지면
987	sense	동 감지하다 / 명 감각
988	rise	동 올라가다, 오르다 / 명 증가, 상승
989	warn	동 경고하다, 주의를 주다
990	in advance	미리, 사전에

DAY 33 자연재해

MP3를 듣고,
알맞은 단어를 써 빈칸을 채우세요.
정답은 본책 279~284쪽을 참고하세요.

스토리
받아쓰기

자연재해
961 > 970

There are many types of natural _____ _____, _____, and _____. Environmental _____ like the weather often _____ them. Natural disasters can be _____, and they are hard to _____. The world often _____ disasters.

가뭄, 홍수, 허리케인 등 다양한 유형의 자연재해가 있습니다. 날씨와 같은 환경적인 **요인들**이 흔히 그것들을 **일으킵니다**. 자연재해는 **난폭할 수** 있으며, 그것들은 **통제하기**가 어렵습니다. 세계는 종종 **심각한** 재해로부터 **고통받습니다**.

안전
971 > 980

_____ can _____ our properties. They can also cause _____. You should follow the _____ rules when earthquakes _____. Cover your head to _____ getting hurt. Use the stairs to _____ the building. Carefully look at the escape plan to find the _____.

지진은 우리의 재산을 **손상시킬** 수 있습니다. 그 것은 또한 **심각한 부상**을 일으킬 수도 있습니다. 지진이 **일어나면** 여러분은 **안전** 규칙을 따라야 합니다. 다치는 것을 **방지하기** 위해 머리를 가리세요. 건물 **밖으로 나가기** 위해 계단을 사용하세요. **비상구**를 찾기 위해 대피표를 유심히 보세요.

위험예측
981 > 990

Most natural disasters are _____ them _____ to _____. However, we can _____. We _____ the weather to predict _____ floods. We _____ the shaking of the Earth's _____ to predict earthquakes. We can also _____ a fire. When smoke _____, emergency alarms _____ us.

대부분의 자연재해는 **예방하는** 것이 **불가능합니다**. 하지만 우리는 **미리** 그것들을 **예측할 수 있습니다**. 우리는 날씨를 **예측하여** 홍수를 예견합니다. 우리는 지구 **표면**의 흔들림을 **조사하여** 지진을 예측합니다. 우리는 또한 화재도 **감지할 수** 있습니다. 연기가 **피어오르면**, 비상 경보가 우리에게 **경고합니다**.

DAY 34 교통

교통수단

991	traffic	몡 교통(량)
992	motorcycle	몡 오토바이
993	street	몡 거리, 도로, 길
994	block	동 막다, 차단하다 / 몡 블록, (건물) 단지
995	accident	몡 사고, 우연
996	subway	몡 지하철, 지하도
997	tap	동 가볍게 두드리다 / 몡 두드리기, 수도꼭지
998	transportation	몡 교통, 운송
999	due to	~ 때문에
1000	get off	~에서 내리다

지름길

1001	station	몡 역, 정거장
1002	near	혱 가까운 / 뷔 가까이 / 젠 ~ 근처에
1003	map	몡 지도 / 동 지도를 그리다
1004	cross	동 건너다, 교차시키다 / 몡 십자가, 교차
1005	horn	몡 경적, 뿔(피리)
1006	shortcut	몡 지름길
1007	destination	몡 목적지
1008	reach	동 ~에 도달하다, 이르다 / 몡 (팔이 닿는) 거리
1009	turn around	방향을 바꾸다, 뒤돌아보다
1010	get on	~에 타다

항해

1011	boat	몡 보트, 배
1012	ferry	몡 여객선[수송선], 페리
1013	port	몡 항구, 포트
1014	passenger	몡 승객, 여객
1015	captain	몡 선장, 주장, 캡틴
1016	crew	몡 선원, 승무원, (함께 일을 하는) 팀
1017	sail	몡 돛, 항해 / 동 항해하다
1018	announce	동 알리다, 발표하다
1019	delay	몡 지연, 연기 / 동 미루다, 지연시키다
1020	on board	탑승한, 승선한

68

DAY 34 교통

MP3를 듣고,
알맞은 단어를 써 빈칸을 채우세요.
정답은 본책 287~292쪽을 참고하세요.

스토리   받아쓰기

교통수단 991 > 1000

I am on the bus to school, but the _____ is heavy today. The road is full of cars, trucks, _____, and bicycles. Oh, no! Some _____ are even _____ an _____. I decide to take the _____ instead. I _____ my _____ card to _____.

나는 학교 가는 버스에 탔는데, 오늘은 **교통량**이 많다. 도로는 차, 트럭, **오토바이**, 그리고 자전거로 가득찼다. 아, 이런! 몇몇 **도로**는 심지어 **사고때문에 막혔다.** 나는 대신 **지하철**을 타기로 한다. 나는 **내리려고 교통카드를 찍는다.**

지름길 1001 > 1010

I find the _____ subway _____. Looking at the _____, I _____ the _____ and _____ street. Honk! Honk! It's the sound of car _____. I _____ my _____ and _____ take a _____. Finally, I _____ the subway.

나는 **가장 가까운** 지하철역을 찾는다. **지도**를 보며 나는 길을 **건넌다.** 빵! 빵! 이건 자동차 **경적** 소리이다. 나는 **방향을 바꾸어 지름길**로 간다. 마침내 나는 **목적지에 도착해서** 지하철을 **탄다.**

항해 1011 > 1020

Have you ever been on a _____ or ship? I have taken a _____ once. At the _____, there were many _____. Soon, the _____ and _____ arrived. However, the ferry could not set _____ because of heavy rain. The captain _____ the _____. When the sun came out, we were finally able to get _____.

여러분은 **보트**나 배를 타 본 적이 있나요? 저는 **여객선**을 한 번 타 봤어요. **항구**에는 많은 **승객들**이 있었어요. 곧 **선장과 선원들**이 도착했어요. 그러나 여객선은 폭우 때문에 **돛**을 올릴 수 없었어요. 선장은 **지연**을 **알렸어요.** 해가 나오자 우리는 마침내 **배에 탈 수** 있었어요.

도시

1021	hometown	명 고향
1022	countryside	명 시골 지역, 전원
1023	born	동 탄생하다, 태어나다 / 형 타고난
1024	village	명 마을
1025	strange	형 이상한, 낯선
1026	complex	형 복잡한 / 명 복합 건물, (건물) 단지
1027	closely	부 가까이, 밀접하게
1028	modern	형 현대의, 근대의, 최신의
1029	convenient	형 편리한, 편한
1030	be used to -ing	~하는 것에 익숙하다

수도

1031	capital	명 수도, 자금, 대문자 / 형 대문자의
1032	government	명 정부, 통치
1033	center	명 중심, 중앙 / 동 중심에 두다
1034	central	형 중앙의, 중심이 되는
1035	industry	명 산업, 공업
1036	link	동 연결하다, 관련짓다 / 명 연결, 관련, 링크
1037	downtown	명 번화가, 시내, 도심 / 부 시내에서
1038	tourist	명 관광객
1039	attract	동 마음을 끌다, 끌어들이다
1040	be known for	~로 알려지다

문명

1041	ancient	형 고대의, 아주 오래된
1042	found	동 설립하다, 세우다[만들다]
1043	society	명 사회, 집단
1044	advanced	형 선진의, 발달된
1045	level	명 수준, 정도, 높이 / 동 평평하게 하다
1046	civilization	명 문명
1047	monument	명 기념물, (역사적인) 건축물
1048	area	명 지역, 영역
1049	landmark	명 명소, 랜드마크, 획기적인 사건
1050	a way of	~의 방식, 방법

도시
1021 >
1030

My ＿＿＿＿ is in the ＿＿＿＿＿. I was ＿＿＿＿＿ and raised in a small ＿＿＿＿. When I came to the city for the first time, everything felt ＿＿＿＿＿＿. The city was busy and ＿＿＿＿, and people lived ＿＿＿＿ together. Now I ＿＿＿＿ living in a ＿＿＿＿ city. I think it is ＿＿＿＿ .

나의 **고향**은 **시골 지역**에 있다. 나는 작은 **마을**에서 **태어나고** 길러졌다. 내가 처음으로 도시에 왔을 때, 모든 것이 **낯설게** 느껴졌다. 도시는 바쁘고 **북적했고,** 사람들은 함께 **가까이** 살았다. 이제 나는 **현대** 도시에 **사는 것에 익숙하다.** 나는 그것이 **편리하다고** 생각한다.

수도
1031 >
1040

A ＿＿＿＿ is a large city, and the ＿＿＿＿＿＿ is in the capital. It is the ＿＿＿＿ of culture and business. Here, different ＿＿＿＿ are ＿＿＿＿ together. Most capitals ＿＿＿＿ their unique look and feel. The capital's ＿＿＿＿ many ＿＿＿＿ .

수도는 큰 도시이며, 수도에는 **중앙 정부**가 있다. 그곳은 문화와 비즈니스의 **중심**이다. 이곳에서는 다양한 **산업들**이 서로 **연결되어 있다.** 대부분의 수도는 그들의 독특한 모습과 분위기로 **알려져 있다.** 수도의 **변화**가는 많은 **관광객들**의 **마음을 끈다.**

문명
1041 >
1050

In ＿＿＿＿ times, people ＿＿＿＿ cities, and some developed into ＿＿＿＿ . They had a high ＿＿＿＿ of culture and ＿＿＿＿ advanced ＿＿＿＿ life. We call them ＿＿＿＿ . These civilizations have left great ＿＿＿＿ in many ＿＿＿＿ . For example, the pyramids of Egypt are ＿＿＿＿ in the present day.

고대 시대에 사람들은 도시를 **세웠고,** 몇몇은 **선진 사회**로 발전했다. 그것들은 높은 **수준**의 문화와 선진화된 삶의 **방식**을 가지고 있었다. 우리는 그것들을 **문명**이라고 부른다. 이러한 문명은 여러 **지역**에 훌륭한 **건축물들**을 남겼다. 예를 들어, 이집트의 피라미드는 오늘날의 **명소**이다.

DAY 36 놀이공원

롤러코스터

1051	**amusement**	명 놀이, 재미, 즐거움
1052	**noise**	명 소음, 잡음
1053	**loud**	형 시끄러운, (소리가) 큰
1054	**scream**	동 소리치다, 비명을 지르다 / 명 비명, 환호
1055	**steep**	형 가파른, 급격한
1056	**degree**	명 정도, (온도·각도의) 도, 학위
1057	**spin**	명 회전, 스핀 / 동 (빠르게) 돌다, 돌리다
1058	**extremely**	부 극도로, 매우
1059	**thrill**	명 흥분, 짜릿함, 스릴 / 동 열광시키다
1060	**upside down**	거꾸로, 뒤집혀서

범퍼카

1061	**attraction**	명 명물[명소], 끌림, 매력
1062	**license**	명 면허, 자격증
1063	**vehicle**	명 탈것, 차량, 운송 수단
1064	**seat**	명 좌석, 자리 / 동 앉히다, 앉다
1065	**fasten**	동 매다, 묶다, 잠그다
1066	**drive**	동 운전하다, 몰다 / 명 자동차 여행, 드라이브
1067	**flat**	형 평평한, 납작한
1068	**slippery**	형 미끄러운
1069	**hop into**	~에 뛰어올라 타다
1070	**blow away**	~을 날려버리다

워터슬라이드

1071	**glide**	동 미끄러지듯 가다, 활공하다
1072	**valley**	명 계곡, 골짜기
1073	**jungle**	명 밀림, 정글
1074	**fall**	동 떨어지다, 넘어지다 / 명 추락, 폭포, 가을
1075	**slide**	동 미끄러지다, 떨어지다 / 명 미끄럼틀
1076	**pool**	명 웅덩이, 수영장
1077	**screen**	명 화면, 스크린, 가리개 / 동 가리다, 차단하다
1078	**platform**	명 승강장, 플랫폼
1079	**hold on**	잡고 있다, 기다리다
1080	**miss out**	(기회를) 놓치다, 실패하다

스토리   받아쓰기

MP3를 듣고,
알맞은 단어를 써 빈칸을 채우세요.
정답은 본책 303~308쪽을 참고하세요.

롤러코스터
1051 > 1060

Welcome to the _____ park! Let me introduce our rides. Can you hear the _____? It's the people's _____ from our _____ roller coaster. The tracks turn you _____. And the powerful 360- _____ are _____!

놀이공원에 오신 것을 환영합니다! 저희의 놀이기구를 소개해 드릴게요. 저희 저희의 가장 **큰 소리**가 들리시나요? 저희의 가장 **비명 소리**예요. 그 트랙은 당신을 **거꾸로 뒤집을** 거예요. 그리고 강력한 360**도 회전**은 매우 짜릿합니다!

범퍼카
1061 > 1070

Bumper cars are another one of our popular _____. You don't need a _____. Just choose a _____, _____ the driver's _____ your seat belt. Then _____ around on the _____ and _____ floor. It will _____ your stress _____.

범퍼카는 저희의 또 하나의 인기 있는 **어트랙션**입니다. 당신은 **면허증**이 필요 없습니다. 그 저 **차량**을 고르고, 운전석에 **올라타** 안전벨트를 **매세요.** 그런 다음 **평평하고 미끄러운** 바닥에서 **운전하며** 돌아다니세요. 이것은 당신의 **스트레스를 날려버릴 거예요.**

워터슬라이드
1071 > 1080

The boat _____ quickly through the _____ and the _____ tight! The boat is _____ down a steep hill! As it _____ down into a _____, a camera will take your picture. Don't _____! You can find your photo on the _____ next to the _____.

보트는 계곡과 **밀림**을 재빠르게 **미끄러지듯 지나가요.** 꽉 **잡으세요!** 보트가 가파른 언덕에서 **떨어지고 있어요!** 보트가 **웅덩이**로 **미끄러 져** 내려갈 때 카메라가 당신의 사진을 찍을 거 예요. **놓치지** 마세요! **승강장** 옆의 **화면**에서 당신의 사진을 찾을 수 있습니다.

게임

1081	**puzzle**	몡 퍼즐, 수수께끼
		통 어리둥절하게 하다
1082	**shooting**	몡 발사, 사격, 촬영
1083	**survival**	몡 생존
1084	**strategy**	몡 전략, 계획
1085	**download**	통 다운로드하다, (데이터를) 내려받다
1086	**smartphone**	몡 스마트폰
1087	**break**	통 깨다, 부수다, 쉬다
		몡 휴식, 중단
1088	**addicted**	휑 (오락 등에) 중독된
1089	**for fun**	재미로
1090	**for free**	무료로

TV쇼

1091	**audition**	몡 오디션, 심사
		통 오디션을 보다
1092	**participant**	몡 참가자
1093	**dance**	통 춤을 추다
		몡 춤[댄스]
1094	**acting**	몡 연기
1095	**talented**	휑 재능 있는
1096	**vocal**	휑 목소리의, 발성의
		몡 가창, (음악의) 보컬
1097	**contest**	몡 대회, 시합
		통 경쟁을 벌이다
1098	**fan**	몡 팬, 선풍기, 부채
		통 부채질을 하다
1099	**debut**	몡 데뷔, 첫 출연
1100	**on air**	방송에서, 방송 중인

만화

1101	**cartoon**	몡 만화
1102	**comic**	휑 웃기는, 재미있는
		몡 만화, 만화책
1103	**strip**	몡 (가느다란) 조각
		통 옷을 벗다, 벗기다
1104	**animation**	몡 만화 영화, 애니메이션
1105	**humor**	몡 유머, 익살
1106	**imagination**	몡 상상력, 상상
1107	**reality**	몡 사실, 현실
1108	**silly**	휑 어리석은, 바보 같은, 우스꽝스러운
1109	**well-known**	휑 유명한, 잘 알려진, 친숙한
1110	**make fun of**	~을 놀리다

게임

1081 > 1090

Many people play online games —————————————. Some enjoy ——————,
and others play —————, ——————, or —————— games. You can easily
—————— them on your computer or ——————.
Playing games can be a good way to take a ——————. However, be careful
not to get ——————.

많은 사람들은 **재미로** 온라인 게임을 합니다. 몇 몇 사람들은 **퍼즐을** 즐기고, 다른 사람들은 **사격** 게임, **생존** 게임 또는 **전략** 게임을 합니다. 당신 은 컴퓨터나 **스마트폰에서** 그것들을 쉽게 **무료로 다운로드할** 수 있습니다. 게임을 하는 것은 **휴식** 을 갖는 좋은 방법일 수 있습니다. 하지만, **중독** 되지 않도록 조심하세요.

TV쇼

1091 > 1100

I like watching —————————— programs on TV. The ——————— sing, ——————,
and show their ——————— skills ——————. They are all very —————————.
—————————. Viewers enjoy their amazing ——————— and performances. Thanks
to these ——————, they have many ——————— even before their ———————.

저는 TV에서 **오디션** 프로그램 보는 것을 좋아해 요. **참가자들은 방송에서** 노래하고 **춤추며 연기** 실력을 보여줘요. 그들은 모두 매우 **재능이 있어 요.** 시청자들은 그들의 굉장한 **보컬과** 공연을 즐 겨요. 이러한 **대회** 덕분에 그들은 **데뷔** 전인데도 많은 **팬들이** 있답니다.

만화

1101 > 1110

——————, ——————, and ——————— are not just for kids. The ———————
stories have a sense of ———————. Some are created by the artists'
———————, and others are based on ———————. Sometimes, cartoons
——————— people. They are shown as ——————— characters.
funny and ——————— characters.

만화와 연재 만화, 애니메이션은 아이들만을 위 한 것이 아닙니다. 그 이야기들에는 **유머** 감각이 있습니다. 몇몇은 예술가들의 **상상력으로** 만들 어졌고, 다른 몇몇은 **사실을** 기반으로 합니다. 가 끔 만화는 **유명한 사람들을 놀리기도 합니다.** 그 들은 웃기고 **우스꽝스러운** 캐릭터로 보여집니 다.

모국어

1111	tongue	명 혀, 언어
1112	native	형 태어난 곳의, 원주민의, 토종의
1113	naturally	부 자연스럽게, 선천적으로, 당연히
1114	hear	동 듣다
1115	sound	명 소리, 동 ~처럼 들리다, 형 믿을 만한, 건강한
1116	familiar	형 익숙한, 친숙한
1117	tone	명 말투, 어조, 색조
1118	vocabulary	명 어휘, 용어
1119	phrase	명 구절, 어구
1120	refer to	~을 나타내다, 참고하다

언어규칙

1121	spelling	명 철자, 맞춤법
1122	grammar	명 문법
1123	basic	형 기본적인, 기초적인
1124	written	형 글로 써진, 문어체의
1125	spoken	형 입으로 말하는, 구어체의
1126	pronounce	동 발음하다, 표명하다, 선언하다
1127	properly	부 적절히, 제대로
1128	correct	형 맞는, 정확한, 동 고치다, 바로잡다
1129	sentence	명 문장, 형벌, 선고, 동 (형을) 선고하다
1130	make sure	확실하게 하다, 반드시 ~하다

문학

1131	novel	명 (장편) 소설, 형 새로운, 신기한
1132	story	명 이야기
1133	character	명 등장인물, 캐릭터, 글자
1134	fiction	명 소설, 허구, 꾸며낸 이야기
1135	realistic	형 현실적인, 현실성 있는
1136	translate	동 번역[통역]하다
1137	publish	동 출판하다, (기사 등을) 게재하다
1138	poet	명 시인
1139	poem	명 시
1140	a series of	시리즈의, 일련의

모국어
1111 >
1120

Do you know what "mother tongue" means? It _____ a _____ language. People learn their mother _____ when they are _____ young. Babies _____ the _____ around them and copy the _____ . Soon they build their _____ and can speak in short _____ .

"mother tongue"이 무엇을 의미하는지 아시나요? 그것은 **모국어를 나타내요.** 사람들은 어릴 때 그들의 모국어를 **자연스럽게** 배워요. 아기들은 그들 주변의 **소리를 듣고** **익숙한 말투를** 따라 해요. 그들은 곧 **어휘**를 형성하고 짧은 **구절**로 말할 수 있어요.

언어규칙
1121 >
1130

There are many rules in a language. _____ and _____ are _____ rules for _____ language. _____ words is a part of _____ language. To _____ use a language _____ , _____ to follow the rules and _____ the errors in your _____ .

언어에는 많은 규칙이 있습니다. **철자와 문법은 글을 위한 기본 규칙**입니다. 단어를 **발음하는 것은 말의** 일부입니다. 언어를 **올바르게** 사용하려면, **반드시** 규칙을 따르고 **문장**의 오류를 **고치도록 하세요.**

문학
1131 >
1140

_____ are _____ about _____ . Recently, I have been reading _____ books about a wizard. The story is _____ , so it is not very _____ . It has been _____ into many languages and _____ worldwide. The writer is also a _____ and has written many _____ , too.

소설은 등장인물들에 관한 이야기예요. 최근 저는 마법사에 대한 **시리즈** 책을 읽고 있어요. 그 이야기는 **꾸며낸 이야기**라서 아주 현실적이지는 않아요. 그것은 여러 언어로 **번역되고 전 세계에서 출간되었어요.** 그 작가는 **시인**이기도 해서 많은 **시**도 썼어요.

단어듣기

먹거리

1141	**traditional**	형 전통의, 전통적인
1142	**snack**	명 간식 / 동 간식을 먹다
1143	**greet**	동 맞이하다, 환영하다
1144	**afford**	동 (금전적) 여유가 되다, 살 수 있다
1145	**spicy**	형 매운, 양념 맛이 강한
1146	**shaped**	형 ~ 모양인
1147	**classic**	형 전형적인, 대표적인 / 명 고전, 명작
1148	**crispy**	형 바삭한
1149	**stuff**	명 물건, 채우는 것 / 동 (속을) 채우다
1150	**stop by**	~에 잠시 들르다

설날

1151	**lunar**	형 달의, 음력의
1152	**reunion**	명 모임, 재회
1153	**folk**	형 민속의, 전통적인 / 명 사람들
1154	**bow**	동 머리를 숙이다, 절하다 / 명 절, 활
1155	**tradition**	명 전통
1156	**politely**	부 예의 바르게
1157	**elderly**	형 연세가 드신
1158	**wisdom**	명 지혜
1159	**fortune**	명 운[운수], 부, 재산
1160	**kneel down**	무릎을 꿇어앉다

관습

1161	**people**	명 사람들, 민족
1162	**custom**	명 풍습, 관습, 관세
1163	**clothing**	명 옷, 의상, 의복
1164	**architecture**	명 건축(물), 건축 양식
1165	**belief**	명 믿음, 신념
1166	**luck**	명 행운
1167	**wealth**	명 부, 재산
1168	**guard**	명 지킴이, 경비 / 동 지키다, 보호하다
1169	**valuable**	형 귀중한, 가치가 큰 / 명 귀중품
1170	**watch over**	~을 지키다

MP3를 듣고,
알맞은 단어를 써서 빈칸을 채우세요.
정답은 본책 327~332쪽을 참고하세요.

스토리　　받아쓰기

먹거리

1141 >
1150

When you visit Korea, _____ the _____ market and try street food. A variety of _____ will _____ you. You will be able to _____ most of them. _____ rice cakes and fish- _____ bread are _____ snacks. _____ fried chicken and Korean sweet pancakes are also popular. The pancakes are _____ with sugar.

당신이 한국에 방문한다면, **전통** 시장에 잠시 **들러** 길거리 음식을 먹어보세요. 다양한 간식이 당신을 **맞이할** 것입니다. 당신은 대부분의 음식을 **살 수 있을** 거예요. **매운** 떡볶이와 붕어 **모양의 대표적인** 간식입니다. **바삭한** 프라이드 치킨과 호떡도 인기가 있습니다. 호떡은 설탕으로 **채워져 있어요.**

설날

1151 >
1160

New Year is a big holiday in Korea. This holiday is a time for family _____. People play _____ games and eat special food together. _____ is another important _____. We bow _____ to _____ people and _____ on the floor. They give us money with words of _____ and wish us good _____.

한국에서 **음력** 설은 큰 명절이다. 이 명절은 가족 **모임**을 하는 때이다. 사람들은 함께 **민속놀이**를 하고 특별한 음식을 먹는다. **절하는 것**은 또 하나의 중요한 **전통**이다. 우리는 **어르신들에게 예의 바르게** 절하고 바닥에 **무릎을 꿇어앉는다.** 그들은 우리에게 **지혜**의 말과 함께 돈을 주고 **행운**을 빌어준다.

관습

1161 >
1170

Each country's _____ have their own unique _____ in food, _____, _____, and _____. They have different _____ and ideas as well. For example, Koreans believe that having dreams about pigs brings them _____ and _____. Fish are also considered good _____ that _____ things.

각국의 **민족**은 음식, **의상** 그리고 **건축**에서 그들만의 독특한 **풍습**을 가진다. 그들은 모든 서로 다른 **믿음**과 생각을 가진다. 예를 들어, 한국인들은 돼지에 관한 꿈을 꾸는 것이 그들에게 **행운**과 **부**를 가져올 것이라고 믿는다. 물고기도 **귀중한** 것들을 지키는 좋은 **징임이**로 여겨진다.

DAY 40 세계 문화

크리스마스

1171	**Christmas**	평 크리스마스
1172	**decorate**	통 장식하다
1173	**eve**	명 (명절 등의) 전날, 이브
1174	**stocking**	명 긴 양말, 스타킹
1175	**fireplace**	명 벽난로
1176	**chimney**	명 굴뚝
1177	**gift**	명 선물, 재능
1178	**church**	명 교회, 성당
1179	**celebrate**	통 축하하다, 기념하다
1180	**believe in**	~을 믿다, ~의 존재를 믿다

핼러윈

1181	**Halloween**	명 핼러윈
1182	**carve**	통 조각하다, 새기다
1183	**lantern**	명 등, 랜턴
1184	**glow**	통 빛나다, 타다 / 명 광, 불빛
1185	**sweet**	명 단 것, 사탕 / 형 달콤한
1186	**costume**	명 의상, 분장
1187	**witch**	명 마녀
1188	**evil**	형 사악한, 나쁜 / 명 악, 나쁨
1189	**ghost**	명 유령, 귀신
1190	**dress up**	변장을 하다, 차려 입다

새해

1191	**midnight**	명 자정, 밤 열두 시, 한밤중
1192	**bell**	명 종[벨], 종소리
1193	**ring**	통 울리다, 종을 치다 / 명 (울리는) 소리, 반지
1194	**firework**	명 폭죽, 불꽃놀이
1195	**delight**	명 기쁨[즐거움] / 통 기쁘게 하다
1196	**mood**	명 분위기, 기분
1197	**sunrise**	명 해돋이, 일출
1198	**stay up**	깨어 있다, 안 자다
1199	**count down**	가운트다운하다, (수를) 거꾸로 세다
1200	**make a wish**	소원을 빌다

DAY 40 세계문화

스토리 받아쓰기

MP3를 듣고,
알맞은 단어를 써 빈칸을 채우세요.
정답은 본책 335~340쪽을 참고하세요.

크리스마스 1171 > 1180

During the _____ season, people _____ trees and spend time with their families. On Christmas _____, kids hang _____ by the _____. They _____ with _____ Santa Claus, and they believe that he will come down the _____ with _____ and _____. Some people go to _____ and _____ Christmas.

크리스마스 시즌에 사람들은 트리를 **장식하고** 가족과 시간을 보내요. 크리스마스 **전**날에 아이들은 **벽난로** 옆에 **긴 양말**을 걸어요. 그들은 산타클로스의 **존재를** 믿고, 그가 **선물을** 가지고 **굴뚝**으로 내려올 것이라 믿어요. 어떤 사람들은 **교회**에 가서 크리스마스를 **축하해요.**

할로윈 1181 > 1190

_____ is on October 31st. People _____ pumpkins and make them _____ into _____. These pumpkins _____ in the streets. Kids visit houses and say, "Trick or treat?" to get _____ in scary _____. They also _____ and _____ are popular Halloween costumes.

할로윈은 10월 31일이에요. 사람들은 호박을 **조각하고** 그것을 **등**으로 만들어요. 이 호박들은 거리에서 **빛나요.** 아이들은 집집을 방문해서 **사탕을** 얻기 위해 "Trick or treat?(과자를 안 주면 장난칠 거예요)"이라고 말해요. 그들도 또한 무서운 **의상**으로 **변장을 해요. 나쁜 마녀**와 **유령**은 인기 있는 할로윈 의상이에요.

새해 1191 > 1200

On what day do most people _____ late? That would be New Year's Eve! People _____ the seconds to _____. When midnight finally comes, the _____, and _____ light up the sky. People laugh with _____, and everyone is in a joyful _____. Some people _____ while watching the year's first _____.

어떤 날에 대부분의 사람들이 늦게까지 **깨어 있을까요?** 그것은 새해 전날일 거예요! 사람들은 **자정**까지 초를 **카운트다운해요.** 마침내 자정이 되면 **종**이 **울리고 폭죽**이 하늘을 밝혀요. 사람들은 **기뻐서** 웃고, 모두 즐거운 **분위기**예요. 어떤 사람들은 그 해의 첫 **해돋이**를 보며 **소원을 빌어요.**